U0565267

E R S H I S H I J I Z H I Z H O N G G U O

《二十世纪之中国——乡村与城市社会的历史变迁》丛书

2012年列入"十二五"国家重点图书出版规划增补项目

2013年入选新闻出版总署国家出版基金资助项目

2013年入选新闻出版总署新闻出版改革发展项目

2012年列入山西出版传媒集团重大出版工程项目

丛书主编　王先明

国家出版基金项目
NATIONAL PUBLICATION FOUNDATION

二十世纪之中国——乡村与城市社会的历史变迁

因革之变：中原区域中心城市的近代变迁

■ 朱军献　著

山西出版传媒集团
山西人民出版社　山西经济出版社

图书在版编目（CIP）数据

因革之变：中原区域中心城市的近代变迁／朱军献著．—太原：
山西人民出版社，2013.11
（二十世纪之中国——乡村与城市社会的历史变迁／王先明主编）
ISBN 978 - 7 - 203 - 08386 - 3

Ⅰ．①因… Ⅱ．①朱… Ⅲ．①城市史 - 河南省 Ⅳ．① K 296.1

中国版本图书馆 CIP 数据核字（2013）第 256503 号

因革之变：中原区域中心城市的近代变迁

著　　者：朱军献
责任编辑：蔡咏卉
装帧设计：柏学玲

出 版 者：山西出版传媒集团·山西人民出版社
地　　址：太原市建设南路21 号
邮　　编：030012
发行营销：0351 - 4922220　4955996　4956039
　　　　　0351 - 4922127（传真）　　4956038（邮购）
E - mail：sxskcb@ 163. com　发行部
　　　　　sxskcb@ 126. com　总编室
网　　址：www. sxskcb. com

经 销 者：山西出版传媒集团·山西人民出版社
承 印 者：山西出版传媒集团·山西新华印业有限公司

开　　本：787mm × 1092mm　　1/16
印　　张：20.75
字　　数：290 千字
印　　数：1 - 3 000 册
版　　次：2013 年 11 月第 1 版
印　　次：2013 年 11 月第 1 次印刷
书　　号：ISBN 978 - 7 - 203 - 08386 - 3
定　　价：50.00 元

总 序 GENERAL PREFACE

ERSHI SHIJI ZHI ZHONGGUO

　　20世纪的中国,经历着史无前例的社会变迁。这一变动的时代性特征之一,一定程度上体现为传统时代的城乡一体化发展进程逆转为城乡背离化发展态势。伴随着中国与西方交锋以来军事、政治与经济的挫败,以及由此而来的知识分子的传统文化认同危机,现代化(或西方化)与城市化成为显而易见的社会潮流,传统城乡"无差别的统一"为日益扩大的城乡差异所代替,近代农民群体也从"士农工商"的中层政治身份一变而为"乡下人"这一饱含歧视色彩的社会底层,由此形成的城乡社会—经济与文化断裂不仅是20世纪社会结构畸形化与不平衡性的显著现象,也是至今仍横亘在中国现代化进程中的重大社会问题之一。

　　即使在当代社会发展进程中,巨大的城乡分离化也不容忽视,明显的城乡对比已经成为社会认同危机的主要表现之一。当新农村建设如火如荼却面临种种困惑时,当乡村人才的空心化现象日益突出时,当城市化的进程突飞猛进时,当城市景观和生活方式与国际接轨时,城市人与乡下人成为国人赫然的身份标识，现代日益扩大的城乡失衡与传统中国城乡之间的无差别的统一体形成鲜明对比时，深入研究城乡关系的历史变迁就成为一个理解当下中国政治、经济与文化发展的必要途径。此外，对于近代中国社会的认识，无论是政治家、社会学家还是经济学家，都不约而同地将之解析为城市与乡村两大基本单位，中国近代社会之不平衡性、半封建性、半殖民性等特点均可从城市和乡村社会结构的析分中被实证；而城乡之间的关系与特征，亦成为深度理解和把握近代中国历史的不可回避的焦点问题。

有时我们不得不惊叹"历史惊人地相似"！从20世纪二三十年代的"农业破产"、"农村衰败"、"农民贫困"成为举国至重的话题，到新世纪以来被广泛关注的"农民真苦、农村真穷、农业真危险"的当代"三农"话语；从1926年王骏声提出的"新农村建设"问题，到新世纪以来持续推进的"社会主义新农村建设"。尽管不同时代条件下，它所聚焦的时代主题内容会有所不同，但如此一致的话语或命题的背后却应该深伏着共趋性或同质性的深层致因。这至少给我们一个基本的提示，即农业、农村与农民问题，是百年来中国社会发展或乡村变迁中始终存在的一个重大课题。它是伴随着工业化、城市化与现代化进程而导致的传统城乡一体化发展模式破解后，乡村社会走向边缘化、贫困化、荒漠化和失序化的一个历史过程。"三农"的困境生成于工业化、城市化与现代化进程之中，这是近代以来城乡背离化发展态势下生成的一个"发展问题"。"三农"从来就不是一个孤立存在的问题，如果没有工业化、城市化、现代化进程的发生，"三农"不会凸现为时代性问题。当然，这并不意味着传统时代没有社会问题，但是问题的呈现和表达不会如此集中在"三农"方面。一个多世纪以来的历史演进的客观事实的确显示了"三化"（工业化、城市化与现代化）与"三农"二者的相关性。问题在于，会是怎样的相关？如何揭示二者互相影响和相互制约的内在关系，并寻求最佳的或最有效的协调方略？

传统农业始终是一个低产出的行业，大部分农民的收入不可能迅速提高，得到高收入的人都是进城从事其他行业的人。社会分工、社会分化始终伴随着城乡背离式发展趋向前行，从而整体上的贫富差距在城乡之间成为一种显性的社会不平等。人口逐渐从农村迁向城市，城乡之间的收入差别就是这种活动的推动力。但在先进国家里，这个工业化过程是在200多年里完成的。在此过程中总体的经济年增长率也不过2%~3%。这部分增长不是靠农业，而是靠在城市中发展起来的工业和服务业。农业生产的收入总是低的。为了平衡城乡之间的收入差距，政府都采取对农业补贴的办法，几百年来已经成为传统。反观我国的情况，在新中国成立后的30年工业化的过程中非但没有补贴农民，反而是剥削农民；再加上对农民的身份歧视，事实上农民成为低人一等的群体，造成严重的城乡二元化结构，城乡收入差别变得极其突出。改革开放后我国经济增长率达到10%左右，这部分增长几乎都是在城市中发生的，所以农业产出占GDP的比重从1983年的33%降低到2005年的12%。在此过程中幸亏有几亿农民进城打工，沾上了工业化的光，否则城乡收入差距还会更大。我国农村金融的衰败，将大量农民储蓄调动到城市里搞非农项目，进一步使得农民收入增长困难。这一人类社会发展的共同规律，说明了总体上收入差距发生的过程是相伴着工业化过程而发生的。这也是库兹涅茨研究收入分配的倒"U"形曲线的原因。

"三农"问题形成的历史成因和时代特征，如果仅仅局限于现实的考量，或将既无法捕捉到问题的实质，恐也难以探寻到真正的求解之道。事实上，百年来关于中国乡村发展论争的各种主张和方案，以及由此展开的各种区域实验与社会实践，其丰富与多样、繁难与简约，已经有着足够的样本意义和理论认知价值。在百年中国的历史进程中审视"三农"问题的历史演变，或许会有更深刻的思想领悟！历史的选择和运行有着它既有的逻辑进程，因此有关中国乡村道路选择的理论思考和种种分歧，却依然为我们的历史反思和长时段观察提供了理性辨析的基础。

近年来，对于近代城乡关系的研究存在诸多薄弱之处。学界研究的主要态势要么关注城市化历史，要么偏重于乡村史研究，城乡关系仅仅作为这些研究的副产品而出现；城市与乡村是一个预设的、对立的地域单元。

但是事实上,无论是城市化进程还是现代化进程,从根本上来说其实就是一个乡村社会变迁的过程:从农业社会转变为工业社会,从农耕文明转变为城市文明,从传统生活方式向现代生活方式的演变过程。如何广阔而全面地呈现20世纪中国社会历史的变迁,并深入揭示一个世纪以来的历史演进轨迹与规律,从而为当代中国发展的路向选择和理论思维提供丰厚的历史经验与启示,当是这一丛书设计的基本诉求或宗旨。

王先明

2013年1月7日于津城阳光100国际新城西园

目　录 CONTENTS

ERSHI SHIJI ZHI ZHONGGUO

二十世纪之中国——乡村与城市社会的历史变迁

2

导 论 *INTRODUCTION*

ERSHI SHIJI ZHI ZHONGGUO

一、百年沧桑,近代中原地区区域中心城市之变动

(一)旧的区域中心城市的衰落:朱仙镇、开封

在道光二十三年(1843)以前,作为清时期天下四大名镇之一和中原地区商业贸易与手工业生产中心的朱仙镇,在兴盛时期有着一般县城、府城远远不能相比的人口数量、城市规模以及极其繁华的商业贸易。

朱仙镇当繁盛时,"有民商四万余户,人口二十余万人"[1]。镇内街道,"东

---

① 李步青等编著:《岳飞与朱仙镇》,开封教育试验区教材部1934年版,第123页。关于此书中所记载的朱仙镇人口数字,可能有点夸大。但若参照清时期中国四大名镇中的其他三镇来看,即使存在夸大的成分,也应差之不远。因为在其他三镇中,位居其首的汉口镇甚至超过百万([美]罗威廉:《汉口:一个中国城市的商业和社会(1796—1889)》,江溶、鲁西奇译,彭雨新、鲁西奇校,人民大学出版社2005年版,第48~55页),佛山镇在道光年间也不低于二十六七万人([韩]朴基水:《清代佛山镇的城市发展和手工业、商业行会》,《中国社会历史评论》,2006年第2期;罗一星:《明清佛山经济发展与社会变迁》,广东人民出版社1994年版,第279页),而规模最小的景德镇人口甚至也在十数万以上(周銮书:《景德镇史话》,上海人民出版社1989年版,第108页)。

镇之重要市街,曰顺河街、曰杂货街、曰曲米街、曰油篓街,街俱南北行;曰晓先街、曰炮房街,街俱东西行。杂货街多南北杂货,曲米街多米麦商铺,炮房街多爆竹作坊,油篓街多油业行店,顺河街、晓先街则为普通商号,其中尤以杂货街最为繁盛。西镇之主要街市,南北行者,曰顺河街、曰西大街、曰保元街;东西行者,曰估衣街、曰京货街、曰铜坊街。京货街多苏广时货,估衣街多估衣店及当铺,顺河街、西大街、保元街则为普通商店。"①

穿镇而过的贾鲁河沿岸多豪商大贾,舟楫往来不绝,"东南食货、西北山产、湖广米粟、江南竹磁,率以朱仙镇为会集地,再散销于华北各省,故蔚为华北各省经济中心"②。

镇上最有名的手工业为木版年画生产,"往昔盛时,业此者三百余家,出品盛销于邻近各省,大有独占市场之势"③。较大年画商号的画工、刻工、店员可达百余人以上,其中如德源长门面多达六间、作坊百余间,常年雇刻印工匠一百四十五人。年画制作的工艺技术也直接影响辐射到豫北地区的新乡、安阳、濮阳以及豫中、豫南的许昌、周口、驻马店、汝南等地。④

但因黄河泛滥所引发的洪水的冲击,它的财富、盛名和影响都在19世纪40年代以后渐趋低沉。

1843年,就在英国人以坚船巨炮入侵中国之后第四年的6月上旬,陕晋等省大雨连日不止,众川所汇的黄河频频涨高,浊浪裹泥挟沙激荡而下。入伏前后中牟下汛北岸因泥沙堆积而忽生滩咀,挺峙河心,直逼黄河大溜,使之南趋而冲及堤坝,新筑防水之埽全行塌没后,大溜向下直冲中牟九堡无工之处。又"偏值26日大雨,27日东北大风,鼓溜南击,浪高堤顶数尺,兵夫有力难施"⑤。

浊浪汹涌的黄水漫过九堡堤身,由决口倾覆而下,向南奔流漫淹。最初合

① 李步青等编著:《岳飞与朱仙镇》,开封教育试验区教材部1934年版,第124页。

② 李步青等编著:《岳飞与朱仙镇》,开封教育试验区教材部1934年版,第207页。

③ 李步青等编著:《岳飞与朱仙镇》,开封教育试验区教材部1934年版,第126页。

④ 冯骥才:《中国木版年画集成·朱仙镇卷》,中华书局2006年版。

⑤ 中国水利水电科学研究院水利史研究室:《再续行水金鉴》(黄河卷),湖北人民出版社2004年版。

为一股，由中牟南泛，流至朱仙镇时，分为两股，"大溜正冲镇北，直射关庙春秋阁后。时居民皆避庙西沙岗一带，幸地势稍高得免，然河东民舍市廛已沉溺大半矣"①。镇内贾鲁河河道淤浅，"商贾舟楫不通"②，镇中商业因之也转趋衰退。③全镇人口咸同年间已只有1.2万户，五六万人。至光绪三十二年（1906）有3000余户，1.5万余人。到1934年只有1700余户，8500余人。其中残废军人1500余人、商民3000余人、农民2000余人、无业者（青洪帮）1000余人，全镇人口只占全盛时期的1/24。④镇中各业商户总计不过100余家，盛名远扬的年画生产已只有40余家。⑤即使经过新中国成立后数年的发展，至1957年人口调查，全镇亦不过6224人，⑥仅仅100余年，相差之巨几难令人相信。

最终，朱仙镇就像一颗闪亮的流星，随着时间的延伸而消没在没有边际的夜空中，再也不能作为众人仰望的明星而存在。

与朱仙镇相比，邻近的开封，其鼎盛时期的繁华程度有过之而无不及，但从宋都南迁之后，就开始了其漫长的下降进程。依据下文北宋至新中国成立初的一些人口数字，即可见其一斑。

关于北宋开封城市的最高人口数字，在不同学者的研究中，尽管存在着一

---

① [清]宋继郊：《东京志略》，王晟、李景文、刘璞玉点校，河南大学出版社1999年版，第635页。

② [清]沈传义、俞纪瑞修，黄舒昺纂：《祥符县志》，光绪二十四年刻本，卷六，《河渠志上》。

③ 在道光二十三年（1843）以前的雍正元年（1723）、乾隆二十六年（1761），贾鲁河也曾多次为黄河泥沙所淤，但随之疏浚后，对其水运影响都不太大。而此次河淤影响则比较严重，对此，在咸丰年间，张畇在其《琐事闲录》卷上曾记载："中牟河决淤垫后……己酉，因河水浅阻，复奉旨挑浚，余适督工，见河成，水深不过三二尺。"（张畇：《琐事闲录》。转引自[清]宋继郊：《东京志略》，王晟、李景文、刘璞玉点校，河南大学出版社1999年版，第635页）；而在《朱仙镇新河碑记》中也曾言："往时舟楫畅行，上可抵京水镇，以故朱仙镇百货充牣，会成因之，号繁富焉。自道光二十三年，河决流淤，屡浚屡塞。"（李鹤年：《朱仙镇新河碑记》，光绪壬午八月），故道光二十三年之中牟决口，实为朱仙镇贾鲁河水运以及朱仙镇商业发展兴衰的转折点。

④ 李步青等编著：《岳飞与朱仙镇》，开封教育试验区教材部1934年版，第122~123页。

⑤ 《古今朱仙镇》，见《开封文史资料》，第一辑。

⑥ 河南省统计局、河南省公安厅编印：《河南省1957年人口统计资料》。

定程度的差别，但基本上多认为应在140万至170万之间。①

经过500多年的沧桑变迁，至明崇祯十五年（1642）水淹开封之前，开封人口除周王府宫眷而外"实在人丁三十七万八千有零"，是北宋崇宁时期的1/4左右。但经此水灾后"只存奄奄待毙者三万余人耳"②，为自北宋以后人口数量的最低点。

因为崇祯十五年的水灾破坏极为严重，经过200多年的恢复和发展，直至咸丰十年（1860），全城"人口共二万零一百九十三户，九万二千七百二十四口"③，只为明朝人口最多时期的近乎1/4、北宋盛期的十几分之一。其后整体趋势为缓慢上升，至宣统二年（1910），人口约有15万余人。④此后直至1925年，总人口数才226 758人。此后又经过10年的增长，1935年为307 071人，⑤但仍然与明时期的最高数字存在较大的差距。

此后因抗日战争和解放战争的影响，又有较大规模的下降。新中国成立后又趋于缓慢回升，据开封市人民政府统计调查，1952年城市规划区内的人口为237 287人、1953年为241 298人、1954年为238 101人、1955年为237 085人、1956年为235 782人、1957年为248 975人，⑥尚未能超过1935年的数字。

依据上文不同时期开封人口数量的变化来看，由北宋崇宁年间至明崇祯十五年水淹开封之前为一个阶段。在这个阶段内，因宋都南迁、战乱灾害以及其他方面的原因，造成人口数量有较大规模的下降，并于明亡之际因被黄水淹没而达到最低点，之后由康熙时期开始，逐渐慢慢回升，于抗战爆发前的1936年达到自明末以来的最高点，然后又开始下降，直至第一个五年计划完

---

① 周宝珠：《宋代东京研究》，河南人民出版社1992年版，第348页；李长傅：《开封历史地理》，商务印书馆1958年版，第25页；程子良、李清银：《开封城市史》，社会科学文献出版社1993年版，第89页。

② 《崇祯十六年江西道御史黄澍奏疏》。转引自[清]傅泽洪：《行水金鉴》，卷四十五，上海古籍出版社1987年版。

③ [清]傅寿彤：《汴城筹防备览》，咸丰十年九月刊于大梁。

④ 李长傅：《开封历史地理》，商务印书馆1958年版。

⑤ 《开封省会未来人口之推测》，《河南统计月报》，第3卷第3期，1937年。

⑥ 开封市人民委员会统计科：《开封市统计资料（1949—1955）》，1956年12月；《1956年度开封市经济计划执行情况》，1957年12月；《1957年度开封市经济计划执行情况》，1958年12月。

成,尚未能达到1935年的水平。整体而言,在康熙年间至第一个五年计划完成阶段内,人口总量应为上升趋势,尤其是民国时期比清时期更有较大幅度的增长。新中国成立初期至1957年第一个五年计划完成时期,人口虽然较民国时期有所下降,但1954年以后又转趋缓慢上升,若再考虑到省会迁出的影响,应该说从民国到新中国成立初期,人口即使不是增长趋势,但基本上也是一个相对稳定的时期,没有较大的增长,也没有较大的减少。差别不像自北宋到明末那样大。

但即使如此,我们是否可以说,在此阶段内,开封城市是发展状态,而不是衰落状态? 仅作开封自身纵向的比较,也许可以认为是缓慢发展或者是停滞状态,但当我们把开封城市与郑州作一横向的比较时,就不能这样认为了。

郑州城市人口在1952年底为165 996人、1953年底为205 000人、1954年底为230 869人、1955年底为307 253人、1956年底为405 136人、1957年3月底为424 846人。[①]在1952年,开封是郑州人口、面积的近乎一倍半,而到了1957年,郑州则已超过开封一倍半,而成为河南全省最大的城市。

至此我们可以看出,开封在康熙至新中国成立初期尽管总人口数有所增加,但与郑州城市发展的速度相比,尤其是在新中国成立初期,却是处于一种衰落状态。尽管衰落程度不同于朱仙镇的那种幅度较大的、绝对的衰落,但也应该是一种相对衰落。伴随着相对衰落程度的加深,开封终于在1954年因河南省会的迁离,而失去了自五代以来长期居于中原地区区域政治中心的地位,下降成为地域范围要小得多的区域中心城市。

(二)新的区域中心城市的兴起:郑州

当朱仙镇作为全省规模最大的商业及手工业生产中心,进行着熙来攘往的繁盛贸易时,郑州还只是一座直隶州的州治所在,城"建自唐武德四年,城周九里三十步……东西延长、南北微狭"。城内街衢有四:"东敏德街、西里仁街、南咸宁街、北清平街",用以交易的集市四关各一,后来移入城内。[②]

---

① 《对我市历年来人口增长情况的分析》,郑州市统计局档案,全宗号39,卷34。

② [清]张钺、何源洙修,毛如选纂:《郑州志》,乾隆十三年刻本,卷三,《建置志》。

城内人口"明末为闯寇所屠，孑遗仅存，阅三百年未尽复元"[1]，到1916年时，据警察厅户籍调查室调查，只有户口五百、人口三千三百。[2]那么，依此估计，在京汉汴洛铁路（1908年）未通之前，郑州城内的户数和人口数甚至可能还低于此，再加上其他不入户口统计的人员，总计也不会超过5000人。

但就是这个规模要比兴盛时期的开封与朱仙镇小得多的州城，从20世纪初开始了它迅猛的发展：

1919年，"据各种统计所称，人口约有八万，实际上城内外合计为五万余人是比较妥当的数字"[3]。

1931年，"全县人口约二十七万五千余人，城市占八万余名"[4]。

1934年，依据郑县公安局调查，全市人口十二万余。[5]

1936年，"交通便利，商业发达，大批土产原料经郑输出，外来货物亦经郑州而分销内地，工业亦有所发展，人口约有二十万左右"[6]。

从上文可以看出，在1919年至1936年短短的十几年间，其人口规模增加了四倍，若与清末以前相比，则更是增加了数十倍。

1936年以后，因受长期战争的影响，人口数量有较大幅度的下降，在1943年达到最低点，约有三四万人。[7]但随着战争的结束，人口马上又随之恢复。参阅上文的数字可知，在1953年至1957年间更因省会的迁入以及大规模现代工业的建设，城市人口数量已远非开封所能相比了。

郑州在城市规模日渐扩大的同时，也逐步替代了朱仙镇和开封作为中原地区区域中心城市的地位，而成为新的集各种区域中心功能于一体的现代都市。

----

① 陇海铁路车务处：《陇海全线调查》，1933年。

② 白眉初：《中华民国省区全志·鲁豫晋三省志》，北京：求知学社1925年版，第30页。

③ [日]林重治郎：《河南省郑州事情》，日本青岛守备军民政部、铁道部编辑，1922年5月出版。转引自徐有礼：《郑州领事馆史事总录》，香港：天马出版有限公司2005年版，第66页。

④ 《日趋繁荣之郑县》，《河南政治月刊》，第2卷第5期，1932年5月。

⑤ 崔宗埈：《河南经济调查报告》，南京：京华印书馆1945年版，第11页。

⑥ 《郑州市委政研室关于郑州市几个基本情况调查》，中共郑州市委档案，全宗号1，卷17。

⑦ 《郑州市委政研室关于郑州市几个基本情况调查》，中共郑州市委档案，全宗号1，卷17。

最先得到发展的是城市的商业中心功能。1905年,在京汉铁路刚刚贯通之后不久,河南巡抚即呈报清朝中央政府,拟将"河南最关冲要之处,往来客商络绎不绝"[1]的郑州辟为商埠,但因清朝其后不久即行灭亡,商埠建设亦不了了之。

此后经过十几年的发展,郑州商业地位更趋重要:"豫省居天下之中,而郑县尤扼豫省之喉。京汉陇海各路,纵横交错,百货骈臻,相形度势,实为汴洛间一大都会。"[2]而最终在1922年,由河南当局向北洋政府所提交的开埠请示获得批准,确立了郑州在河南的商业中心地位。[3]以后在商业的带动下,郑州城市发展迅速,至1935年,依据《河南统计月报》所作的统计,郑州的商业同业公会数目已位居全省第一,"计40家以上",而开封有30家,洛阳为30余家,[4]故"贸易颇盛,为河南之冠"[5],仅棉花一项,在交易盛期,年交易额即可达3000余万元。[6]

随着商业贸易的日趋繁盛,工业生产也开始在郑州有所发展,至1935年,现代机器大工业有纱厂、打包厂等,总资本额在500万元左右。手工业有皮革、竹泥、水铁、肥皂、绳木、油漆等,所有工人数目约有3万余。而同时期开封的工业主要为面粉业、蛋业、火柴公司以及小型的机器厂等,全部资本总额不超过70万元,工人总数2.5万余人。[7]在城市的生产功能方面,郑州也已经超过了开封。

下文两图为抗战前河南省主要城市工业生产的投资总量和产额总量所占

---

① 《汴抚电请开埠》,《申报》1905年1月8日。

② 《赵倜、张凤台催辟郑埠电》,《申报》1922年2月26日。

③ 《郑州商埠督办之逐鹿》,《晨报》1922年3月9日。

④ 《郑县、通许调查》,《河南统计月报》,第1卷第1期,1935年1月;《各县社会调查:尉氏、长葛、开封、洧川、广武、中牟》,《河南统计月报》,第1卷第2、3期合刊,1935年3月;《各县社会调查:洛阳、滑县、舞阳、泌阳》,《河南统计月报》,第1卷第6期,1935年3月。

⑤ 《日趋繁荣之郑县》,《河南政治月刊》,第2卷第5期,1932年5月。

⑥ 崔宗埙:《河南经济调查报告》,南京:京华印书馆1945年版,第11页。

⑦ 《郑县、通许调查》,《河南统计月报》,第1卷第1期,1935年1月;《各县社会调查:尉氏、长葛、开封、洧川、广武、中牟》,《河南统计月报》,第1卷第2、3期合刊,1935年3月。

百分比图，从中亦可以看出郑州在河南工业生产中所占的重要地位。在投资总额中，郑州占全省的1/2还多；产额相对较少，也占到1/3以上。[①]

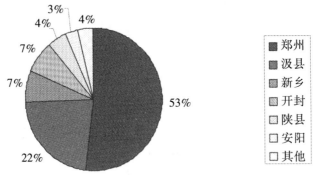

图1　各城市投资总量比率图

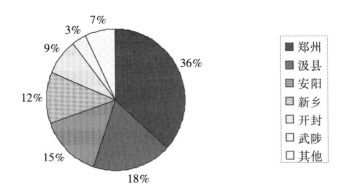

图2　各城市产额总量比率图

而到1957年第一个五年计划完成后，在1957年度，郑州一市的工业总产值也占全省的29.5%，其次为新乡市，占12.5%，而开封只为8.0%，尚且不及豫北的安阳市（9.1%）。[②]略作比较，郑州的中心地位即更为突出。

---

① 刘大钧主编：《中国工业调查报告》，军事委员会资料委员会参考资料第二十号，经济统计研究所1937年2月。具体数据可参阅本书附录部分附表（一）：抗战前河南省主要城市工业生产投资总量和产额总量表。

② 河南省统计局：《河南省国民经济统计提要：1949—1957》，1958年5月，第24~25页。

郑州日益增大的工业生产规模又形成一种强大的拉力，并影响了政治中心的迁移，致使河南省的省会最终在1954年由开封移至郑州。

最终，经过百年之间的沧桑变迁，中原地区的区域中心城市在地理空间中变换了位置。而新的区域中心城市已是新的文明形态，与昔时的区域中心城市相比亦有本质之别了。

二、研究现状

从前文的简述中我们可以知道，朱仙镇、开封和郑州在近代都经历了较大程度的变迁，并在变迁的同时，使中原地区的区域中心城市也出现了变动与更替。它们的变动尽管不能从最高层次上促使整个中国北方大区城市体系核心边缘结构关系发生地理位置上的变动，但却极大地改塑了近代以来中原地区区域内城市体系结构关系的面相。

而在关于近代以来中国城市史的研究中，对区域内城市之间以及城市与区域之间结构关系论述最具有宏观理论架构色彩的，莫过于施坚雅提出的区域系统理论，这集中体现在《中华帝国晚期的城市》一书中的相关文章内。

施坚雅区域系统理论的核心论点是区域系统中的核心边缘结构。施坚雅认为，在欧亚农业社会中，形成于大的自然地理流域盆地之中的大区域经济体系，关键性资源如可耕地、人口、资本投资等，都集中于近河低地的中心，愈近边缘此类资源则愈少，而且交通的便利性、农业生产的强度、商品化程度以及家庭对市场的依附程度也都随之降低，从而形成核心边缘结构。但这个核心边缘结构却并非是一个简单的二分结构，而是一个由最中心到最边缘的共中心的连续区域，不仅大区域经济体系具有核心边缘结构，它的每一层次上的区域系统均呈现和大区核心边缘结构相类似的内部差别，而分布于区域之中的城市体系也呈现着和区域体系一致的核心边缘结构，最高点是位于大区域中心的一个或两个大都市，城市化程度由核心至边缘而递减，在具体的每一层级的区域体系内，城市的分布也都呈核心边缘结构状态。因而在一个大区域系统内，整个城市体系，从最大规模的大都市到最小规模的集镇，整体是一种核心与边缘的关系，在每一层级区域内的城市体系，从最大的城市到最小的集镇之间也是一种核心和边缘的关系，因而这种核心与边缘的关系是区域体系内城市之间的基本结构关系。并且这种区域体系中的核心与边缘的结构关系还具有极其稳定的特征，用施坚雅自己的话来说，也就是在中国经历了20世纪的现代化进程之后，"明清时期形成的各大区体系至今存在，其持续性非常突出"①，各大区域中起主导作用的中心大都市，如北京、天津、成都、重庆、武汉、上海、福州、广州、沈阳、昆明等至今也依然是各大区域系统的中心城市。其原因为何，作者并没有进行深入的理论分析，而只是简单地提了几条原因，如水路航运结构基本如旧、因投入城市以及陆路交通建设的资本浩大而难以弃旧更新、普遍存在的受地形制约的昂贵的运输费用以及报酬递增等。②

　　而关于这个现象，区域科学中的集聚理论对之有很好的解释。现代西方区域科学的权威艾萨德在其《区域科学导论》一书中曾这样说："如果对起作用的聚集和反聚集力没有充分的理解，就不能了解城市和区域的发展，这些力导致工业和其他经济活动的集中和分散或扩散。它们有助于解释为什么一些巨大的都市，如东京、纽约、伦敦、北京、加尔各答和里约热内卢等会存在并长存不衰。"③因而施氏所言的各大区域系统中的中心大都市，主要是因为城市规模较大而具有很强的规模经济、外部经济以及较大的市场规模，④从而能产生较强的集聚力，在这种强集聚力的作用下，各大区域系统的中心大都市能够在环境条件发生变化⑤的前提下依然吸引新的资源流入，不仅能够维持原

　　① [美]施坚雅:《中华帝国晚期的城市》,叶光庭等译,陈桥驿校,中华书局2000年版,中文版前言第6页。

　　② [美]施坚雅:《中华帝国晚期的城市》,叶光庭等译,陈桥驿校,中华书局2000年版,中文版前言第7页。

　　③ [美]瓦尔特·艾萨德:《区域科学导论》,陈宗兴等译,陆卓明校,高等教育出版社1990年版,第135页。

　　④ 关于规模经济、外部经济以及较大市场规模对城市发展的影响,可以参阅马歇尔《经济学原理》第九、十、十一章,韦伯《工业区位论》第五章,艾萨德《区域科学导论》第七章以及奥古斯特·勒施的《经济空间秩序——经济财货与地理空间的关系》一书。

　　⑤ 环境条件变化是指施坚雅在《中华帝国晚期的城市》一书中文版前言第4页中所说的20世纪现代化进程。

有城市的规模,而且还能够形成优势循环累积,以继续造成城市规模的扩大,足以抵制区域内来自其他任何地理空间点上的冲击,而保有中心地位长久不衰。

如果说集聚能力较强的大区域中心都市在城市本身集聚作用的影响下,能够长久不衰地存在下去,那么集聚力相对较小的次级区域体系中心城市在面临新的具有较强发展优势的新生城市的挑战时,或环境条件发生变化时,其命运就会大不一样。只要区域系统内其他地理空间点上所产生的新生城市所具有的发展优势完全超过原来中心城市集聚力的时候,次级区域体系的中心都市就要被替代,次级区域体系的核心边缘结构关系就要发生地理空间上的变动,原来的边缘成为核心,原来的核心成为边缘。虽然城市关系的基本结构仍然没有改变,但构成核心边缘结构的两极却发生了地理空间上的互换,从而影响到整个次级区域系统内所有城市关系的变动。这可以很好地解释为什么大的区域中心都市难以发生改变,而次级区域中心城市却容易发生改变的原因,如施氏所列的1843年时北方大区的三个次级中心都会(河北保定、山东济宁、河南开封)都在近代以后为新的区域中心城市所替代。①其实这一点不仅对次级区域系统发生作用,即使是对施坚雅所言的大地理区域系统也会发生作用,长江下游地区的南京、苏州和上海自明清以来次第作为大区的中心都会,三者之间就存在着一种变动更替关系。

从这方面来看,我们就无法认同施坚雅的那种现代化进程并没有改变区域或区域内部原有地区差别的论点。因为区域系统内部的核心边缘结构毕竟还是在环境条件的变动下发生了变化,有些变动的幅度和影响还比较大。如新中国成立后河南的矿产开发和工矿业城市的发展,就使其境内原有区域体系的核心边缘结构发生了重大变化,使整个城市分布的中心区域也发生了改变。到1989年,河南境内人口在30万以上的城市除了开封以外,全部位于京广线及其以西的河南西部、西北部富含矿产的山地和山地边缘地区,经济生产的中心和重心也都随之发生变动,历史时期原本农业经济发达的豫东和豫东

①　[美]施坚雅:《中华帝国晚期的城市》,叶光庭等译,陈桥驿校,中华书局2000年版,第246页插图。

南平原反倒成了新的经济体系的边缘地区。①而本书所研究的三个城市对象朱仙镇、开封、郑州作为中原地区区域中心城市在近代的变动和更替，也足以证明施坚雅所言的经过近百年现代化建设，中国整个城市体系还依然如故的说法存在着可探讨之处，因为，毕竟"一切皆流，无物常驻"是历史的本性，况且"城市的诞生、发展以及衰落与整体经济形势息息相关"②。那么，在整体经济形势发生天翻地覆的变迁之后，我们何以设想旧的城市体系及中心城市还依然如故？

对这一问题，施氏因为所持观点的原因，对造成这种次级区域系统核心边缘结构关系发生变动、区域中心城市发生更替的深层动因也就没有研究。

而在关于近代郑州的研究中，在《1925年郑州豫丰纱厂工人大罢工》、《豫丰纱厂始末》、《郑州会议和徐州会议——"宁汉合流"的酝酿》、《1927年的"郑州会议"》、《20世纪郑州历史上的重大事件》、《郑州日本领事馆》等文中，③除了《20世纪郑州历史上的重大事件》一文所言的经济大事——铁路、政治大事——京汉铁路工人大罢工、军事大事——蒋阎冯大战、人为的大灾难——花园口决堤、行政建制大事——省会变迁等与郑州城市的近代发展甚相关联外，其他各文多是就事关郑州某个方面的历史事件进行考证或分析，根本不涉及城市的兴衰变迁问题。

在《民国时期河南的城市化发展——以开封和郑州为例》④一文中，作者认为是城市的工业化、农产品在城市的集散、城市商业的发展、城市人口的增

---

①　貂琦：《中国人口·河南分册》第8章，中国财政经济出版社1989年版；张善余：《中国人口地理》第8章，商务印书馆1997年版。

②　[法]费尔南·布罗代尔：《菲利普二世时代的地中海和地中海世界》上卷，唐家龙、曾培耿等译，商务印书馆1998年版，第468页。

③　刘英贤：《1925年郑州豫丰纱厂工人大罢工》，《中州学刊》，1983年第6期；张平：《豫丰纱厂始末》，《中州今古》，2002年第5期；陈宁生：《郑州会议和徐州会议——"宁汉合流"的酝酿》，《近代史研究》，1984年第2期；周树德：《1927年的"郑州会议"》，《史学月刊》，1984年第4期；李郑：《20世纪郑州历史上的重大事件》，《中州今古》，2000年第6期；徐有礼：《郑州日本领事馆》，《中原文物》，2006年第5期。

④　马华：《民国时期河南的城市化发展——以开封和郑州为例》，《平顶山工学院学报》，2006年第6期。

加、城市交通的发展以及城市居民生活方式和价值观念的变迁等因素影响了近代开封和郑州城市的发展。应该说作者从这些因素切入来分析近代开封和郑州的城市发展是比较合适的，但作者对各个因素相互之间的关系却没有进行深入分析，只是做了简单的罗列，不能确定不同阶段各个因素的先后关系与变动关系，即使对于单个因素的分析也不够深入，而仅仅浮谈一二。另外，对开封和郑州的近代发展，也只看到了一些共性，而没有注意到两者之间的差别，实际上，正是因为二者在近代发展中所产生的巨大差别才使二者的结构关系在新中国成立初期发生本质性改变。当然，该文也没有考虑到二者之间的结构关系，只是把二者罗列在一起而已。

通论郑州城市发展的论文有《郑州城市发展历程与特点分析》①一文。作者在阐述郑州由先秦至当代城市发展简史之后，认为经济因素（交通枢纽的形成、现代工业的发展）和政治因素（省会的迁入、国家政策导向）是影响近代郑州城市发展较为重要的因素，并依照历史发展时序，依次对这些因素进行了分析，但如同上文一样，也忽略了对各因素之间的关系进行分析，对每个单一因素的分析也同样不够深入，因而也缺乏深层的认知。在关于郑州城市商业发展的研究方面，刘晖从交通与市场之间的关系入手对郑州棉花市场的形成进行了研究，②郝鹏展从城市空间规划的角度对近代郑州的城市发展进行了考察，③熊亚平等从近代铁路对郑州城市的发展所产生的影响方面进行了考察和分析。④

在关于开封城市史的研究中，多关注于城市发展比较辉煌、城市影响力较大的宋代，而对其他历史阶段的研究要少得多。民国之后，开封城市尽管在多方面因素的影响下有所发展，但诚如前文所言，其衰落的颓势依然未曾扭转，新中国成立以后，整个城市的地位又进一步下降。没有多少辉煌可言的历史

① 王旭升、董桂萍、毛卉：《郑州城市发展历程与特点分析》，《地域研究与开发》，2005年第6期。

② 刘晖：《铁路与近代郑州棉业的发展》，《史学月刊》，2008年第7期。

③ 郝鹏展：《论近代以来郑州的城市规划与城市发展》，陕西师范大学2006年硕士学位论文。

④ 熊亚平、任云兰：《铁路与沿线地区城乡经济关系的重构——以1888—1937年间的石家庄、郑州、天津为例》，《安徽史学》，2009年第3期；《铁路运营管理机构与城镇形态的演变——以1905—1937年间的华北铁路沿线城镇为例》，《广东社会科学》，2009年第4期。

似乎也就决定了在有关近代开封城市的学术研究中,不会呈现繁荣多彩的面貌,而只能有寥寥几篇。郭书学在其《试述解放前开封经济的消费特征》①一文中,通过对民国时期开封城市人口职业结构及各产业的分析,认为新中国成立前开封依然是一座较为典型的经济消费型城市,除了传统因素外,主要是因为新兴工业生产落后,使城市消费人口过多、生产人口较少,从而使为消费服务的传统手工业得到较高程度发展,商业服务业形成畸形繁荣。作者所作的分析和结论都比较切合实际,但却未对造成开封新型工业不发展的原因进行深入分析,从而也就不能发现开封近代经济继续衰落的深层原因,而只能对其历史表象作简单的描述、分析和归纳。而赵宝俊在其《试论开封之盛衰》一文中,则认为是以下几种原因造成开封自北宋以来的衰落:(1)统一帝国分裂,宋金南北对峙,汴河断流,全国政治中心转移;(2)黄河泛滥的影响;(3)契丹、女真、蒙古等少数民族贵族的不断抢劫掠夺;(4)军阀混战和帝国主义蹂躏。②

开封尽管新型工业发展缓慢,但由于处于近代整个中国社会文明转型之中,还是出现了一些新的事物,如《冯玉祥督豫期间的开封图书馆事业》、《开封近代报业简史》③两文即是从近代公共文化和新闻传播角度所作的研究,尽管也仍只是对历史现象进行简单的陈述,但毕竟体现了对新生事物的关注,还是有其学术意义和价值的。除此以外,对近代开封发展进行研究的还有《民国时期河南的城市化发展——以开封和郑州为例》一文,在前文已对之进行过评析。

在通史性的著作中,如《开封历史地理》、《开封史话》、《开封城市史》、《七朝都会——开封》等④,也多是对开封城市的发展历程做一叙述而已。关于近

① 郭书学:《试述解放前开封经济的消费特征》,《河南大学学报》(社会科学版),1989年第6期。

② 赵宝俊:《试论开封之盛衰》,见中国古都学会:《中国古都研究》,浙江人民出版社1985年版。

③ 崔红莲:《冯玉祥督豫期间的开封图书馆事业》,《河南图书馆学刊》,1997年第3期;董淑明:《开封近代报业简史》,《河南图书馆学刊》,2000年第3期。

④ 李长傅:《开封历史地理》,商务印书馆1958年版;单远慕:《开封史话》,中华书局1983年版;程子良、李清银:《开封城市史》,社会科学文献出版社1993年版;黄金铸:《七朝都会——开封》,中国地质大学出版社1997年版。

代开封城市发展的专著则迄今为止也还没有。整体而言，说明关于近代开封城市的学术研究是相当薄弱的。

作为清时期中国四大名镇之一，朱仙镇的兴起与衰落具有非常强烈的学术引力，但与开封和郑州不同，不论其兴衰，留下的可资研究的资料都非常少，因而对朱仙镇整个历史变迁过程所作的研究也不太多，比较重要的只有以下几篇论文。

首先就是李长傅1964年发表于《史学月刊》的《朱仙镇历史地理》①一文。该文为新中国成立后研究朱仙镇的开山之作。作者依据历史时序，分析了朱仙镇兴起和衰落的整个历史过程，文尾对朱仙镇衰落原因的总结也颇具启发意义。但也存在一些问题，如对朱仙镇兴起具体时间的认识和宋朝时朱仙镇是否是一个重要集镇的问题，根据后来周宝珠先生的研究来看，都存在着错误。另外，对朱仙镇兴盛时期的经济状况分析得也不是很深入。

在李长傅之后，时隔二十多年，邓亦兵发表了《清代的朱仙镇和周家口》②一文。该文只是对朱仙镇和周家口相似或相同的地方做了总结，就对朱仙镇研究而言，该文对前文并没有大的超越。

与前两文的视角不同，朱和平的《朱仙镇衰落原因与复兴途径试探》③一文是一篇专门分析朱仙镇衰落原因及提出复兴办法的文章，该文中关于朱仙镇衰落原因的一些看法与解释尽管还存在着可商榷之处，但作者从多方面、多角度去理解朱仙镇衰落原因的研究方法却具有很强的启发意义，相对那种把某个城市的衰落只归因于某种单一原因的做法，无疑是一种大的进步。

整体上，前几文的研究角度虽各有不同，但对于朱仙镇兴盛时期经济状况的研究却都不太深入，关键原因是资料问题。许檀老师的《清代河南朱仙镇的商业——以山陕会馆碑刻资料为中心的考察》④一文则首先在资料方面作出了大的突破，通过对朱仙镇山陕会馆碑刻资料的调查，发现了一批该会馆扩

---

① 李长傅：《朱仙镇历史地理》，《史学月刊》，1964年第12期。

② 邓亦兵：《清代的朱仙镇和周家口》，《中州学刊》，1988年第2期。

③ 朱和平：《朱仙镇衰落原因与复兴途径试探》，《许昌师专学报》，2000年第1期。

④ 许檀：《清代河南朱仙镇的商业——以山陕会馆碑刻资料为中心的考察》，《史学月刊》，2005年第6期。

建、重修的碑铭。然后根据这些碑铭上所列的商号类型、捐资数量以及其他文字资料，分析了朱仙镇从康熙至道光年间的商业发展脉络、商业结构、商品来源、流通范围以及各个时期的商业规模等关键问题，使我们能够对朱仙镇的商业状况有比较清楚的认识。且该文实证性极强，所有分析都是建立在可考的资料基础之上，因而是迄今为止关于清时期朱仙镇商业发展最具说服力的研究成果。

因朱仙镇历史上曾是中国著名的木版年画产地之一，在中国工艺美术发展史上亦占有极为重要的地位，因而关于朱仙镇木版年画研究的文章则有很多，有的是从美术学的角度来考察其艺术构成、艺术特色，如《探访朱仙镇年画》、《民间艺术的瑰宝——朱仙镇木版年画》等文①，有的是从历史学的角度来研究其兴衰和流变的历史过程及变迁特点等，如《朱仙镇木版年画的兴衰以及抢救价值》、《朱仙镇木版年画的兴衰》等文②。而冯骥才先生主编的《中国木版年画集成·朱仙镇卷》③一书，通过实地调查，结合历史资料，对朱仙镇木版年画的发展概况、历史变迁、工艺技术、艺术风格、艺术成就以及生存现状都进行了详尽的考察和研究，同时也旁及朱仙镇的起源、发展和兴衰，应是同类著作中价值较高的一部。

通过以上分析可以看出，在关于郑州、开封和朱仙镇近代城市发展的学术研究中，多是就城市的某些方面、某些问题进行表象描述或分析，而少有把其放置于区域城市体系的结构关系之中，从区域中心城市的角度来研究三者近代的兴衰变迁和城市结构关系的变动，并由此深入探讨区域中心城市结构关系发生变动、区域中心城市发生更替的规律。

而在现有的关于近代中国其他区域中心城市的学术研究中，则也多是从单一城市的本身来谈城市的某种或数种中心功能的形成与发展等，而很少会

16

① 陈涛：《探访朱仙镇年画》，《美术》，2006年第7期；凌士义：《民间艺术的瑰宝——朱仙镇木版年画》，《装饰》，2006年第2期。

② 袁汝波：《朱仙镇木版年画的兴衰以及抢救价值》，《美术》，2003年第2期；《朱仙镇木版年画的兴衰》，《史学月刊》，2003年第6期。

③ 冯骥才：《中国木版年画集成·朱仙镇卷》，中华书局2006年版。

把整个城市在近代的发展与变迁放置于某种结构关系中来考虑，故同样对这种核心与边缘结构关系发生转换变动的原因，也没有进行深入的研究与分析，如《天津经济中心的形成》《从军事卫所到经济中心——天津城市主要功能的演变》《开埠与长沙区域经济中心的确立》《近代重庆经济中心的形成》等文[①]，或者仅对某一单一城市成为区域中心的原因和条件进行分析，如《无锡在二十年代形成经济中心的原因及其职能》《近代上海形成全国经济中心的内在原因》《再论上海成为近代中国经济中心的条件》等文[②]，而从区域的视角来研究一个区域系统内原有中心城市和新生中心城市之间结构关系发生变动、更替，从而改变区域核心边缘结构的文章并不多。《汉晋南北朝时期福建政治、经济中心区域的变迁》[③]一文分析了汉晋南北朝时期福建区域中心城市的变动、更替以及与区域经济开发之间的关系；《明清时期经济中心转移与江南市镇的衰落——以金山朱泾镇为个案的考察》[④]一文分析了在近代江南地区，大区域中心城市苏州被上海替代后，经济环境的改变对江南传统市镇发展所产生的影响，同时作者还比较了苏州取代松江与上海取代苏州之间性质和意义的不同，认为前者依然属于传统经济中心的变迁和更替，而上海取代苏州，在区域中心发生更替的同时，还涉及文明的转型问题；《清代云南区域次中心城镇演变与区域经济发展》[⑤]一文则研究了矿产开发与清代云南次级区域中心城市转换之间的关系，认为在清前期，铜矿开发造成东川次

[①] 蔡孝箴：《天津经济中心的形成》，《天津社会科学》，1982年第2期；张利民：《从军事卫所到经济中心——天津城市主要功能的演变》，《城市史研究》，第22辑；李玉：《开埠与长沙区域经济中心的确立》，《城市史研究》，第19~20合辑；周勇：《近代重庆经济中心的形成》，《社会科学研究》，1989年第5期。

[②] 顾纪瑞：《无锡在二十年代形成经济中心的原因及其职能》，《历史档案》，1985年第4期；潘君祥：《近代上海形成全国经济中心的内在原因》，《学术季刊》，1991年第2期；丁日初：《再论上海成为近代中国经济中心的条件》，《近代史研究》，1994年第1期。

[③] 吴小平：《汉晋南北朝时期福建政治、经济中心区域的变迁》，《中国社会经济史研究》，2000年第2期。

[④] 安涛：《明清时期经济中心转移与江南市镇的衰落——以金山朱泾镇为个案的考察》，《江西社会科学》，2007年第7期。

[⑤] 刘吕红：《清代云南区域次中心城镇演变与区域经济发展》，《中华文化论坛》，2007年第2期。

级区域中心城市的兴起，后期则因锡矿开发而造成个旧替代前者成为新的次级区域中心城市，同时还分析了中心城市变迁与腹地发展之间的相互关系。

整体而言，以上研究不仅较少把区域中心城市在近代的发展和变迁放置于区域城市结构关系中来考虑，而且所作的研究也主要偏重于对历史的过程和现象进行表象描述，深层的理论分析则显得不足，而能够就区域中心城市结构关系的变动与更替提出较高水平理论分析的应为美国经济学家保罗·克鲁格曼的《地理和贸易》一书。

保罗·克鲁格曼的《地理和贸易》一书，关注的核心问题也是人类经济活动在地理空间中的不平衡性，与施坚雅不同的是，他用"中心和外围"这个概念来表示这种不平衡性，而不是"中心和边缘"的概念，但尽管用词不一，关注点却基本相同。与施坚雅相比，克鲁格曼所关注的地理空间范围更为宏观，在以美国为参照对之分析之后，又以更大的视野分析了由不同国家所构成的"中心和外围"结构，且"中心性"也更为突出，即经济活动在地理空间上的集中程度更高。以美国为例，"在这个地域辽阔、土地肥沃的国家，大部分人口居住在东西海岸的部分地区，以及五大湖地区；在这些地带内，人口又进一步集中在相对少数几个人口密集的城镇"[①]，为现代人口集聚提供重要前提的制造业，也聚集在一起，形成地理空间中的"制造带"，如形成于19世纪下半叶的美国东北部和五大湖地区的制造带，一直久盛不衰，其从业人员总数在1957年仍然占美国制造业就业人口的64%，只比世纪之初的74%略有下降。[②]那么，是什么原因造成这种集中长时间都没有太大改变呢？与施坚雅对中国各大区域内形成的中心和边缘结构从自然地理角度所作的解释不同，克鲁格曼认为在美国建国之初，人口主要是农业人口，制造业几乎没有规模经济，运输成本非常高，因此不会发生明显的地理集中。随着美国开始产业转换，制造业在美国北部农业人口众多的地方发展起来，南部则由于一些独有的糟糕制度不适于制

---

① ［美］保罗·克鲁格曼：《地理和贸易》，张兆杰译，北京大学出版社、中国人民大学出版社2000年版，第5页。

② ［美］保罗·克鲁格曼：《地理和贸易》，张兆杰译，北京大学出版社、中国人民大学出版社2000年版，第11页。

造业的发展。到19世纪后半叶,制造业规模经济增加,运输成本下降,在非农产业就业的人口增加,于是形成"需求的区位"(即较大规模的市场),生产企业为了节省产品运往市场的运输成本,自然会选址于这个较大规模的市场之内,故"需求的区位"会因为运输成本的作用而决定"生产的区位",从而吸引更多生产企业的加入,而随着更多生产企业的加入,也会造成市场的规模进一步扩大,所以"生产的区位"反过来又决定了"需求的区位",这种循环累积关系会将任何业已形成的中心——外围模式锁定,从而造成美国东部的产业及人口集中带长盛不衰。[①]

在克鲁格曼心中,这种不平衡的经济活动分布结构虽然长久不变,但也并非永恒。并且让其最感兴趣的也是关于对经济变迁过程(即中心和外围的转换过程)的描述。他首先假设了两个人口和劳动力不是平均分布的地区,其中一个地区人口和劳动力较多,为中心(A区),另一个地区则较少,为外围(B区)。因为一个偶然因素的介入,劳动力开始从A区向B区重新分配,在某一点,A区会丧失制造业优势,而当B区的人口达到一个临界值时(即市场规模足够大时),制造商就值得在B区生产,随着B区制造业生产的增长,人口进一步增加(市场规模进一步扩大),刺激制造业生产进一步增长,形成循环累积,以此扩大,最终形成新的中心和外围的关系。影响劳动力从A区向B区重新分配的因素为劳动力对B区将成为中心并在未来能带来较高收益的一种预期,在这种预期的驱动下,他们支付迁移成本和忍受短期内较低的收入,而选择B区,形成循环的第一推动力由此形成,但这一切都取决于影响劳动力产生预期的初始条件。而初始条件则是由历史偶然性决定的,这也是克鲁格曼在整本书中经常强调历史因素对经济活动分布不平衡格局所具有影响作用的重要原因。[②]

克鲁格曼又如何看待自己的这个理论分析模式与现实之间的关系呢?在

---

① [美]保罗·克鲁格曼:《地理和贸易》,张兆杰译,北京大学出版社、中国人民大学出版社2000年版,第21~25页。

② [美]保罗·克鲁格曼:《地理和贸易》,张兆杰译,北京大学出版社、中国人民大学出版社2000年版,第25~31页、第110~118页。

宏观的层次上,即由规模极大的中心与其外围之间的构成关系,他也认为是难以发生改变的,然而,"对于一些规模更小的事件,我就不敢那么肯定了。个别城市,或许还有稍大一些的地区的兴起和衰落,有时可能确实是自我完成的乐观主义和悲观主义的结果"①。显然,克鲁格曼同样认为规模较小的次级中心城市在一定条件下是会发生改变的。

但在现实中,推动一个城市规模发生变动的因素又不仅只是城市本身的单一经济因素(如集聚力)的作用,因而克鲁格曼本人也反复强调着某些历史偶然因素的作用,认为核心和边缘结构关系的形成与改变、区域中心城市的生成与衰落都是区域体系内多种因素相互作用的结果,那么,以克鲁格曼的理论来观照近代中原地区三个次级中心城市在区域体系中城市结构关系的转变时,即很难与实际情况相契合。故对于认识具体区域中区域中心城市结构关系的变动和区域中心城市更替的历史动因与规律而言,其复杂性还需要我们扩大视野,从更为广阔的范围内来对之进行研究和分析。

三、本书的创新之处

(一)布罗代尔的视野与本书的创新之处

法国年鉴学派大师布罗代尔在其经典之作《菲利普二世时代的地中海和地中海世界》中把历史时间划分为长时段、中时段和短时段,而区域中心城市在城市体系中结构关系的变化,应属于布罗代尔所言的中时段史。又因为地理、气候、动植物等长时段结构因素,对中时段的经济社会运动和短时段政治事件起着隐蔽的支配作用,②故城市在区域体系中地位的上升和下降都非一朝一夕所能造成,在变动的过程中,首先对其产生影响的是长时段的地理结构因素。

地理为人类的实践活动提供背景和条件,并作为一种影响因素对人类活

① [美]保罗·克鲁格曼:《地理和贸易》,张兆杰译,北京大学出版社、中国人民大学出版社2000年版,第116页。

② 王先明:《"区域化"取向与近代史研究》,《学术月刊》,2006年第3期。

动的方方面面产生作用。在布罗代尔的区域史视野里，地理学的或者空间的角度被放在了首要地位，地理构成了影响或制约历史的要素，并由此形成了历史研究的区域性。① 且"地理能够帮助人们重新找到最缓慢的结构性的真实事物，并且帮助人们根据最长时段的流逝线路展望未来"②。法国著名人文地理学家阿·德芒戎也认为"凡是人类生活的地方，不论何处，他们的生活方式中，总是包含着他们和地域基础之间一种必然的关系"③。那么，在本书所研究的近代中原地区三个区域中心城市与地理因素之间究竟存在哪些"必然的关系"呢？

　　和城市关系最为密切的地理因素是城市所处的地理空间位置。地理空间位置往往潜在地、长期地影响着城市所具有的功能和城市在漫长历史发展中的命运。因而尽管我们怀疑并批判地理决定论的说法，但对那种"起主动作用的是人类而不是自然，但是自然在很大程度上占支配地位"④的辩证说法却无法予以否定。因为我们不论是观照现实还是考察历史，都会发现空间位置与城市之间所存在的不可割断的联系，如处于区域地理空间中心位置的城市会成为区域的政治中心、扼守山川险要处的城市会成为军事堡垒、处在水陆交会地区的城市会成为商业转运中心、散布在国土边缘地区的城市难以成为国都等等。我国明末清初著名的历史地理学家顾祖禹也曾说："天下之形势，视乎山川；山川之绐络，关乎都邑。然不考古今，无以见因革之变；不综源委，无以视形势之全。"⑤故本书所考察的第一个问题是在历史长时段中，中原地区区域中心城市与区域地理空间结构之间的关系史，因"因革之变"而发现地理空间对区域中心城市分布位置、发展命运所起的"潜流"的作用。

　　在地理空间之后，对近代中原地区区域中心变动起着长时段"潜流"作用的地理环境因素则为黄河。对于黄河之影响，顾祖禹曾有极好的概括："河南

---

① 王先明：《"区域化"取向与近代史研究》，《学术月刊》，2006年第3期。

② [法]费尔南·布罗代尔：《菲利普二世时代的地中海和地中海世界》，唐家龙、曾培耿等译，商务印书馆1998年版，上卷，第19页。

③ [法]阿·德芒戎：《人文地理学问题》，葛以德译，商务印书馆2004年版，第9页。

④ [英]哈·麦金德：《历史的地理枢纽》，林尔蔚、陈江译，商务印书馆2007年版，第51页。

⑤ [清]顾祖禹：《读史方舆纪要》，《凡例》。

境内之川,莫大于河;而境内之险,亦莫重于河;境内之患,亦莫甚于河……巩、洛以东,河流屡变,兆端于周,浸淫于汉,横溃于宋。自宋至今,安流不可得而数见矣。"①但黄河在历史长时段中所展示出来的特征截然不同于布罗代尔所言的那些变迁缓慢的地理结构因素,它所产生的影响是通过剧烈的变动来体现的。因为黄河的变动,宋金之后,开封和朱仙镇处在了黄河频繁泛滥冲决的中心地区,而黄河河患所产生的持久有力的不利影响,还使开封和朱仙镇在近代产生一种不利的劣势因素的循环累积,郑州却形成一种呈相反趋势的优势因素的循环累积,这两种不同的循环趋势并在以后中时段的经济社会运动中被不停地加强。作为这些历史变动最初推因的黄河也就构成开封、朱仙镇和郑州分别形成不同循环累积趋势的第一因素,或克鲁格曼所言的偶然因素。

但这两种不同趋势的循环累积却并非是克鲁格曼所说的那种单一经济因素的循环累积(即"需求的区位"决定"生产的区位","生产的区位"反过来又决定了"需求的区位"),而是多种非经济因素以及经济因素(这些因素包括河流、土壤、矿产的分布区位等长时段地理结构因素,以及交通条件、农业种植、农产品集散、商业变迁、工业发展、政治地位等社会和经济因素)在历史变迁过程中所形成的复杂循环累积。并且这些参与循环累积的多种因素在历史次序上似乎还有规可循,先是与构成城市存在环境条件相关的那些长时段地理环境因素发生变动,在其影响下,流动性较强的商业开始做出新的选择,其次,工业生产也跟随其后在不同的城市扎下粗细不一的根来,最终因为两种不同循环趋势的作用,三者的发展命运在近代产生较大的分野和不同,并由此推使三者在区域中的政治结构关系缓慢地接近质变的临界点。随着整个区域环境中优势因素的日渐倾斜,使三者在20世纪50年代发生结构关系上中心和边缘的本质改变——政治关系重构。而当郑州获得区域政治中心地位后,较高的政治地位更是一种优势因素,而且是掌握着对区域内资源分配权力的优势因素,它的加入,更加拉大了原本即占着优势地位的郑州与开封、朱仙镇之间的发展差距。

---

① [清]顾祖禹:《读史方舆纪要》,卷四十六,《河南一》。

而当这种拉大了的差距转化为一种城市规模上的巨大差别时，这种差别最终又转化为一种新的动因，那就是城市自身的集聚力和离散力，集聚力与城市规模大小之间在一定程度上存在着正相关关系。新的多功能的区域中心城市郑州因为规模较大，具有较高的外部经济、规模经济以及较大的市场规模，会拥有较强的集聚引力，从而能够吸引更多的资源流入，随着更多资源的加入，城市的集聚引力又进一步增大，集聚引力增大后，又能吸引更多的资源，以此形成新的优势循环，从而使三者的发展呈现一种极化趋势，这也是直到今天开封依然难以改变下降颓势的重要原因。这种对城市前途不自信的"预期"是否最终会如克鲁格曼所言产生一个完全"悲观的结果"也还难以确定，但随着"郑汴一体化"的进行，在政府政治力量的干扰下，为开封城市发展注入新的强有力的优势因素，也许会扭转这种不利的循环，而形成新的优势因素的循环累积，从而实现克鲁格曼描述的另一种结果，即在一个偶然因素的介入下，发生"突变"①，以此改变开封长期以来不停趋于衰落的命运，倒也不失为一种具有一定现实可能性的解决途径。当然，对新的优势循环累积来说，我们依然不能只从经济因素的角度来考虑，而是要从开封城市的整体来考虑，对各种相关因素进行分析，然后进行合理的调整，以形成各种优势因素的循环累积，因为毕竟"一个特定时刻的历史进程，不论是政治、社会或人类其他方面的，不仅是环境，而且也是以前所取得的动量的产物"②。

　　那么，这个动量显然不仅仅只是经济因素。

（二）关于极化问题

　　极化问题是区域发展不平衡问题的加剧，其前奏即是地区之间发展的不平衡现象，而区域内发展不平衡现象，也就是施坚雅先生所言的核心与边缘结构。施坚雅在分析区域空间体系中核心和边缘结构的时候，认为区域核心的城市化程度高于边缘地区的城市化程度，区域核心的中心地多于边缘地区的中心地，城市规模也是区域的核心地区大于边缘地区，而在分析形成核心

---

① ［美］保罗·克鲁格曼：《地理和贸易》，张兆杰译，北京大学出版社、中国人民大学出版社2000年版，第25~31页、第110~118页。

② ［英］哈·麦金德：《历史的地理枢纽》，林尔蔚、陈江译，商务印书馆2007年版，第45页。

与边缘结构的原因时，认为造成这种差异的原因并不是地区结构中地文原始面貌的简单结果，而是中国式的居住方式，将地文区转变成为以城市为中心的机能体系，这种体系的自然特征很大程度上正是人为的，城市化本身即对核心边缘差异起过作用。为了更清楚地说明城市化本身对核心与边缘差异所起的作用，施氏举了滥伐森林和处理人粪尿对核心区和边缘区造成不同影响的例证。施氏认为，自古以来，中国建筑一直把木材当做基本结构材料，因此建造一个中国城市需要为数甚巨的木材。而这种用木头建造的城市街道狭窄，火灾频繁，而且火势难以控制。由于战争、起义时的焚城和偶然火灾，大量木材化为灰烬。而这些木材的来源则为区域内的边缘地区，这种情况致使边缘地区的木材变成城市周围的灰烬，从而引起直接的肥力转移，边远地区因滥伐树木而造成土壤浸蚀，从而引起间接的肥力迁移。然后借助于河流体系，将大量土壤从边缘高地带走，沉积在核心的低地里，成为淤泥。又由于运河体系、灌溉渠道和堤坝的作用，而进一步在河道谷地两侧的冲积平原上重新分布。这样，最初源于边远地区的灰烬和淤泥，增加了低地核心区域的土壤肥力，从而也就加强了核心区的优势，再加上低地中心地区因人口较多而产生更多的人粪尿，也加强了土壤的肥力和农业生产的优势，致使核心和边缘的差距更大且难以发生改变。故地区核心的城市化过程本身，是以牺牲周围边缘地带的潜在城市化为代价的。从这个意义上说，核心地带的城市发展引起了边缘地带的城市的不发展。①

这种核心与边缘结构的不平衡状态随着中心区引力的增强而会加大不平衡的程度，慢慢就会形成区域发展的极化现象。因为在施坚雅所研究的时段中，地区发展的极化问题还不太突出，因而他对这个问题的分析也就仅止于此了。

但在所有的存在着不平衡的区域系统中，依据多数非均衡增长理论的分析，核心与边缘结构总是具有加大核心和边缘之间差距而形成极化的倾向，即使参照现实，事实也会告诉我们，地区之间、中心与边缘之间的差距是在加

---

① [美]施坚雅:《中华帝国晚期的城市》，叶光庭等译，陈桥驿校，中华书局2000年版，第339~342页。

大而非缩小，极化现象是一个普遍的存在。但普遍存在并不意味着就合乎人类社会在未来发展的需要，而我们所应该关心的问题也并不是要改变原有的核心与边缘结构，而是要在极化之中努力做到相对均衡，在中心区域、中心大都市发展的同时，边缘地区和边缘城市也有发展的机会，这是一个事关人类未来发展的大问题。对郑州、开封、朱仙镇三者在近代所形成的新的核心边缘结构的探讨与研究，也许会发现一些富有价值和意义的启示，这也是我以近代中原地区区域中心的变动与更替为研究对象的目的之一，即使是不成熟或存在着缺陷，也是值得为之付出努力的。又因为对极化问题的研究多是当代经济学学者从当代城市发展的角度，去作理论或实证的研究，并且所考虑的因素也多为经济因素，而本书从历史学的角度，去分析区域系统内多种因素对城市极化发展所产生的影响，也应当有其创新价值。

（三）关于衰落城市研究

因本书在研究近代中原地区区域中心城市变动与更替的时候，认为近代中原地区区域中心城市变动与更替既意味着新的中心城市的生成，也包含着旧的区域中心城市的衰落，因而在此就衰落城市研究的状况、存在的问题以及本书在此方面的创新之处也略作总结。

衰落城市研究是自20世纪90年代以来逐渐兴起的关于城市史研究的新课题，经过近20年的发展已产生了一大批价值较高的研究成果，这在蔡云辉的《近十年来关于"近代中国衰落城市"研究综述》[①]一文中已有详细的述评。本书就以其中最重要的、内容最为全面的、最富有代表性的成果——《近代中国衰落城市研究》[②]一书，来探讨关于衰落城市研究取得的成就以及存在的问题等。

《近代中国衰落城市研究》全书共分五章，绪论和第一章主要为理论探讨和研究。在绪论部分，作者从哲学的高度对城市衰落的现象进行分析，并阐述了研究中国衰落城市的意义。在第一章的第一部分对城市衰落的原因做了理论上的归纳分类，第二部分则探讨了城市发展的周期问题。其后四章则分门

---

① 蔡云辉：《近十年来关于"近代中国衰落城市"研究综述》，《史学理论研究》，2003年第2期。

② 何一民：《近代中国衰落城市研究》，巴蜀书社2007年版。

別类，分别分析了社会政治经济变动、交通地理变迁、战争破坏以及自然灾害所造成的城市衰落的不同类型，以具体实例分析为主，几乎所有近代的衰落城市以及因战争或灾害短期内破坏较重的城市都被纳入所分的类别之内。在分析衰落城市的同时，也对近代中国的社会政治经济变动、交通地理变迁、战争以及自然灾害等进行了分析，因而从不同类型的城市衰落的过程中，亦可见其背后社会以及自然环境的变迁。

该书内容广博，不论是关于衰落城市研究的理论探讨，还是关于对整个中国近代衰落城市的总体把握以及个案研究等方面都取得了较高的学术成就，因而被隗瀛涛先生评价为"一部深入研究中国近代衰落城市，将中国城市史研究推向新的发展方向的力作"①。

该书主要的研究方法为分类归纳法。这种方法在研究众多的类型不一的衰落城市时，能够提纲挈领、条理分明，于纷乱繁杂的动态史实中抓住不同类型衰落城市的主要原因及特征。另外，通过科学的分类，也使庞大的衰落城市群体有了整体线索，而在不同类型中又对不同的个案分别研究，这样做既可以把握整体，又可以深入个体，使读者在阅读时一目了然。

本书在研究衰落城市时所用的方法则略有不同，是把衰落城市放置于区域系统以及区域系统的核心边缘结构中来考虑，从区域及区域中心变动与更替的角度来研究朱仙镇和开封在近代的衰落，始终围绕着区域中心城市的变动来看待两个城市的衰落，紧紧抓住核心和边缘的变动关系，抓住区域系统内城市之间的关系以及区域和城市之间的关系。并提出在区域系统各种因素的变动之下，旧有区域中心城市朱仙镇和开封形成劣势因素循环累积，在这种劣势循环累积的作用下而逐渐下降、衰落，与新生的区域中心城市形成新的核心和边缘结构关系。这也应是本书的创新点之一。

---

① 何一民：《近代中国衰落城市研究》，巴蜀书社2007年版，《序言》。

四、相关概念的界定

(一)中原地区

"中原"一词在汉语言体系中出现得较早,但最初的意思不是表示特定地理空间方位的,而是一个与山脉、丘陵、川流等相同的表示地貌的一个词,意思主要为"原野",如《诗经·小雅·吉日》中的"瞻彼中原,其祁孔有"、《诗经·小雅·小宛》中的"中原有菽,庶民采之"、《国语·越语上》中所言的"寡人不知其力之不足也,而又与大国执仇,以暴露百姓之骨于中原,此则寡人之罪也,寡人请更"等。并且这个用法一直延伸很久,直到两汉时期还有用"中原"一词表示"原野"的说法,如《史记·司马相如列传》中所言"是以贤人君子,肝脑涂中原,膏液润野草而不辞也",《汉书·严助传》中"今方内无狗吠之警,而是陛下甲卒死亡,暴露中原,沾渍山谷,边境之民为之早闭晏开,朝不及夕,臣安窃为陛下重之",《后汉书·冯衍传》中"何与军覆于中原,身膏于草野,功败名丧,耻及先祖哉"等。

但随着中国古代文化区域范围的扩大与各地区之间交流往来的频繁,促进了人们对整个中华大地地理空间感知能力的加强。最早在春秋时期,"中原"一词已逐渐具有"天下之中"的意思,成为人们心目中中国主要农业区域东、西、南、北各区域往来的交会中心。具体空间方位亦有所指,如《左传·僖公二十三年》中所言,"若以君之灵,得反晋国,晋楚治兵,遇于中原,其辟君三舍。若不获命,其左执鞭弭,右属橐鞬,以与君周旋",其中"中原"一词是指楚北晋南之间的地区,应是今天河南的中部地区,而后来晋楚之间发生的城濮之战的具体位置也是今天河南稍微偏于东北的地区。《汉书·徐乐传》中所言"何为瓦解?吴、楚、齐、赵之兵是也。七国谋为大逆……然不能西攘尺寸之地,而身为擒于中原者,此其何故也?……故曰天下之患不在瓦解"的"中原"一词则是指河南的中部偏东南地区。而《出师表》中所说的"今南方已定,兵甲已足,当奖率三军,北定中原"则不仅是指今河南一省之地了,可能还包括其周边数省的部分地区在内。

到了晋朝特别是东晋以后,因为原本位于黄河下游河南境内的全国政治

28

文化中心迁于中国东南地区,出于对昔时旧都所在之地的怀念,"中原"一词被更多地提及,但对于其所包含的具体地理范围,却找不到一个确切的说法。

现在一般而言都认为"中原"一词具有广义和狭义两种理解,如《永不失落的文明——中原古代文化研究》、《中原文化志》、《中原文化精神》①等书,基本上都认为广义的中原是指今黄河中下游广大地区,狭义的中原则是指今河南省的辖区范围,同时兼及周边数省的小部分地区。

既然本书所言的"中原"主要是指河南,那么为什么不用"河南"而用"中原"呢? 这主要是因为,"河南"一词是指行政辖区而言,强调的是对地理空间的人为划分和分割,而"中原"则偏重于整个地理空间中的联系性,因为"中原"一词本身即是相对于"东南"、"西北"等其他地理区域而言,用"中原"一词来表示所研究的空间地理范围时,毫无疑问强调了这种地理空间的联系性,因为,毕竟在我们的研究与区域系统相关的时候,是根本无法割断各个区域之间的联系的。再者,从区域史的角度而言,"是研究问题的空间特征决定了区域史研究的选择,而不是人为的空间取舍形成区域史研究,即将研究对象简单地地域化或地方化","区域史研究不能单纯依据行政区划,而应着力于地域的文化、社会、历史等特点及其发展的内在逻辑性与一致性,从其系统性(时间)、联系性(空间)、特殊性(比较)、影响性(发展)等处着眼"②。那么,用"河南"替代"中原"一词来作为本书所研究的三个城市存在并与它们融合紧密的地理背景,毫无疑问是不合适的。

(二)区域中心城市

在施坚雅对中国所划分的各大区域系统的核心边缘结构中,他认为区域的核心一般位于河谷低地,而区域系统中最重要的中心地以及中心大都市也往往位于河谷低地之中,中心地区最重要的特征是各种资源的高度集中,包括可耕地、人口、资本投资等,而且中心地也往往是交通运输网的集中点。本书所谈的区域中心城市则与其所言的中心地略有不同,主要是指区域系统中

---

① 李绍连:《永不失落的文明——中原古代文化研究》,学林出版社1999年版;单远慕:《中原文化志》,上海人民出版社1998年版;李庚香:《中原文化精神》,河南文艺出版社2007年版。

② 王先明:《"区域化"取向与近代史研究》,《学术月刊》,2006年第3期。

的中心大都市，这些中心大都市不一定位于河谷低地或者区域系统内地理空间位置的中心，把中心大都市作为区域中心主要是因为它们在区域城市系统中占有非常重要的地位，是区域内商业最为繁盛、工业生产最为发达、政治地位最为重要的城市，这些城市往往也是区域系统内规模最大的城市。笔者把只要具备其中一个方面的都看作是区域中心城市，不过根据其影响力偏重点的不同，分为商业中心城市、工业中心城市、政治中心城市，或者是多个中心的合一，即综合性中心城市等。

（三）循环累积

在克鲁格曼的研究中，不论是对美国制造带长盛不衰原因的分析，还是对区域中心突变模式的分析，都发现循环在其中的作用，对前者而言是"需求的区位决定了生产的区位，生产的区位又决定了需求的区位，这种循环关系也可能是股非常保守的力量，它会将任何业已形成的中心——外围模式锁定"，对于后者而言则是当某一点的人口达到一个临界点时，制造商值得在此生产，而"随着制造业生产的增加，人口进一步增加，这刺激制造业生产进一步增加"，当然人口也进一步增加，又形成循环累积关系，影响新生中心的规模扩大。①

对这种城市规模扩大过程中所形成的循环累积关系的分析，其实远在克鲁格曼之前的缪尔达尔等人已对之进行过分析和研究。

缪尔达尔在其《进退维谷的美国黑人问题和现代民主》、《经济理论和不发达地区》等书中认为，社会经济发展过程是一个动态的各种因素（包括产出与收入、生产和生活水平、制度和政策等六大因素）相互作用、互为因果、循环积累的非均衡发展过程。任何一个因素"起始的变化"会引致其他因素相应变化，并促成初始因素的"第二级强化运动"。如此循环往复地累积，致使经济过程沿初始因素发展的方向发展，从而形成两种不同趋势的循环累积。一种累积促进各种生产要素由不发达地区向发达地区回流和聚集，产生一种扩大两大地区经济发展差距的趋势，为"回波效应"；另一种累积促成各种生产要素

---

① [美]保罗·克鲁格曼：《地理和贸易》，张兆杰译，北京大学出版社、中国人民大学出版社2000年版，第25页。

在一定阶段内从发达地区向周围不发达地区的扩散，从而产生一种缩小地区间经济发展差距的运动趋势，为"扩散效应"。因为一个区域的发展速度一旦超过了平均发展速度，这一地区就获得了连续累积的竞争优势，因而回波效应总是先于和大于扩散效应，故"市场力作用的固有趋势是产生区域之间的不平等"，地区之间的差距在市场的作用下总会逐渐拉大而不是缩小。并且因为优势和劣势的累积作用，不平衡结构一旦产生，就难以通过经济自身的发展来改变。故缪尔达尔寄希望于政府采取积极的干预政策（不应消极等待发达地区或增长极的"扩散效应"）来刺激增长极周围落后地区的发展，填补累积性因果循环所造成的经济差距。①在这方面，美国发展经济学家赫希曼所持观点与其基本相同。

赫希曼认为，经济"增长在国际或区域间的不平等是增长本身不可避免的伴生物和前提条件"，"经济进步并不同时出现在所有的地方，而一旦出现在某一处，巨大的动力将会使得经济增长围绕最初的增长点集中"。②他所说的巨大动力，是指最初增长点所具有的集聚经济效应，在集聚经济的作用下，将其最初的优势锁定，吸引各种要素向该地区集聚，使该地区的经济增长加速，然后借助于极化效应和涓流效应③，最终形成发达的核心区和不发达的边缘区。与缪尔达尔相同，赫希曼也主张通过政府的积极干预来改变地区之间的差距和不平衡结构。

在其他关于地区之间非均衡增长理论的研究中，也都对造成地区之间差距拉大的循环作用有过论述，但整体而言，对造成区域之间不平衡循环作用的分析都是局限于对区域或城市本身经济因素的分析，是单一经济因素的循环。而在本书中，所考虑的则是区域系统内各种因素（包括地理空间、自然环境、农业生产、交通变迁、政治因素等）之间的一种循续生成关系，或连续介入关系，一种因素介入之后，会成为诱发另一种因素介入的动因，优势因素会吸

① 白义霞：《区域经济非均衡发展理论的演变与创新研究》，《经济问题探索》，2008年第4期。

② [美]赫希曼：《经济发展战略》，经济科学出版社1991年版。

③ 赫希曼所言的极化效应和涓流效应的实质与缪尔达尔所说的回波效应和扩散效应基本相同。

引更多优势因素加入，劣势因素会吸引更多劣势因素加入，而新介入的因素又成为诱发下一种因素介入的动因，循循相生，以此造成区域系统中核心和边缘结构的变动与更替。故笔者把它们的这种循环关系称为优势循环累积和劣势循环累积。

五、写作思路与资料来源

（一）写作思路

因本书以区域中心城市更替、城市结构关系变动的动因及规律为研究中心，以不同影响因素对之产生作用的历史时序为主线来安排整体结构，故首先考虑的即是对中时段经济社会运动与短时段政治事件起着隐蔽支配作用的长时段地理环境等结构性因素。在地理环境因素中，则首先考虑的是恒久不发生变化的地理空间结构因素对区域中心城市区位分布产生的影响；其次则研究北宋以后黄河的变迁对开封、朱仙镇、郑州周边环境的影响，诸如水运河道的破坏、土壤的沙化、对城市自身的破坏以及陆路交通节点的转移等；紧接着研究的则是地理环境因素变迁对三者周边腹地农业种植结构与农产品产量的影响。在这些对三个城市经济社会运动具有重要影响的前提因素发生重大变化后，需要研究的就是区域商业中心的变动。商业中心的变动所形成的区位优势，又和其他因素一起，直接影响到现代工业生产中心的区位选择，从而使整个区域经济中心发生位移，并在位移的过程中，实现城市文明性质的转型，由传统农业文明型城市转化为现代工商业城市。经济中心的迁移又形成影响力量，与其他影响因素一起，最终推使三者在区域城市体系中的中心—边缘结构关系在20世纪50年代发生本质性变迁——政治关系重构，使中原地区区域中心城市自近代以来伊始的变动更替过程得以完成。在对近代中原地区区域中心城市更替轨迹作完整的历史实证研究后，则试图对区域中心城市发生更替的规律进行理论性的探讨与构建，形成具有普适性的理论认知。除此之外，因三个城市在区域城市体系中的中心地位发生变化后，其城市空间结构与社会结构势必发生较大变动，而三者在近代的兴衰变迁与城市中心功能的得失也将影响到各自当代的建设与发展，故对此两个问题的探讨，则放在本书的最后部分。

(二)资料来源

本书所用主要资料来源:1.清代及民国时期的地方志;2.朱仙镇山陕会馆所藏碑刻资料;3.民国时期的期刊、报纸、调查报告、统计资料以及学术研究文献等;4.新中国成立后郑州、开封等地所存的档案资料、统计报告等。

第一章 CHAPTER ONE

空间之"力"

　　在前文导论中,笔者对长时段地理结构因素与城市发展之间的关系进行过简单分析,这种分析属于人地关系的范畴,而在分析人地关系的研究中,一般注意较多的是从人与地理条件之间的关系方面着眼,在地理条件中,包含物产、气候、地质、地貌、水文、植被、生物种类等。而地理空间作为一种能够作用于人类实践活动的长时段地理结构因素也同样为人类所认知,如顾祖禹所言"天下之形势,视乎山川;山川之绝络,关乎都邑,然不考古今,无以见因革之变;不综源委,无以视形势之全","天地位而山川奠,山川奠而州域分,形势出乎其间矣"①,王迪所言"区域条件对城市发展的影响是多方面的,一个城市具有什么样的性质、职能,发展的速度多快,不但取决于城市本身,而且取决于所处地理

---

① 顾祖禹:《读史方舆纪要》,《凡例》。

位置和区域经济的特点"①,都认识到地理空间对城市的影响。但地理空间作为一种地理因素,与其他地理因素相比,难以对之作非常具体的把握,因为当我们确指某一事物所处的地理空间时,它往往具有较强的相对性,是相对于其他地理空间而言,这就要求在分析具体的空间时,要具有较高的对宏观地理空间的把握能力,同时又能深入地对微观地理空间进行分析,然后也许会找出那种与人类活动之间的微妙关系。也因为地理空间与人类生活和生产实践活动之间的关系,不像与其他地理因素之间的关系那样明晰而易于把握,所以对之进行研究就有点望而却步的感觉。可是,对研究难点的敬畏之心,并不能使我们绕开它或无视它的影响,因为这样做会使我们的研究不能很好地对人类的实践活动进行解释,并忽略那些最缓慢的结构性事物,也不能根据最长时段的流逝线路展望未来,或所作的研究只是某些片面的理解,其科学性因而也就大大降低。

---

① 王笛:《近代长江上游城市系统与市场结构》,《近代史研究》,1991年第6期。

第一节　中原地区的地理空间结构

ERSHI SHIJI ZHI ZHONGGUO

一、中原地区的宏观地理空间特性

在早期中国人的地理视野中,"天下之中"的空间地理特性主要被赋予中原地区内部的某些地理空间点,如洛阳在西周早期即被认为是"天下之中,四方入贡道里均"①,而在春秋战国之际, 位于今山东省西部距离河南不远的"陶"为"天下之中,诸侯四通,货物所交易也"②。其后中原地区被视作天下之中的区域范围有较大扩展,"顿子曰:韩,天下之咽喉;魏,天下之胸腹。范雎亦云:韩魏,中国之处,而天下之枢也"③。西汉《史记·货殖列传》中也记载:"昔唐人都河东、殷人都河内、周人都河南。夫三河在天下之中,若鼎足,王者所更居也。"④其中河东是指今山西省运城、永济周边地区,河内是指今豫西北一带,河南则是指今洛阳一带。以上地区包括陶在内,在宏观空间范围的划分中,也基本都位于本书所言的中原地区之内。

---

① 《史记》,卷四,《周本纪》。

② 《史记》,卷一百二十九,《货殖列传》。

③ [清]顾祖禹:《读史方舆纪要》,卷四十六,《河南一》。

④ 《史记》,卷一百二十九,《货殖列传》。

到北宋之时，整个中原地区都已具有"天下之中"的宏观地理空间特性，并且在确定这一点之时，是把整个中原地区放置于周边更大的区域空间中来确定的。北宋人鲍云龙在其《天原发微》中曾言："中州居天下中……负险用武之国，于天象则弘农分陕，为两河之会，自陕而西为秦凉，北纪山河之曲为晋、代，南纪山河之曲为巴、蜀，四战用武之国，则陕东三川中岳为成周，西距外方、大怀，北济南淮、东达巨野为宋郑陈蔡，河内及济水之阳为邶、卫，汉东滨淮阴为申、随……北纪东至北河北为邢、赵，南纪东至南河南为荆楚，自北河下流南距岱山为三齐，夹右碣石为北燕，自南河下流，北距岱山为邹鲁，南涉江淮为吴越。"[1]位居天下之中的中原地区自然具有一种其他地区所不具有的地缘军事战略特势，对此，清初三大学者之一顾炎武即认为中原地区"西跨崤函，东连淮泗，南络荆襄，北抗燕赵"，"睇彼形势，岂特伊洛蟠地脊，河内比秦关而已哉"[2]，但这种地缘战略特势在军事上却具有两面性，故秦氏观说："长安四塞之国，利于守；开封四通五达之郊，利于战。洛阳守不如雍，战不如梁，而不得洛阳，则雍、梁无以为重，故自古号为天下之咽喉。夫据洛阳之险固，资大梁之沃饶，表里河山，提封万井。河北三郡，足以指挥燕、赵；南阳、汝宁，足以控扼秦、楚；归德足以鞭弭齐、鲁。遮蔽东南，中天下而立，以经营四方，此其选矣。然不得河北，则患在肩背；不得关中，则患在噤吭。自古及今，无异辙也。"[3]"天下之中"的地理空间特性所能产生的地缘军事影响，经前述所言亦已明了，那么，这种宏观地理空间特性与区域中心城市的分布和变动之间又存在什么样的关系？对这个问题的回答，仅从宏观地理空间方面来作解释还不能够把问题说清楚，需要考虑的还有中原地区的微观地理空间结构。

二、中原地区的微观地理空间结构

不论是宏观地理空间或是微观地理空间，都是由某些地貌因素分割构成

① [北宋]鲍云龙：《天原发微》。转引自[清]顾炎武：《天下郡国利病书》，第十三册，《河南》。

② [清]顾炎武：《天下郡国利病书》，第十三册，《河南》。

③ [清]顾祖禹：《读史方舆纪要》，卷四十六，《河南一》。

的,这些地貌因素中,对地理空间结构具有决定性影响的主要为山脉、谷地、川流等,另外还有距离因素。[①]山脉不仅是分割大的宏观区域空间的主要因素,而且也是塑造微观区域空间结构的重要因素,因为山脉的分割作用,使原本连接在一起的作为一个整体的地理空间有了较大的差别与区分。山脉之间的谷地和缺口又往往是川流和交通线路的所经地区,后者把因山脉而分割开来的不同地理空间单元连接起来,加强了不同地理空间单元之间的联系。

在中原地区,对不同地理空间单元分割作用最强的首为太行山脉。太行山从今河南西北地区开始,呈西南—东北走向绵延至今北京市之西,山体高峻雄威,多为海拔在1000米以上的中山,其在河北境内,"凡强形巨势,争奇竞险,拱翼畿甸者,皆太行之支峰别阜耳",而从山之西南尾闾开始东北行,直至今石家庄井陉口附近,更是"层峦叠岭,参差环列,方数百里",故顾祖禹称太行山"连亘河北诸州,凡数千里,始于怀而终于幽,为天下之脊"[②],形成华北平原和山西高原的显著分界。在太行山的主体以东与地势平坦的华北平原之间,还分布着一条由低山、丘陵和山间小盆地构成的狭长过渡带,过渡带的东部边缘为海拔在200米左右的山前台地,宽度10公里左右。而山前台地再往东则为海拔较低的华北大平原。在东汉以前,因地势较低的华北平原上湖沼洼地很多,黄河又常徙常决、泛滥肆虐,交通十分困难,故这条山前台地,自远古时期即为从燕山山脉的南缘南下穿越华北平原的大道所在,对此,著名的历史地理学家侯仁之先生在其《历史地理学的理论与实践》一书中也曾有过描述,"大道以西是连绵起伏的高山峻岭与崖壁陡峭的深堑大谷,以东是河流纵横的平原,间以湖泊、沼泽星罗棋布的低地(古代平原上的湖泊、沼泽较今日为多),在古代是难以通行的。只有沿着太行山东麓,自南而北一连串的山前台地,为南来北往提供了理想的通道"[③]。

顺太行山东麓南下进入河南境内跨越黄河后,继续向南,在现在的京广线

①　距离因素主要对平原起作用。在广袤的平原上,也许找不到不同区域空间之间所存在的显著分界,但因为距离的延伸,还是会形成不同的空间差别。

②　[清]顾祖禹:《读史方舆纪要》,卷十,《北直一》;卷四十六,《河南一》。

③　侯仁之:《历史地理学的理论与实践》,上海人民出版社1981年版,第312页。

以西为绵延起伏的豫西山地和丘陵，而东部则为地势低平的黄淮平原。阻隔黄淮平原向西扩展的豫西山脉自北向南依次为嵩山山脉、外方山脉和伏牛山脉，以及由伏牛山脉向东南方向延伸而形成的南阳盆地东缘的低山丘陵。嵩山山脉西起洛阳龙门，东部延伸至今新密市和新郑市之间的地区，山脉主体为分布在中部登封境内的中段，属于海拔在1000米以上的中山，东段和西段相对较低，东段主要位于巩县、荥阳、新密境内，并延伸到今新郑市之西。新郑之东则为黄淮平原的西缘。在嵩山之南则为从西部伊川延伸至东部禹州的箕山，箕山尽管属于深低山类型，但也构成黄淮平原向西延伸的屏障。外方山位于熊耳山的东南，并构成伊洛盆地的南部屏障，山体的西南部与伏牛山脉相接同源于秦岭东部之主脉，整体由西南向东北延伸，山脉的西南部山势高峻，海拔多在1500米左右，东北部相对低缓，以低山丘陵为主，海拔在500至1000米之间，低山以东则为海拔200至400米之间的丘陵地带，一直绵延到现在平顶山附近。豫西山区在平顶山附近形成一个凹陷，故平顶山附近也是黄淮平原向西延伸的最远地区。外方山之南则为伏牛山，伏牛山为西北—东南走向，长200多公里，西北端高大雄伟，向东南延伸至南召县西北时，分为两支，北支沿南召县与鲁山县之间，呈西北—东南方向一直延伸到方城缺口，在焦枝铁路以东的方城境内，尽管为相对较低的浅低山，但海拔也在400至700米之间，构成方城缺口的北翼。越过宽达8至15公里的方城缺口，再向东南则为由桐柏山向北延伸的余脉所构成的低山丘陵带，这条低山丘陵带和伏牛山在方城以北的延伸余脉一起构成了黄淮平原和南阳盆地的分界，故黄淮平原的西南部在扩展到此地时也就停了下来。

这样，如果我们从华北平原的顶端起始，然后顺着黄河以北太行山东麓和华北平原之间的台地向南行，越过黄河后，再顺着豫西山地嵩山山脉、箕山山脉、外方山脉以及南阳盆地东缘的低山丘陵边缘与黄淮平原西部之间的接合地继续往南，直到对中原地区和江汉地区区域空间具有重要分割作用的桐柏山系的北麓，就会得到一条基本上平直的纵线。这条纵线也就构成中原地区微观地理空间的结构纵线。

分布在这条纵线西侧的山脉在构成中原地区地理空间结构纵线的同时，也因为它们的阻挡分割作用，在山脉的两侧形成不同的地理空间单元，故因山脉间断而形成的隙地对不同地理空间单元之间的联系也就起着关键作用。

太行山因"自怀迄邢,错居其趾,形势奥衍,盘阻千里,横绝九州,为天下脊"①,成为难以逾越的交通障碍,成为阻挡中国华北地区东西往来的主要地理因素。而在整个山系的一些断裂缺口之处则形成了一些富有战略意义的隘路,最著名的为太行八陉,"第一轵关陉,第二太行陉,第三白陉,第四滏口陉,第五井陉,第六飞狐陉,第七蒲阴陉,第八军都陉"。这些陉道皆为山间狭道,地形险要,难以通行。如太行陉,"在怀州北,阔三步,长四十里,羊肠所经,瀑布悬流,实为险隘",飞狐陉"其地两崖峭立,一线微通,迤逦蜿蜒,百有余里",而"四面高平,中下如井"的井陉在战国末期即被视作天下难以通行的九塞之一。②其他各陉艰险狭危、屈曲难通也多为如此。

这些狭道在战争时往往可以作为出奇制胜的间道,但在和平时期,作为沟通大区域空间之间的通道,其交通功能还是有很大的局限性。而在太行山山谷中所形成的河流又因为落差较大,皆无通航之利。如发源于山西高原腹地由晋东南地区流入黄河的沁水即因为"流阔势急,又穿太行而南,多沙易淤,冬春之间,深不盈尺,夏水淫潦,往往泛溢为害"③,而无水运之利。因而从整体上来说,太行山对华北东西大区域之间的分隔阻塞作用是很强的,故顾祖禹说"盖太行隔绝东西,实古今之大防"④。

与雄峙北方的太行相比,豫西山地在隔绝东西不同地理空间单元方面所起的作用相差亦很小。

豫西山地包括黄河以南、南阳盆地以北、京广线以西地区,是秦岭自陕西向东延伸到河南以后,分成多条支脉呈放射状分别向东北和东南方向伸展而构成。东西向的有小秦岭;西南—东北走向的有崤山、熊耳山、外方山、嵩山等;西北—东南走向的有伏牛山。这些山脉的主体均为海拔较高、山体较大的中山,相互纵横交错、盘根错节,并向西连接于秦岭的主脉,绵延不绝,构成豫

① [清]曾国荃修、王轩纂:《山西通志》,清光绪十八年刊本。

② [清]顾祖禹:《读史方舆纪要》,卷四十六,《河南一》;卷三十九,《山西一》;卷十,《北直一》。

③ [清]顾祖禹:《读史方舆纪要》,卷三十九,《山西一》。

④ [清]顾祖禹:《读史方舆纪要》,卷十,《北直一》。

西地区的巨大障碍。分布于各山脉之间的河流亦呈放射状与各山脉相间分布，形成很多深切的河流和谷地，但只是这些河流没有一条能够穿越豫西山地，而沟通中原地区东部平原与西北地区大区域空间之间的联系，其中通航条件较好并且流向东南地区的如颍河、汝河等，其尽头也仍是难以翻越穿行的山脉。

在黄淮平原与南阳盆地之间尽管存在着方城缺口，但在穿过方城缺口，进入南阳盆地后，在盆地的西部尽头，依然还是巍峨高耸的豫西山脉和湖北境内的武当山脉，也没有宽阔平坦的山间谷地可以作为沟通中原地区东部平原与中国西部其他大区域空间之间往来的便利通道。

因为太行山脉和豫西山区对华北地区东西不同地理区域空间之间交通的阻隔作用，就使太行山脉与豫西山区之间因黄河谷地而形成的山间隙地，在沟通东西地理区域空间之间的联系时具有非常重要的作用，况且即使从地貌形态来看，潼关以东位于黄河以北的中条山、王屋山、太行山和位于黄河以南的崤山、熊耳山、嵩山之间的山间谷地，亦足以构成一条横贯中原地区腹地中心的结构横线，这条横线向西穿过潼关即是一马平川的关中平原，而往东延伸则连接着广袤的黄淮平原和华北平原，因而也就成为经由中原地区沟通东西两大区域空间之间联系的最主要通道。

这条结构横线的西段由三门峡盆地构成，盆地东西长约120公里，南北宽40公里，是由秦岭纬向构造带的小秦岭断块与华夏向的中条山断块、崤山断块的复合、联合而形成的，其西连关中平原的渭河谷地，南邻小秦岭和崤山，北临中条山，东至三门峡，黄河自西而东流经盆地中间。

中条山"西起永济之独头坡，东迄垣曲之横岭关，芮城、平陆居其阳，虞乡、解州、安邑、夏县、闻喜居其阴，山形修阻，首枕大河，尾接王屋，绵亘二百余里"①，其最西端与陕西华山夹河对峙，形成扼守关中平原进入三门峡盆地的重要关口。在其南麓，黄河紧依中条山和崤山的山势走向而经盆地中间流向东北，直至王屋山的西南边缘方才折向东南。

崤山呈西南—东北走向，在其中段以西以南部分，与中条山之间的距离较

---

① ［清］曾国荃修、王轩纂：《山西通志》，清光绪十八年刊本。

宽,形成三门峡盆地。而在中段今三门峡市和义马一线以北,则紧依黄河河谷与中条山夹河相峙,切断了三门峡盆地向东的延伸,山体宽约30至40公里,尾部一直延伸到王屋山的西南部,并与王屋山隔河相望。王屋山"在垣曲县东北六十里,《禹贡》所谓砥柱析城至于王屋也,山西接中条,南通济渎,东北与析城连麓,周百三十里"①。王屋山再向东则为太行山的弧形南缘。而在崤山以东和王屋山以南,则为地势开阔平坦的伊洛盆地和沁河冲积扇,并经由夹在二者之间的黄河冲积扇的扇柄而连接于东部的大平原。故横亘于西部三门峡盆地与东部伊洛盆地、沁河冲积扇之间的崤山也就构成了这条结构横线上的主要阻隔。《元和郡县志》中记述:"自东崤至西崤,长三十五里。东崤长阪数里,峻阜绝涧,车不得方轨;西崤纯是石阪十二里,险不异东崤。此二崤皆在秦关之东,汉关之西。(秦关指函谷旧关,在今灵宝以东崤山西缘;汉关指函谷新关,在今新安附近崤山东缘)"

　　尽管崤山有着较强的阻塞作用,但整体而言,还是可以看出,在黄河以北的中条山、王屋山、太行山与黄河以南的小秦岭、崤山、嵩山之间,存在着一条基本上能横贯东西的山间隙地带,这条山间隙地带的两端分别连接着东部的华北平原、黄淮平原和西部的关中平原,故这条山间隙地带也就构成中原地区至为重要的地理空间结构横线,这条结构横线和前边所说的结构纵线在中原地区的核心区域相交,构成了中原地区微观地理空间的基本结构,即十字架结构,这种基本结构与中原地区作为天下之中所具有的宏观地理空间特性是一致的。同时也使中原地区作为"天下之中"所具有的通达四方的空间功能,在微观地理空间结构中有所依凭。那么中原地区的这种地理空间基本结构与历史时期区域中心城市的分布和变动又存在什么样的关系呢?

---

① [清]曾国荃修、王轩纂:《山西通志》,清光绪十八年刊本。

第二节　区域中心城市的区位变迁

ERSHI SHIJI ZHI ZHONGGUO

在分析历史时期中原地区区域中心城市与地理空间结构之间的关系之前,首先需要对不同时期区域中心城市的变迁有准确的把握。本书所言的区域中心城市是指在某一历史时期,城市规模最大、政治地位最重要,或从经济方面来看是区域内的商业或工业生产中心,只要符合其中一条即可看作是区域内的中心城市。

一、先秦以前

商于公元前16世纪灭夏而成为中国历史上的第二个王朝,其势力范围东至于海、西至陕西中部、北到内蒙古、南抵江淮以南,国力和社会经济发展水平都有较大提高,因而与夏相比,商人"善治宫室"。在《史记·殷本纪》的记载中,商朝从建立到灭亡曾六次迁都,"汤始居亳,从先王居"、"后徙西亳"、"帝仲丁迁于嚣"、"河亶甲居相"(今内黄东南)、"祖乙迁于邢"(今温县东)、"盘庚迁殷",在这些都城中,今天能得到考古学印证的有偃师二里头商城遗址、郑州商城遗址和安阳殷墟三地。对于后者作为商晚期的都城没有任何争议,而对于前两者,围绕着究竟谁是亳都的问题,长期以来形成两种看法。一种以安金槐先生为代表,认为郑州商城为仲丁隞都,小双桥遗址是商王室祭祀场所;另一种以邹衡先生为代表,则认为郑州是成汤所居之亳,小双桥为仲丁隞都。①1999年完成的《夏商周断代工程成果报告》最终认为:商汤始建国约为公元前1600年,郑州商城始建年代也在公元前1600年前后,两者时代基本吻合。郑州商城和偃师商城基本同时或略有先后,是商人最早的两个具有都邑规模的遗址,推断其分别为汤所居之亳和汤灭夏后在下洛之阳所建之宫邑"西亳"。可以确定,郑州商城、偃师商城以及安阳殷墟都曾是商王朝的都城所在,是王国的中心城市。

与占据中原地区的商不同,周王朝兴起于关中地区的渭河上游,"后稷封于邰、公刘居豳、古公迁岐"②,"文王作丰",几经迁徙后方"武王宅镐"。在翦灭"大邑商"之后,为了加强对东方商朝旧族以及其他民族的控制,成王五年派周公旦营造居于"天下之中,四方入贡道里均"的洛邑,作为统治东方的战略基地,并安放象征国家权力的九鼎于此。周公所建洛邑有二城,一个在今天洛阳老城西,为王城;另一个在今白马寺以东,谓之下都,"迁殷顽民以居之"。因为洛邑建造于成王时期,故又被称为"成周"。在兵力分配方面,"宗周六师、成周八师",军事重要性甚至超过镐京,故洛阳遂成为西周时期仅次于镐京的政治军事中心和中原地区规模最大、城市地位最重要的城市。

西周末期周幽王时,犬戎攻破镐京,杀死幽王。晋文侯、郑武公等诸侯立太子宜咎为平王,因镐京残乱而于公元前770年迁都洛邑王城,到公元前519年,周敬王迫于王室之乱又从王城迁到下都。但从平王东迁一直到秦国灭周,此段时间内全国都城并未偏离洛阳。因而春秋战国时期,洛阳不仅为中原地区的中心城市,也是全国的中心城市,虽然到战国晚期其影响力有较大的下降。

春秋战国时期,除了洛阳以外,各地诸侯国的城市因为社会经济的发展和周朝礼制的破坏,也得到较大的发展,"三王之制,大都不过三国之一、中五之一、小九之一"的城市建设规定已不再被遵守,名城大都纷纭而生,"千丈之

---

① 张巍:《郑州商城研究》,河南人民出版社2006年版,序言第2页。

② 《史记》,卷四,《周本纪》。

城,万家之邑相望也"①。在中原地区,仅次于洛阳的是魏都大梁,到战国中晚期,因为能够"以通宋、郑、陈、蔡、曹、卫,与济、汝、淮、泗会"的鸿沟水系的形成,以及东周王室控制区域范围的缩小,大梁在集中物质资源方面的优势超过洛阳,因而其规模或繁华程度亦能够与洛阳相比,甚至其规模较之现在的开封老城还要大一些,方圆超过10公里,人口不下30万。②规模之大以致秦魏发生战争时,魏国需"悉其百县胜甲以上戍大梁……以三十万之众守梁七仞之城"③,并且最后秦国灭魏时,大梁城在黄河之水的浸灌之下,经三个月才城坏被淹,④其规模与坚固程度亦可想而知。

二、秦汉魏晋南北朝时期

战国末期一次人为所造成的水灾,却使勃然而兴的大梁首次遭到灭顶之灾,到秦汉以后,只能作为一个非常微小的县治而存在,直到后赵石勒四年(322)方才成为陈留郡治,但影响力依然有限。而"东贾齐、鲁,南贾梁、楚"的洛阳在《史记·货殖列传》中所列的全国24个主要商业城市中,仍然是能够和国都长安相比的全国性商业中心,有户"五万二千八百三十九",人口当在20万以上。到汉代中期,富冠海内的天下名都则有"燕之涿、蓟,赵之邯郸,魏之温、轵,韩之荥阳,齐之临淄,楚之宛、陈,郑之阳翟,三川之二周(洛阳)"⑤。其中的洛阳和宛在西汉末王莽颁布的诏书中,是除了国都长安以外与邯郸、临淄、成都并列的全国五大都会中的两个,《汉书·食货志》记载"于长安及五都立五均官,更名长安东、西市令及洛阳、邯郸、临淄、宛、成都市长皆为五均司市师,东市称京,西市称畿,洛阳称中,余四都各用东、西、南、北为称,皆置交易丞五人,钱府丞一人"⑥。毫无疑问,洛阳之地位即使从全国来说,也仅次于

---

① 《战国策》,《秦策三》。

② 程子良、李清银:《开封城市史》,社会科学文献出版社1993年版。

③ 《史记》,卷七十二,《穰侯列传》。

④ 《史记》,卷四十四,《魏世家》。

⑤ 《盐铁论》,卷一,《通有第三》。

⑥ 《汉书》,卷二十四下,《食货志第四下》。

长安,而"西通武关、郧关,东南受汉、江、淮"、"俗杂好事,业多贾"的宛(今南阳市)却也同时上升为中原地区第二大城市。①东汉建立后,"建武元年(25)冬十月癸丑,车驾入洛阳,幸南宫却非殿,遂定都焉"②,成为国都的洛阳,又上升为全国的中心都市。而宛也因为"光武中兴,肇自南阳,于是建为南都"③,地位更有较大上升,经过长期扩建,形成较大规模,人口最盛时亦有47 500户、20余万人。④故在两汉时期,中原地区最重要的中心都会应为洛阳和南阳。

汉末黄巾起义之后,中国历史进入了一个长期充满战乱的时代,中原地区是各种政治军事力量角力之所,故区域中心城市遭到的破坏也比较大。南阳经过汉末大乱以后,不再具有昔时贵为陪都的荣耀,到魏文帝黄初三年(222),车驾至宛,已是"市不丰乐"⑤。洛阳也在战争的洪流中几经起伏,并随着洛阳的每一次沉降,又有新的区域中心城市来替代它的功能,并在长期的历史发展中与洛阳形成一种交替关系。

洛阳的第一次下降起始于献帝初平元年(190)。在关东军阀的威胁下,董卓挟持汉王朝西迁长安,"尽徙洛阳人数百万口于长安,步骑驱蹙,更相蹈藉,饥饿寇掠,积尸盈路。卓自屯留毕圭苑中,悉烧宫庙官府居家,二百里内无复孑遗"⑥,洛阳城遭到两汉以来首次较大规模的破坏。建安元年(196)七月献帝还洛,宫室残破,没办法只好迁都于许县,从而使许县成为中国名义上的政治中心,前后长达25年之久,直至魏黄初元年(220)曹丕称帝,又迁回洛阳,但宫室武库犹在许昌,并且还把许昌设为五都(长安、谯、许昌、邺、洛阳)之一,⑦到西晋取代曹魏后方才撤销。同时伴随着洛阳第一次下降而兴起的区域中心城市不仅有许昌,而且还有邺城。

邺城在今河北省临漳县西南17.5公里的三台村,为"河北之襟喉,天下之

① 《史记》,卷一百二十九,《货殖列传》。
② 《后汉书》,卷一上,《光武本纪第一上》。
③ [清]顾祖禹:《读史方舆纪要》,卷五十一,《南阳府》。
④ 黄以注:《河南城镇历史地理初探》,《史学月刊》,1981年第1期。
⑤ 《三国志》,卷二十三,《魏书·和常杨杜赵裴传》。
⑥ 《后汉书》,卷七十二,《董卓传》。
⑦ 《三国志》,卷二,《魏书·文帝纪》裴松之注引《魏略》。

腰脊"[1],扼守着华北平原南下北上的通道,汉末大乱,拥有冀、幽、青、并四州的袁绍便以邺城为中心据点,而企图"南据河,北阻燕代,兼戎狄之众,可以南向以争天下"[2]。曹操于建安九年(204)攻下邺城,此后即以华北平原为根据、以邺城为据点而控制都于许昌的汉王朝,因而名义上汉末都城在许昌,实际上的政治中心则在丞相府所在的邺城。曹魏代汉定都洛阳后,因为邺城为"王业之本基",所以也被设为五都之一。但与许昌不同的是,许昌在失去陪都的地位后,再也没有成为一个较大区域政治中心的机会,而邺城则在以后的长时段历史中,与洛阳交替作为中原地区的中心城市。

西晋取代曹魏后继续定鼎洛阳,但为时不久即发生了破坏性极强的"八王之乱"。太安二年(303)河间王颙、成都王颖与长沙王乂大战,河间王颙部下张方的军队入洛阳,"烧洛阳清明、开阳门,死者万计"。同年十一月放弃洛阳时,军人又乘机大掠,遂致洛阳"魏晋以来蓄积,扫地无遗"[3]。七年之后,汉主刘聪所派诸将在攻略洛阳时,又"纵兵大掠,悉收宫人、宝珍……士民死者三万余人,遂发掘诸陵,焚宫庙,官府皆尽"[4]。从魏文帝黄初二年(221)至晋怀帝永嘉五年(311)再次为都90年的洛阳,又一次毁于兵灾。

灭亡西晋的后汉不久后又分裂为刘曜所建的前赵和石勒所建的后赵,前赵、后赵分别以长安和襄国为都,在经过惨烈的战争后,后赵统一了华北的大部分地区。石勒死后不久,后赵石虎于公元335年又迁都邺城。公元349年石虎病死后,后赵又陷于分裂,石虎的养子冉闵于公元350年建立魏朝,仍以邺城为都。但仅仅维持两年之久,就又亡于慕容俊建立的前燕,前燕依然定都邺城,一共存在18年后(公元370年)又被前秦所灭。至此,邺城作为都城的历史告一段落。

建都关中的前秦统一北方不久,淝水之战(公元383年)后又分崩离析,中国北部地区进入最为分裂的一段时期,直至北魏太延五年(439),北魏拓跋氏

---

① [清]顾祖禹:《读史方舆纪要》,卷四十九,《彰德府》。

② 《三国志》,卷一,《魏书·武帝纪》。

③ 《晋书》,卷四,《惠帝纪》。

④ 《晋书》,卷五,《怀帝纪》。

灭北凉,方又重新统一。统一北方的北魏为了"制御华夏,辑平九服"而统一天下,于公元493年又迁都于"地则中土,实均朝贡,惟王建国,莫尚于此"①的洛阳,直至公元534年北魏分裂为分别建都于长安、邺城的西魏和东魏,洛阳都一直是中国北方的中心城市,其规模虽然无法与两汉时期相比,但也相当可观,"京师东西二十里,南北十五里,户十万九千余"②。分裂后的洛阳又一次遭到大的破坏,东魏在迁邺之时,不仅"户四十万,狼狈就道"③前往邺城,而且"以十万夫撤洛阳宫殿,运于邺"④,用之建造邺城。介于东西魏之间的洛阳不仅失去了都城的地位,且又一次成为关中和关东地区争斗的拉锯地带,遭到战火的破坏。仅隔七年,公元541年杨衒之重到洛阳时,所见已是"城郭崩毁,宫室倾覆,寺观灰烬,庙塔丘墟,墙被蒿艾,巷罗荆棘,野兽穴于荒阶,山鸟巢于庭树。游儿牧竖,踯躅于九逵,农失耕老,艺黍于双阙"⑤,昔时繁华的都市已蜕化为萧萧荒野。

而再次成为北方局部区域中心城市的邺城,用由洛阳所拆运来的材料,"增筑南城,周二十五里",又"凿渠引漳水,周流城郭,造水碾硙并有利于时"⑥,城市建设立即得到较大发展。

但东魏以及取代东魏而建立的北齐亦同样为短命王朝。公元550年,东魏拓跋氏被高欢之子高洋所废而建立北齐,北齐于公元577年被定都关中的北周所灭,中国北方又取得统一,邺城作为都城的历史至此终结。之后不久,取代北周的隋最终灭了南朝而统一中国(公元589年),至此分裂时间极其漫长的魏晋南北朝终于结束。

在此段时间内,中原地区最重要的区域中心城市仍为洛阳,洛阳分别为曹魏、西晋、北魏的都城所在。尽管南北分裂,但洛阳仍为整个中国北方的区域中心城市,西晋时还为全国的中心城市。但如果北方亦发生东西分裂,位于沟

① 《魏书》,卷三十九,《李宝传附子韶传》。

② [北魏]杨衒之:《洛阳伽蓝记》,卷五,《城北》。

③ 《北齐书》,卷二,《神武纪下》。

④ 《北史》,卷五十四,《高隆之传》。

⑤ [北魏]杨衒之:《洛阳伽蓝记》,《原序》。

⑥ 《北史》,卷五十四,《高隆之传》。

通中国北部地区东西交通要道上的洛阳，势必成为东西方不同政治势力纷争中的拉锯地带而遭到破坏。并且中国的北方若发生分裂，往往会形成以关中为基础的西部集团和以河北为基础的东部集团，前者多以雄踞关中的长安为都，后者多以扼守华北平原南下北上要道的邺城为都，如后赵、冉魏、前燕、东魏、北齐等。但除了后赵曾短暂统一中国北方外，邺城多是作为区域更为狭小的都城所在，因而其影响力与洛阳相比还是要小一点，况且整个魏晋南北朝时期，邺城全部为都的时间也仅仅80余年。可是这在邺城的城市发展史上仍然留下了难以磨灭的影响，邺城的城市规划格局也对后来历代王朝的都城建设产生了深远的影响，而"有着划时代的意义"①。故总体而言，在漫长的魏晋南北朝时期，中原地区最为重要的区域中心城市依其重要性而言，洛阳仍居首位，其次为邺城，再次之为许昌。

三、隋唐五代宋金时期

此时期内，中原地区区域中心城市的变迁围绕着洛阳与开封城市地位的互换而进行，由隋初至"安史之乱"为洛阳占优势地位的时期，"安史之乱"之后至后周为过渡时期，后周以后，开封则居于绝对优势地位。

起家于关中的隋朝在统一天下之后定鼎长安，而"控以三河，固以四塞，水陆通，供赋等"的洛阳不仅对长安有军事上的拱卫作用，而且炀帝在平定其弟汉王谅的叛乱之后，也深深地认识到以洛阳为据点控制中国东部地区所具有的战略优势，因而"因机顺动……于伊、洛营建东京"②。自大业元年(605)三月开始，"每月役丁二百万人"，并"徙洛州郭内人及天下诸州富商大贾数万家以实之"。大业二年(606)春正月辛酉，东京成，规模庞大，"穷诸巨丽"③。四月，"上自伊阙陈法驾，备千乘万骑，入于东京"，至大业三年(607)三月，方才返回长安。大业五年(609)春正月丙子，又改东京为东都，洛阳成为和长安并列的

---

① 邹逸麟：《试论邺都兴起的历史地理背景及其在古都史上的地位》，《中国历史地理论丛》，1995年第1期。

② 《隋书》，卷三，帝纪第三，《炀帝上》。

③ 《隋书》，卷二十四，志第十九，《食货》。

国家政治中心。

同时洛阳还在"北通涿郡之渔商，南达江都之转输"的隋唐运河体系中居于核心地位，在从东南漕赋之区向关中转输物资的过程中起着关键作用，仅通远市即"周围六里"，"其内郡国舟船，舳舻万计"①。

唐朝建立后继续定都长安，洛阳的重要性依然如故。唐初因为洛阳城市被战火所毁，故废东都之称，只在太宗时设洛阳宫。到唐高宗显庆二年（657）又因"此都中兹宇宙，通赋贡于四方，交乎风雨，均朝宗于万国"，而"改洛阳宫为东都"②。此后26年间，高宗前后共有11年居于洛阳。高宗死后，武则天在临朝称制以及称帝的时期内，共居洛阳49年。中宗复位后又称神都为东都。唐玄宗也曾五次居洛处理政务，时间长达10年。天宝以后，玄宗不复来洛，并于742年改东都为东京。"安史之乱"后，洛阳残破，只有昭宗哀帝被朱温胁迫迁都洛阳4年。

开封自战国末期被黄河水淹之后，直至公元322年后赵在此设立陈留郡以前，一直作为浚仪县治而存在，此后行政建制屡有变动，于公元576年北周设为汴州以后，方有"汴州"之称。隋初虽然又再次降为县治，但城市经济似乎已有很大发展，隋文帝杨坚祭祀泰山返回长安路过汴州时（公元595年），竟然"恶其殷盛"，而专门任命令狐熙为汴州刺史，以对汴州的商业发展进行打击，令狐熙到汴州后"禁游食，抑工商，民有向街开门者杜之，船客停于郭外星居者勒为聚落，侨人逐令归本"③。从这寥寥数句中，我们可以判断出当时开封城市的商业经济已有很大的发展，并在隋炀帝开凿大运河之前，开封已有较强的水运转输功能。

大运河的开通，更为汴州的发展创造了有利条件，使汴州有了"当天下之要，总舟车之繁，控河朔之咽喉，通淮湖之漕运"④的优势，至迟到唐朝开元时期，汴州可能已成为中原地区重要的经济都会。《旧唐书》卷一百九十《齐澣传》中记载："河南，汴为雄郡，自江、淮达河洛，舟车辐辏，人庶浩繁"；同书卷六十

① ［唐］杜宝：《大业杂记》，上海：商务印书馆1930年版。

② 《全唐文》，卷十二，《建东都诏》。

③ 《隋书》，卷五十六，列传第二十一，《令狐熙传》。

④ 《全唐文》，卷七百四十，《汴州纠曹厅壁记》。

《李灵夔传附李道坚传》载:"开元二十二年,李道坚兼检校魏州刺史,未行,改汴州刺史、河南道采访使。此州都会,水陆辐辏,实曰膏腴,道坚特以清毅闻。"故到李勉迁宣武军之治所于汴之前,开封因为商业经济的发展,已为水陆辐辏的都会。在杜甫的《吹台》一诗中,也有"邑中九万家,高楼照通衢。舟车半天下,主客多欢娱"的描写,虽然有所夸张,但也反映了汴州城规模的宏大。

商业发展之势不可遏,政治地位亦随之提高。唐武德四年(621),置汴州总管府,以便控制运河的遭运;至德元年(756),置河南节度使,治汴州,领州十三;乾元元年(758)废,又置汴州都防御使,领州十三如故,公元759年废;公元762年复置河南节度使,领州八,公元769年又增领泗州,公元776年废;兴元元年,宣武军节度使治所自宋州迁汴,领四州。唐末朱温以汴为基础而倾覆唐王朝,于梁开平元年(907),升汴州为开封府,建为国都。自此割据中原地区的五代政权便在开封和洛阳之间交替为都。后梁公元909年迁都洛阳,公元913年,又以开封为国都,后唐灭梁后,又建都洛阳。后晋灭后唐后,天福二年(937),晋帝石敬瑭谋迁都大梁,其重要谋臣桑维翰说大梁"北控燕、赵,南通江、淮,水陆都会,资用富饶"。石敬瑭本人也认为"大梁舟车所会,便于漕运",故于天福三年(938)丙辰建东京于汴州,而把洛阳设为西京。①后汉、后周则只以开封为都,遂使开封在五代之末对洛阳终成更替之势,取而代之,成为中原地区地位最为重要的城市。

北宋时期开封作为全国的国都所在,毫无疑问亦是中原地区最重要的区域中心城市,而洛阳因为战争的破坏以及政治中心的迁离尽管有较大衰落,但仍然是比较重要的城市。开宝九年(976),宋太祖驾幸洛阳,曾想借机留都于洛,但在其弟赵光义以及其他大臣的反对之下不得已而还汴。到仁宗景祐三年(1036),还曾对迁都洛阳进行过讨论,尽管最后仍然不了了之,但在北宋一代,洛阳都是西京所在,与中原地区的其他城市相比,其重要性显而易见。另外据《文献通考》记载,在北宋神宗熙宁十年(1077),中原地区城市商税额最高的为开封,其次即是洛阳,说明其经济状况虽然不能与昔时相比,但在整个中原地区仍占有重要地位。

---

① 《资治通鉴》,卷二百八十一,《后晋纪二》。

公元1129年金灭北宋后,于公元1153年在迁都燕京的同时,把汴京也设为陪都之一。到公元1161年,金海陵王迁居开封,但不足一年就因海陵王被杀而返都燕京。到公元1214年,在蒙古的威胁下,又最终迁都开封,直至公元1233年灭亡为止。在金朝占领开封期间,开封因为多次战争而遭到较大破坏,城市规模以及繁华程度都无法与北宋时期相比,但作为金后期的政治、经济和军事中心,其城市地位依然不可低估,①因而仍然是中原地区的区域中心城市。

四、元明清时期

元朝灭金之后,在开封设置河南江北行中书省,管辖范围包括现在江苏北部、安徽北部、湖北北部以及河南大部分地区,同时又改开封府为南京路,辖郑、陈、许、钧、睢等5州21县及直属17县共38县。开封作为河南江北行中书省之省会和南京路之路治,政治地位与金朝时期相比虽有下降,却依然保持着区域政治中心的地位。

明朝建立后,开封只为河南省会,但因周王府所在,政治地位与元朝时期相比,还略有提高,庞大高消费人群的集中对开封城市的经济发展产生了很大影响,因而在"京师以南,河南当天下之中,开封其都会也。北下卫彰,达京圻,东沿汴泗转江汉,车马之交,达于四方,商贾乐聚"②,城市人口到明末(公元1642年)被水淹之前,除周王府宫眷而外,尚有"实在人丁三十七万八千有零"③,若加上周王府的人口,则可能有40万左右,依然是中原地区最大的城市。故从北宋灭亡以来,开封城市尽管处于衰落和下降状态,还始终在中原地区的区域城市体系中居于中心地位。

但明末黄河毁灭性的淹决却深深地影响了它的城市地位,使开封城市遭到有史以来又一次致命性的打击,造成开封人口大幅度的下降,并且经过很

---

① 程子良、李清银:《开封城市史》,社会科学文献出版社1993年版,第147页。

② [明]张瀚:《松窗梦语》,盛冬铃点校,中华书局1985年版,卷四,《商贾纪》。

③ 《崇祯十六年江西道御史黄澍奏疏》。转引自[清]傅泽洪:《行水金鉴》,上海古籍出版社1987年版,卷四十五。

长时间也没有恢复到明末的水平。①而在开封城市地位下降的同时,与之相邻的朱仙镇却因为孙家渡河(被误称为贾鲁河)的疏浚开通而日渐兴旺,并成为清时期中原地区新的经济中心和规模最大的城市。②

　　但自1843年水灾之后,朱仙镇便逐渐失去区域经济中心城市的功能,而等到新的文明因素介入的时候,新的区域经济中心城市郑州便承接了它的功能。在以后的发展中,郑州最终替代了中原地区的政治与文化中心城市开封,而成为新的综合性区域中心城市。

---

① 关于此点,可参阅本书导论中关于开封城市人口变化的数字。

② 关于此点,可参阅本书第二章中的分析。

第三节　区域中心城市的分布与地理空间结构之间的关系

ERSHI SHIJI ZHI ZHONGGUO

在对历史时期中原地区所有区域中心城市的变迁沿革有所把握后，就可以对它们与中原地区的地理空间结构之间存在的关系进行总结。

从以上分析可以看出，在从商至今的漫长历史时段中，中原地区的区域中心城市，除了两汉时期的宛（南阳）完全不在中原地区的空间结构纵线及横线上以外，其他任何一个时期的区域中心城市都分布在这两条基本空间结构线上，并且分布范围也比较确定，西不过洛阳、东不过开封、北不过安阳（邺）、南不过许昌。（参阅图1.1）那么，是什么原因造成中原地区区域中心城市的分布与中原地区的地理空间结构呈这种关系呢？

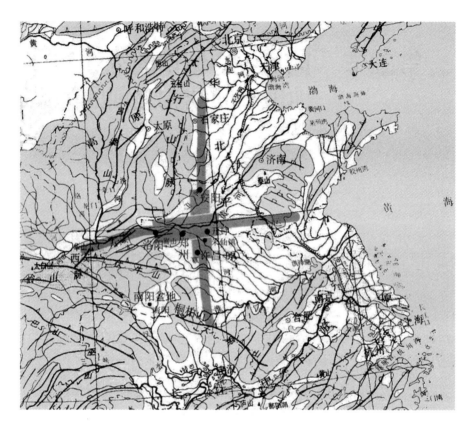

图1.1　中原地区的地理空间结构与区域中心城市分布示意图

中原地区作为天下之中，具有控御四方的战略特势（这在前文已做过分析），而中原地区地理空间结构的纵线和横线相交的交点又构成中原地区之中心点，从此点出发最有利于"东连淮鲁、西接秦晋、南络荆襄、北拱燕赵"，故从西周以来中原地区的区域中心城市不仅主要分布在这两条基本结构线上，而且也多分布在这个中心交点附近不远的地方，因为它们与区域内其他地区相比，雄踞中心、控御四方的地缘特势更为突出，只是因不同历史时期存在着不同的政治、军事以及经济态势，各有偏重而已。在隋唐以前，因中国的政治中心多在关中地区，东西纷争矛盾较重，为了控御东西南北各地，"处天下之中，挟崤、渑之阻，当秦、陇之噤喉，而赵、魏之走集，盖四方必争之地"的洛阳也就具有非常之重要性，而恒为中原重镇。关中地区衰落之后，中国的政治中心东移至华北区域，南北军事斗争的矛盾较为突出时，连接南北较为便利的开封也就随之崛起，取洛阳而代之，成为中原地区重要性仅次于洛阳的政治都会，对此在《汴梁水灾纪略》一书中即有详细分析："汴梁自古为都会之地，溯元明以迄国朝定都燕京，必欲开封建省会者，以其地偏西北，可以联燕冀，上拱京师。京师之于汴梁，疆土相接正如车辅相依。嘉庆初年，三省不靖，而下游吴越诸境，一水可通，汴梁控制于上，乃可联络南北之势，而江淮资其保障。唐张巡守睢阳，而安史兵不能南下，汴梁仅距睢阳三百里耳。金、元以汴梁为南京，经南宋二百年，屡图中原，迄不能越淮北半部，此二者即是明证。形势有必不可失者，是以代遭水患，前人不敢议迁，实鉴乎其大也。洛阳偏西可以蔽陕右，而不足以卫京师。为京师藩篱计，汴梁无可议者。"①而位置稍微偏北的邺"据河北之噤喉，为天下之腰脊"，其势小则"唇齿泽、潞，臂指邢、洺，联络河阳，襟带澶、魏"，大则"旁极齐、秦，结凑冀道；开胸殷、卫，跨蹑燕、赵"，"群雄角逐，起于河北者，未尝不急争相、邺。盖驰逐中原，邺其缩毂之口矣"，故在南北分裂、天下纷争之时，起于河北者多以邺为立足之根本。位置稍微偏南的许昌"西控汝、洛，东引淮、泗；舟车辐集，转输易通"，但因整体形势与以上三者相比，已差弱不小，故在历史时期，许昌作为中原地区区域中心城市的时期最短。②

中原地区的空间结构除了通过其所具有的地缘战略特势对区域中心城市的分布产生影响外，还因为其对区域内水道流向所产生的决定性影响，而对区域中心城市的变动提供动力。

黄河在陕晋之间南流至潼关时，拐向东流穿越三门峡盆地，在流出崤山与中条山、王屋山之间的峡道后，进入黄河下游，自孟津以下，形成黄河冲积扇，黄河干道向北泛流时，呈西南—东北走向，向南泛流则呈西北—东南走向，因其泥沙沉积影响，以现在郑州至兰考之间的河段为分水岭，黄河以北华北平原的地势由西南向东北倾斜，而黄河以南黄淮平原的地势则由西北向东南倾斜，流经两个平原上的河道也均与其地势倾斜的趋势保持一致，故其河道最

---

① [清]痛定思痛居士：《汴梁水灾纪略》，李景文等校注，河南大学出版社2006年版，第79页。

② [清]顾祖禹：《读史方舆纪要》，卷四十七，《河南二》；卷四十八，《河南三》；卷四十九，《河南四》。

终的源流收尾处也多指向中原地区的中心腹地，即两条空间结构干线相交的中心点附近地区，再加上黄河水道的联结作用，很容易形成能够沟通中国东南地区、西北地区、华北地区的水运网络，而中原地区的中心点则与这个水运网络的中枢点又同在一个区域之内，这样即为中原地区区域中心城市的形成提供了强大的水运优势，因为在近代工业文明开始以前，与陆运相比，"水运开拓了比陆运更广大的市场……假若在两都市间，除了陆运，没有其他交通方法，那么除了那些重量不大而价格很高的货物以外，便没有什么商品能由一地运至另一地了"①，即使仅仅为了满足区域政治中心庞大人口消费的需要，便利的水道也必不可缺，当然这从洛阳、开封以及邺等城市的发展兴衰史里很容易得到验证，而朱仙镇则因为处在清时期贾鲁河道水运的顶端而成为大区域之间贸易的中转点，即使不是区域政治中心，贸易所提供的动力，就使其崛起成为清时期中原地区最为重要的商业中心和规模最大的城市。

借助于以上原因，中原地区特殊的地理空间结构为中原地区区域中心城市的区位分布提供了规律性的东西，从历史的深层对中原地区区域中心城市的区位分布与变动产生了一种具有制约作用的潜在之"力"。

小　结

自前文分析可知，中原地区就宏观地理空间位置而言，地处"天下之中"，是中国东南西北各大区域相互交通往来必然所经的中心地区，而在中原地区区域内部，则因为太行山、崤山、黄河河谷以及其他山脉等地貌因素的作用，形成两条相交于中原地区中心区域的结构纵线与结构横线，从而在自然地理特征方面构成一个与其宏观地理空间位置所具有的功能非常契合的"十"字形结构。因中原地区作为"天下之中"，具有控御四方的战略特势，而其地理空间结构纵线与横线相交的交点又构成中原地区之中心结点，故与区域内其他空间位置相比，这个中心结点雄踞中心、控御四方的地缘优势更为突出，故在

---

①　[英]亚当·斯密：《国民财富的性质和原因的研究》，郭大力、王亚南译，商务印书馆1972年版，第17~18页。

历史的发展中,其强烈地影响了中原地区区域中心城市的分布与变动。

而中原地区的地理空间结构除了通过其地缘战略特势对区域中心城市的分布产生影响外,还因为其对区域内水道流向所产生的影响,使流经中原地区的主要河道最终的源流收尾处也多指向中原地区的中心腹地,即两条空间结构线相交的中心结点附近地区,从而也为区域中心的区位分布与变动提供了重要推因。

此外,中原地区的空间结构特点还决定了中原地区的交通网络格局。自商周以来,经由中原地区最为重要的交通纵线和横线,基本上也都分布在中原地区的两条地理空间结构线上,只是在不同时期,具体线路所经和两条线路的交点会发生一定程度的偏移而已。这自然也影响到中原地区区域中心城市的分布与变动。

因以上因素的作用,商周以来中原地区的区域中心城市,除了两汉时期的宛(南阳)完全不在中原地区的空间结构纵线及横线上以外,其他任何一个时期的区域中心城市不仅都分布在这两条基本空间结构线上,而且也多分布在这个中心交点附近不远的地方,并且分布范围也比较确定,西不过洛阳、东不过开封、北不过安阳(邺)、南不过许昌,只是在不同历史时期会因不同的政治、军事、经济态势,各有变动而已。

由此可见,中原地区特殊的地理空间结构为中原地区区域中心城市的区位分布与变动提供了规律性的东西,从历史的深层对中原地区区域中心城市的区位分布与变动产生了一种具有制约作用的潜在之"力"。

第二章 CHAPTER TWO

黄河之影响

　　区域中心城市作为人类大规模的聚居地,它不能孤立地存在,必须有良好的地理环境来作依托,当环境遭到破坏时,它也就失去了发展的支撑条件而趋于衰落。在中原地区,黄河作为一种重要的长时段地理结构因素,既是构成影响中原地区传统区域中心城市存在和发展的重要环境因素,也是改塑传统区域中心城市外部地理环境的重要动因,故顾祖禹曾言"水之至浊者,莫如河,故河最善决……水道既变,小而城郭关津,大而古今形势,皆为一易矣"①。因而它在历史长时段中所展示出来的特征,截然不同于布罗代尔所言的那些变迁缓慢的地理结构因素,它所产生的影响是通过剧烈的变动来体现的。在黄河的消极影响下,支撑传统区域中心城市开封和朱仙镇得以发展的长时段地理结构因素发生

---

① [清]顾祖禹:《读史方舆纪要》,卷四十六,《河南一》。

了较大变化,二者分别失去了对其城市发展至为关键的水运河道,周边腹地的土壤大面积地沙化, 中原地区的陆路交通枢纽也发生了地理空间位置上的改变,从而使开封和朱仙镇在近代的中时段经济社会运动中,产生一种不利的劣势因素的循环累积, 郑州却形成一种相反趋势的优势因素的循环累积,在两种不同趋势的因素循环累积的作用下,最终致使中原地区的区域中心城市在20世纪50年代发生本质变动, 从而也使中原地区区域城市体系形成新的核心边缘结构关系。

第一节　十二世纪后黄河的泛滥与影响

ERSHI SHIJI ZHI ZHONGGUO

　　黄河在北宋以前，下游流至荥阳时，尽管流路有较大变化，但基本上都偏向东北流入渤海，只在公元前132年（汉武帝元光三年），曾由东郡濮阳瓠子口（今濮阳西南）决口，顺泗水经淮河入海。决溢地段也多限在浚县、滑县、濮阳以北，相对偏离中原地区的腹地，故对开封及其周边地区所产生的影响也不大。①1128年（南宋建炎二年）冬，宋王朝为了阻止金兵南下，在滑县李固渡（今滑县西南沙店集南1.5公里许）决河，河水经滑县之南与濮阳、东明之间，再经鄄城、巨野、嘉祥、金乡一带由泗入淮，由淮入海。虽然此次黄河泛滥地带距离开封仍然比较远，但自此以后黄河却"势益南行"，下游河道决口后摆动的范围不再局限于太行山以东、山东丘陵以北的河北平原上，而是逐渐趋向东南，决口地点亦逐渐向上移动，由今山东巨野、寿张、郓城、曹县等地，西移至汲县、阳武（今原阳东部）、延津一带，河流干道已入开封府境内。南泛所经河流也随之愈趋偏西，1232年蒙古军围攻金朝的归德府，人为决河于归德凤池口（今商丘西北11公里），河水首次夺濉入泗；1234年蒙古军决汴城东北10余公里的寸金淀水，以灌驻守开封的宋军，河水由此南决，首次由涡水入淮；1286年10

---

　　①　公元前225年，水淹大梁并非黄河直接泛滥所致，而是秦军经蒲田泽引黄河水由鸿沟而至大梁城。

月,黄河在原武、阳武、中牟、延津、开封、祥符、杞县、睢州、陈留、通许、太康、尉氏、洧川、鄢陵、扶沟等15处决口后,分成三股,其中一股由颍河入淮,达到黄河冲积扇南部的最西极限。

这样,原本不在河决泛滥范围之内的开封处在了黄河南泛区域的中心,并且还有加剧之势。在金代,黄河在今开封县境内决溢仅仅一次,元代已上升到25次,明朝则高达62次,在元朝至元二十七年(1290)至清朝嘉庆二十四年(1819)间,开封城垣被黄水围困或冲毁一共有14次。[①]而据《中国自然地理·历史自然地理》一书的研究,明代洪武八年至二十四年(1375—1391),决口地点有20余处,大多数都在开封以西的荥泽、原武、阳武、中牟、封丘、陈留、仪封等地,以及以东的兰阳、归德一线,而在1391年至1488年间,黄河下游一共决溢80次,开封及其附近的阳武(今原阳县东部)、原武(今原阳县西部)就约30次。[②]1489年黄河在原武、开封附近决口形成以汴道为主的汴、涡、颍三道,其后经白昂和刘大夏治理后,黄河险工段由开封下移至黄陵岗和曹县一带,开封地段决河次数相对减少,但明末1642年的又一次人为决河却使开封遭到灭顶之灾。清初开封及其附近河段的决口又有增多,17世纪中叶以后转趋稳定。

但到乾隆中期,因河南境内河道逐渐淤高,河决之患又转趋加剧。乾隆二十六年(1761)七月河决中牟杨桥堤、嘉庆二十四年(1819)河决兰仪都是破坏性较大的水灾。进入清朝晚期之后,黄河在开封及其周边地区又多次决口,影响较大的有道光二十一年(1841)河决开封张家湾、道光二十三年(1843)河决中牟、咸丰五年(1855)河决兰考铜瓦厢、同治七年(1868)河决荥泽、光绪十三年(1887)河决郑州,以及1933年黄河多处决口、1938年花园口人为决堤等。

道光二十一年(1841)六月十六日,河决开封张家湾,最初分溜七分,到七月黄河正流断流,口门刷宽300余丈。黄水泛向东南,在开封城北分为两股缭绕城外,又在城东南交汇下泻,使开封城成为洪水泛流的中心。激流冲破开封护城堤后,又冲塌城墙16段,并从南城门及东南水门洞进水,使城内洪水"深及

---

① 《开封市郊区黄河志》编纂小组:《开封市郊区黄河志》,1994年,第83、94页。

② 中国科学院《中国自然地理》编辑委员会:《中国自然地理·历史自然地理》,科学出版社1982年版,第56页。

丈余,庐舍淹没,人皆露居城上,肆市尽闭,物价腾贵。有力者买舟逃去,然遇树梢覆溺者极多"①,洪水"绵延历八月之久",城内居民"昼夜惊慌,出入报万死之心,男女涕泣",饱尝水灾之苦,"尤可残者,当露冷霜严之侯,际水落涨消之时,辨树识村,积沙没屋,平皆如砥,深更兼寻。斯时也,方谓清风戒寒,暂营窟为土穴,岂意凌冰肆虐,突泄地如水银。始被拯救而生幸可全,继因冻饿而死仍过半"②。城外则庐舍漂没、浮尸横流。洪流过开封后,流向东南,经惠济河入涡河,然后由涡入淮,"凡黄河流经之处下有河槽者,溜势湍激,深八九尺至两丈余尺。其由平地漫行者,渺无边际,深四五尺至七八尺,宽二三十里至百数十里不等"③,黄水所及之处,"人烟断绝,有全村数百家不存一家者,有一家数十口不存一口者"④,受灾较重的地区河南省有开封、祥符、陈留、通许、杞县、太康、鹿邑、睢州、柘城、淮宁,安徽省有太和、凤台、五河、阜阳、亳州、颍上、凤阳、怀远、泗州、盱眙、灵璧、霍邱、蒙城、寿州等。⑤

　　道光二十三年(1843)河决中牟,南泛之水"下注省垣护城堤根,将堤坡刷去四百余丈"⑥,至朱仙镇时,"溜分两股,由贾鲁河经开封至中牟、尉氏、陈州府之扶沟,西华等县入大沙河,东汇淮河归洪泽湖,此正溜也……正溜单行经沙河入淮,水道宽辟,故溜势湍涌、夺全黄之七","由惠济河经开封之祥符、通许、陈州府之太康、归德府之鹿邑、颍州府之亳州入涡河,南汇淮河归洪泽湖,此旁溜也"⑦。适当其冲的朱仙镇"东镇水深丈余,居民避难屋顶,一切食物,均

---

①　[清]沈传义、俞纪瑞修,黄舒昺纂:《祥符县志》,光绪二十四年刻本,卷六。

②　[清]痛定思痛居士:《汴梁水灾纪略》,李景文、王守忠、李湍波点校,河南大学出版社2006年版。

③　中国水利水电科学研究院水利史研究室:《再续行水金鉴》(黄河卷),湖北人民出版社2004年版。

④　[清]沈传义、俞纪瑞修,黄舒昺纂:《祥符县志》,光绪二十四年刻本,卷六,《河渠志上》。

⑤　中国水利水电科学研究院水利史研究室:《再续行水金鉴》(黄河卷),湖北人民出版社2004年版。

⑥　[清]沈传义、俞纪瑞修,黄舒昺纂:《祥符县志》,光绪二十四年刻本,卷六,《河渠志上》。

⑦　《道光二十三年九月初五江南河道总督锡恩奏折》。转引自水利电力部、水利水电科学研究院:《清代淮河流域洪涝档案史料》,中华书局1988年版,第730~731页。

荡舟散发。迨水退之后，淤沙深七八尺，甚者或至逾丈，商品全被浸没"[1]，"由朱仙镇起，旁溜直至开封城下，数十里田舍淹没。贾鲁河亦淤，商贾舟楫不通。水落后淤积更甚，境中沃壤悉变为沙卤之区矣"[2]。其他受灾较重者，有河南的中牟、祥符、尉氏、通许、陈留、淮宁、扶沟、西华、太康以及安徽省之太和等；其次重者，有河南省之杞县、鹿邑，安徽省之阜阳、颍上、凤台等；相对较轻者，有河南省之沈丘与安徽省之霍邱、亳州等；其他为黄水所及但影响不大者尚有河南省之郑州、商水、项城以及安徽省之蒙城、凤阳、寿州、灵璧等地。[3]

咸丰五年（1855）河决兰考铜瓦厢，结束了黄河700多年由淮入海的历史，又从渤海湾入海，是黄河在历史时期的第六次重大改道。因为决口位于开封及朱仙镇以东，泛水距二者稍远，故影响较小，但周边地区却为黄水所及。黄河决口后，先向西北斜注，淹没封丘、祥符等县数十村庄，然后折向东北，又淹及兰封、仪封、考城及河北省长垣等县，并在长垣县的兰通集分为两股，大股经东明、曹州流入张秋镇，然后穿运而过，小股经濮州、范县入张秋镇合入大股，统归大清河入海。总计黄水所淹各县有兰阳、仪封、考城、封丘、祥符、滑县、长垣、东明、开州、菏泽、单县、城武、曹县、定陶、巨野、郓城、濮州、范县、阳谷、寿张、金乡、嘉祥、高唐、肥城、东阿、东平、平阴、齐河、禹城、临邑、惠民、商河、滨县、利津、沾化等。[4]

同治七年（1868）河决荥泽，洪水由贾鲁河、沙河经安徽省进入淮河，流入洪泽湖，洪水波及各县有荥泽、中牟、郑州、祥符、尉氏、洧川、通许、鄢陵、太康、扶沟、淮宁（今淮阳）、西华、沈丘、项城、商水、许州、鹿邑等。[5]

光绪十三年（1887），河决郑州石桥，洪水经中牟南下，大溜经朱仙镇、尉氏、鄢陵、太康、西华、周家口等处流入淮河，使"朱仙镇商业经此益衰，贾鲁河

① 李步青等编著：《岳飞与朱仙镇》，开封教育试验区教材部1934年版，第132页。

② [清]沈传义、俞纪瑞修，黄舒昺纂：《祥符县志》，光绪二十四年刻本，卷六。

③ 《道光二十三年九月初五江南河道总督锡恩奏折》。转引自水利电力部、水利水电科学研究院：《清代淮河流域洪涝档案史料》，中华书局1988年版，第730~731页。

④ 《清史稿》，卷一百二十六，志第一百零一，《河渠志》。

⑤ 中国水利水电科学研究院水利史研究室：《再续行水金鉴》（黄河卷），湖北人民出版社2004年版。

因之益病"①。被水各县,以"中牟、尉氏、扶沟、西华、淮宁、祥符、郑州七州县为最重,太康、项城、沈丘、通许、鄢陵次之,商水、杞县、鹿邑又次之"②。

1933年,黄河中游自7月上旬起即开始暴雨连绵,甘肃、绥远以及今山陕二省多处发生洪灾,黄河水位亦随之涨高,据陕县河南河务局测量员报告,7月7日午刻,黄河水位陡涨2.6米,7月8日,续涨1.2米,已较1931年最高水位高两尺,7月30日,继续上涨,8月7日至9日突涨5米,因流量过大,8月10日,黄河开始在汜水县出槽,水溢堤外,全县汪洋,洪流已难以顺利通过黄河铁桥而溢于北岸,此后,黄河在南北两堤大小决口100余处,形成自1855年河决兰考铜瓦厢以来最大之水灾,对河南、河北、山东三省造成了极大破坏,受灾最重的县份河北有长垣、濮阳、东明,山东有菏泽、寿张、阳谷、范县、濮阳、东平、巨野、济宁、东阿,河南有滑县、温县、武陟、兰封、考城、封丘;受灾次重的县份山东有曹县、郓城、单县、嘉祥、鱼台、甄城、金乡、汶上、定陶、城武、长清、肥城,河南有孟县、开封、光武、中牟、民权、新安、巩县、陈留、虞城、孟津、陕县、汜水、沁阳、郑县、商丘、灵宝等。③

1938年河南中牟赵口和郑州花园口人为决堤是近代以来黄河最后一次大水灾,也是迄今为止黄河历史上最后一次人为造成的改道。6月2日,中牟赵口首先溃决,6月6日,花园口溃决,溃决之初,形成两股泛道,东道由中牟南折经开封之南流入惠济河,然后由涡河于安徽怀远汇入淮河。西道为主流,从中牟入贾鲁河,南泛尉氏、扶沟、西华等县,至周家口入颍河,然后由颍入淮。东道后因日军在豫东筑堤及自然淤塞,不久即阻绝断流,黄水遂全由西道入淮,直至1947年3月15日花园口渡口工程合龙为止。东、西二道因黄水所经河道狭窄,不能容纳全部黄水,因而在决口后的9年里,河水经常漫溢、迁徙、横流于黄淮平原西南地区,形成面积广大的黄泛区,包括河南省的郑县、广武、中牟、尉氏、通许、扶沟、西华、鄢陵、洧川、商水、项城、沈丘、淮阳、开封、陈留、杞县、睢

---

① 李步青等编著:《岳飞与朱仙镇》,开封教育试验区教材部1934年版,第131页。

② 中国水利水电科学研究院水利史研究室:《再续行水金鉴》(黄河卷),湖北人民出版社2004年版。

③ 《二十二年黄河水灾之成因》、《黄河水灾视察报告》,《水利月刊》,第七卷第三期,1934年9月。

县、柘城、鹿邑、太康等；安徽省的太和、阜阳、颍上、临泉、亳县、涡阳、蒙城、怀远、凤台、寿县、霍邱、凤阳、灵璧、泗县、五河、盱眙、天长、蚌埠等；江苏省的宝应、高邮、淮阴、淮安、泗阳等。而河南泛区与其他两省相比，所受泛滥之灾较重，在所有被水县份中，被黄水淹没村落的平均率高达到45%，最严重者为扶沟，达91%，其次为洧川、尉氏、太康、睢县等，亦有60%以上。①

从以上分析可以看出，自南宋初年以后，黄河在开封及其周边地区的泛滥渐趋频繁，在1391年至1488年之间达到顶峰，以后泛滥次数相对有所减少。清初开封及其附近河段的决口又有增多，17世纪中叶以后转趋稳定。但在近代以来历次较大水灾中，除了咸丰五年（1855）河决兰考铜瓦厢发生于开封以东外，其他所有河决都是发生于开封附近及其以西地区。河水冲决后，多从西北流向东南，对开封、朱仙镇城市自身以及其周边地区的区域环境也都造成了较大的破坏，而郑州则因为广武山的阻挡作用，所受的不利影响相对要小。

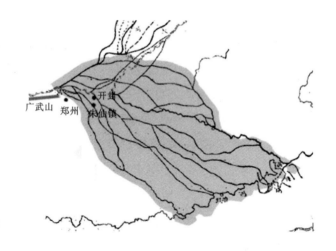

图2.1　12世纪后黄河下游主要泛道及泛滥区域示意图

---

① 韩启桐、南钟万：《黄泛区的损害与善后救济》，行政院善后救济总署编纂委员会、中央研究院社会研究所1948年版。

第二节　对开封、朱仙镇水运体系的破坏

ERSHI SHIJI ZHI ZHONGGUO

　　开封和朱仙镇都是因水运而兴起的城市，发达的水运体系是城市发展的重要前提条件。水运体系的破坏是它们衰落的关键原因之一，而黄河的泛滥则是造成开封和朱仙镇水运体系破坏的最直接因素。

一、开封水运体系的衰落

　　与朱仙镇相比，开封城市水运体系的兴盛以及衰落的时期都要早一些。北宋时期是开封城市发展的黄金时代，也是其水运体系最为发达的时段。北宋灭亡对二者而言同样都是转折点。北宋灭亡以后，不仅开封城市再也不能恢复昔日的辉煌，开封的水运体系也在黄河的影响下日趋衰落而最终消失在历史的陈迹中。

　　汴河是构成开封城市兴盛时期水运体系最为重要的河道，它的前身是隋炀帝大业元年四月所开的通济渠，不同的是通济渠自洛阳西苑引洛水达于河，复自板渚引河历荥阳入汴，汴河则是以"孟州河阴县南为汴首受黄河之口"，从而引水入开封，开封以东经陈留、雍邱（今河南省杞县）、襄邑（今河南省睢县）、宁陵、宋城（今河南省商丘县）、谷熟（今河南省商丘县东南20公里）、

下邑（今河南省夏邑县）、酂县（今河南省永城县西南）、临涣（今安徽省宿县西南45.5公里）、符离、蕲县（今安徽省宿县南16公里）、灵璧、虹县（今安徽省泗县）、临淮（今安徽省泗县南80公里）、盱眙（今安徽省泗县东南110公里，已没于洪泽湖）等，①最终达于淮河，沟通于中国的东南地区。

构成北宋开封城市水运体系的河道不仅为汴河，但汴河对作为全国政治中心的开封所起的作用却最为关键。至道元年（995）九月，参知政事张洎在对宋太宗讲述汴河疏凿之因时，认为"今天下甲卒数十万众，战马数十万匹，并萃京师，悉集七亡国之士民于辇下，比汉、唐京邑，民庶十倍"，仅仅为庞大的人口提供生活资料亦成为难以解决的问题，但"甸服时有水旱，不至艰歉者，有惠民、金水、五丈、汴水等四渠，派引脉分，咸会天邑，舳舻相接，赡给公私，所以无匮乏"，其中"唯汴水横亘中国，首承大河，漕引江、湖，利尽南海，半天下之财赋，并山泽之百货，悉由此路而进"②。

即使不说其他物资，仅漕粮一项也使汴河成为北宋开封城市命运所系的关键，宣徽北院使、中太一宫使张方平在神宗熙宁五年曾对之进行过论析："国初浚河渠三道、通京城漕运，自后立定上供年额，汴河斛斗六百万石、广济河六十二万石，惠民河六十万石。广济河所运，多是杂色粟豆，但充口食马料。惠民河所运，只给太康、咸平、尉氏等县军粮而已。惟汴河所运，一色粳米兼小麦，此乃太仓蓄积之实。今仰食于官廪者，不惟三军，至于京师士庶以亿万计，大半待饱于军饷之余。故国家于漕事，至急且重。夫京，大也，师，重也。大众所聚，故谓之京师，有食则京师可立，汴河废则大众不可聚，汴河至于京师，乃是建国之本，非可与区区沟洫水利同言也。近岁已罢广济河，而惠民河斛斗不入太仓，唯汴河是赖。"③

至此，可以知道，对于开封城市来说，汴河是其维系生命之河，但这条生命之河在黄河的影响下却终趋衰微并彻底消失。

汴河在北宋初期所引水流几占黄河总流量的三分之一，④黄河的泥沙淤积

① 《唐宋汴河考》，《水利月刊》，第7卷第1~6期合刊，第4期，1934年10月。

② 《宋史》，志第四十六，《河渠三》。

③ 《宋史》，志第四十六，《河渠三》。

④ 《宋史》，志第四十七，《河渠四》。

对于汴河而言同样也是难以克服的问题,但在宋真宗大中祥符二年(1009)以前,似乎还不太突出,因为该年之前还未有关于汴河淤积埋塞的记载,另外该年关于清理汴河淤积的诏令中,也只规定"自今汴河淤淀,可三五年一浚"。但到仁宗天圣三年(1025),已有"汴流浅,特遣使疏河注口"的记载,而到皇祐四年(1053)八月,已是"河涸,舟不通"了,不得不"令河渠司自口浚治,岁以为常",淤塞问题已经比较严重。到嘉祐六年(1061),商丘至汴口之间仍是"汴水浅涩"、"岸阔浅漫"而"常稽运漕",只好采取"木岸夹河,扼束水势令深驶"的办法来抬高水位提高流速,但这并不能使问题得到根本解决,并且还使开封与睢县之间的河段形成地上河,自"京城东水门下至雍丘、襄邑,河底皆高出堤外平地一丈二尺余,自汴堤下瞰民居,如在深谷"①。以后尽管多次疏浚,"大抵皆无甚利",没办法,只好堵塞黄水入汴之口而引含沙量较小的洛河水入汴。

洛河与汴水之间,有广武山阻挡,广武山以北本为黄河泛滥所及,无法开渠以引洛入汴。但到元丰元年(1078)七月,黄河暴涨,水落之后主流向北移动,距广武山麓3.5公里,退滩高阔,可以开凿为渠,在渠的北边修筑堤坝以防黄河之水泛滥南侵。在经过论证之后,于元丰二年(1079)四月兴工,六月工程完成,汴河自此亦被称为"清汴",汴河淤塞问题亦大为缓解。尽管到元祐五年(1090),又曾引河入汴,但因为黄河带来的泥沙问题,不得不重新引洛通汴,直到北宋灭亡。

而引洛通汴也并不能完全解决黄河给汴河带来的问题,因为"广武山之北,即大河故道,河常往来其间,夏秋涨溢,每抵山下",即会冲及新开之渠以北的堤坝,如哲宗绍圣元年(1094)七月辛丑,黄水大涨,危及广武所筑堤埽,竟致引起宋廷惊慌,因为若广武埽坏,不仅"河、洛为一,则清汴不通矣,京都漕运殊可忧",而且有可能"涨溢下灌京师",因而"亟命吴安持、王宗望同力督作"。尽管北宋时期,黄河对汴河水运也存在着较大威胁,但因为国本所系,"东南之漕,大都由汴以达于畿邑,故汴河之经理为详",以此水流尚能维持不绝,以至于北宋灭亡。

虽然终北宋一代,黄河并没有能冲决广武堤坝而波及清汴,但北宋元祐(1086—1093)时期黄河"北岸生滩,水趋南岸",却致使黄河主流冲刷广武山

---

① [北宋]沈括:《梦溪笔谈》,卷二十五,《杂志二》。

以北滩地的趋势加剧,最终黄河大溜能够渐逼广武山的山根,不仅清汴河道为黄河所吞,而且黄河正流对广武山的不断吞啮,也使黄河由原来的东北流向变成东南流向,而更为容易地向东南冲决。①故自1128年(南宋建炎二年)冬河决李固渡(今滑县西南沙店集南1.5公里许)由泗入淮之后,流于黄河之南的汴河所受影响便日渐严重,再加上"南迁以后,故都离黍,江淮漕运自是不资于汴,于是汴河日就湮废"②。南宋楼钥于1169年出使金国时沿途所作日记中记载:"(乾道五年己丑十二月二日),车行八十里,虹县早顿。饭后乘马行八十里,宿灵璧。行数里,汴水断流;(三月甲申),宿宿州。自离泗州,循汴而行,至此河益埋塞,几与岸平。车马皆由其中,亦有作屋其上。"③其后一年,范成大出使金国时所见也是"汴河自泗州以北皆涸,草木生之"④。估计此时汴河已有较大衰落,但并非完全干涸埋塞,因为到金朝晚期迁都大梁时,尚于"灵璧县潼郡镇设仓都监及监支纳,以方开长直沟,将由万安湖舟运入汴至泗,以贮粟也"⑤。甚至到明初时还曾"建北京于大梁,规画漕渠,以浚汴为先务。洪武六年(1373)浚开封漕河,即汴河也"。只是因为不久之后又撤销开封为北京的建制,疏浚汴渠的工程也不了了之,自是"河流横绝,汴水之流不绝如线,自中牟以东,断续几不可问矣"⑥。这说明直到明初汴流并未完全断绝。但到明正统十三年(1449),河决荥泽后由郑州、中牟、祥符、陈留东入涡口,汴河以塞,"中牟以东遂有黄而无汴矣"⑦。至此,汴河可能方才不复存在。

构成北宋开封城市水运系统的运河除了汴河外,其他"穿城河道有四:南

---

① 中国科学院《中国自然地理》编辑委员会:《中国自然地理·历史自然地理》,科学出版社1982年版,第55页。

② [清]顾祖禹:《读史方舆纪要》,卷四十六,《河南一》。

③ [清]宋继郊:《东京志略》,王晟、李景文、刘璞玉点校,河南大学出版社1999年版,卷十九,第652页,《河渠·汴河》引《北行日录》。

④ [清]宋继郊:《东京志略》,王晟、李景文、刘璞玉点校,河南大学出版社1999年版,卷十九,第652页,《河渠·汴河》引《北行日录》。

⑤ 《金史》,志第八,《河渠,漕渠》。

⑥ [清]顾祖禹:《方舆类纂》,天津古籍出版社1990年影印版,卷十四。

⑦ [清]沈传义、俞纪瑞修,黄舒昺纂:《祥符县志》,光绪二十四年刻本,卷六,《河渠志上》。

壁曰蔡河(惠民河)，自陈、蔡由西南戴楼门入京城，缭绕自东南陈州门出……东北曰五丈河，来自济、郓，船挽京东路粮斛入京城，自新曹门北入京……西北曰金水河，自京城西南分京、索河水筑堤，从汴河上用木槽架过，从西北水门入京城，夹墙遮拥，入大内灌后苑池浦矣"①。据程遂营研究，这些水运河道，也都在元明时期因黄河泛滥而渐致淤没。②

明代的开封城市尽管其昔时的通航河道多已失去水运功能，但却并非是完全没有任何水运的城市。黄河自南宋以来的南泛，曾形成多条泛道，到明时期尚有南北二河流经开封附近，南河由淮溯颍，经周家店(周口)、李方店、西华县、李家谭而至朱仙镇，然后"起车，四十里至汴城"③，北河由淮安起船，经宿迁、邳州、徐州、旧丰县、单县河口，然后又经黄岗楼、马家口等地而至开封附近的王家楼，最后"陆路四十里至汴城"④。此南北二河在开封的商业转运中还起着重要作用，"陕西河南二省、大同宁夏等边，苏杭客货皆由南北二河而上，至汴城王家楼或孙家湾起车"⑤，再经洛阳、陕县等地而至西北地区。因开封仍具有一定的水运条件，因而尽管明时期的开封已远不能与北宋时期相比，也还仍是中原地区的区域经济中心和规模最大的城市，它与江南地区的经济联系也比较紧密。明末清初时，开封人周亮工记载："相传周宪王时，客有以京口老酒献者，王饮而甘之，岁命载数瓮来，民间竞尚之。后予乡人婚嫁宾筵，非此不足鸣敬矣。予至京口，沽之无一滴。盖京口人岁治数万瓮，溯黄而上，尽以供汴人，呼曰汴梁酒。"⑥

但最终在黄河泛滥的影响下，到清朝初期，开封不仅没有联络其他区域的水运河道，甚至因多数河道都被黄沙淤塞以致城内排水泄洪都成了问题，而"岁以积潦为患，历久益甚，至不可居"。乾隆四年(1739)夏秋大雨，开、归、陈、许六十余州县湮为巨浸，平地水深数尺，开封城中之水亦是积月不退。为

① [宋]孟元老：《东京梦华录》，周峰点校，文化艺术出版社1998年版，卷一。

② 程遂营：《唐宋开封生态环境研究》，中国社会科学出版社2002年版。

③ [明]黄汴：《天下水路路程》，杨正泰校注，山西人民出版社1992年版。

④ [明]黄汴：《天下水路路程》，杨正泰校注，山西人民出版社1992年版。

⑤ [明]黄汴：《天下水路路程》，杨正泰校注，山西人民出版社1992年版。

⑥ 周亮工：《书影》，上海古籍出版社1981年版，第114页。

了排泄开封城内的积水及导流周边地区的汛水,经河南巡抚和河道总督等人勘查会议后,认为"开封城中积水,第浚乾河涯可泄,而将使开、归、陈数十州县永免水患,莫若分贾鲁河以泄其流。请于中牟西,贾鲁河北岸,别疏一河,道入祥符之浅儿河,接浚至高家楼,则乾河涯之水入焉。又东会于沙河,即循古汴蔡河入涡故道,湮者沦之,浅者深之。又东过陈留、杞县,经睢州之洮河,柘城之永利沟,淮宁、鹿邑之老黄河,抵安家溜以入涡河而归淮,则贾鲁河势得减,而濒河各州县潦水有归,均免旁溢"。在这些豫省大员最初的规划中,新开之河甚至亦有通航之利,"商船可直抵汴梁,是不惟祛水之患,而兼可收水之利"①。

河于乾隆六年(1741)六月竣工,赐名惠济河,广十丈、深一丈,经今韩庄、杏花营、太平岗、葛岗、杞县、睢县、柘城,注入涡河。《河南航运史》一书认为,由于"乾河涯在省城(开封)南门外,原系汴河故道,与城壕相通",所以惠济河不仅有利于开封城中积潦的排泄,而且"舟楫可直抵省城"②。但是据此并不能确定新修的河道通航能力就很强,因为惠济河河水的来源季节性较强,估计即使能够通航,其能力也是相当低的。另外依据朱仙镇贸易的兴盛时期来推断,也同样可以认为惠济河的通航能力相当有限,因为如果惠济河的通航条件较好的话,以贾鲁河为商运河道的朱仙镇之商业势必大受影响,而在乾嘉之时,却恰是朱仙镇商业的兴盛时期。故在惠济河分贾鲁河水之口门所建之闸,"视贾鲁河盈缩为启闭,复高其底二尺,使贾鲁河常留二尺以下之水,以利舟楫"③。显然,贾鲁河水运的重要性是超过惠济河的。

仅有些许通航能力的惠济河在黄河的影响下,其淤塞之速也就可想而知,工竣仅十余年,便于乾隆十五年(1750)和乾隆二十二年(1757)两次进行"挑浚深通"。乾隆二十六年(1761)惠济河原在中牟县十五里堡从贾鲁河分水的分水河因黄水漫溢已淤成平陆。其后虽屡经浚治,到嘉庆时,睢州以南至柘城一段

---

① [清]阿思哈、嵩贵修纂:《续河南通志》,乾隆三十六年刻本,卷八十,《雅尔图惠济河碑记》。

② 河南省交通厅交通史志编审委员会:《河南航运史》,人民交通出版社1989年版,第169页。

③ [清]阿思哈、嵩贵修纂:《续河南通志》,乾隆三十六年刻本,卷八十,《雅尔图惠济河碑记》。

也只能断续通航。[1]但迨至黄河"中牟决口（1843年），而惠济贾鲁一塞，同治荥泽决口（1868年），而惠济贾鲁再塞，光绪郑州石桥决口（1887年），而惠济贾鲁三塞"，到民国时，终至于"自亳州以上惠济河节节断流，而河身堤址遗迹尽存"[2]。

自此之后，开封城市再无通航河流存在。

二、贾鲁河水运的兴起与衰落

朱仙镇之兴与朱仙镇之衰都与贾鲁河存在紧密关系，而贾鲁河之兴衰则与黄河密切相关。但明清迄今所言之贾鲁河却并非元代贾鲁所开河道，贾鲁所开河道的位置和路线在《元史》中说得很清楚："至正十一年（1351）夏四月壬午，诏开黄河故道，命贾鲁以工部尚书为总治河防使，发汴梁、大名十三路民十五万、庐州等戍十八翼军二万，自黄陵岗（在仪封）南达白茅（在曹县）放于黄固（在单县）、哈只（在商丘）等口。又自黄陵西至阳清村，合于故道，凡二百八十里又奇。"[3]而把由中牟流经朱仙镇下注颍水之河称为贾鲁河则是后人附会和以讹传讹而已，对此，《清一统志》说得也很明白："贾鲁所开河在仪封县黄陵岗，故道埋没，今所云贾鲁河，即宋时之蔡河故道。"

另外据邹逸麟先生研究，贾鲁所治河道仅限于仪封、曹县之间的黄陵冈及白茅堤以下至徐州的河段上，基本上即是《元史》中所载的地段，至嘉靖二十七年（1548）黄河在曹县集淤塞，决口而后趋东北段家口，从新集至徐州小浮桥的贾鲁故道二百五十里亦淤塞不可复浚。因而贾鲁河从修浚到完全淤废，前后也只有近二百年历史。[4]

今所言之贾鲁河实起始于明中期以后。

明正统十三年（1448），黄河决荥泽孙家渡口，漫流祥符、尉氏、扶沟、洧川、

① 河南省交通厅交通史志编审委员会：《河南航运史》，人民交通出版社1989年版，第169页。
② 陈善同：《豫河续志》，1926年10月河南河务局印，《贾鲁惠济等河与黄河有无关系之案》。
③ 《元史》，本纪第四十二，《顺帝五》；志第十七，《河渠三》；列传第七十四，《贾鲁传》。
④ 邹逸麟：《元代河患与贾鲁治河》，见《黄河史论丛》，谭其骧主编，复旦大学出版社1986年版。

临颍、郾城、商水、太康、项城诸县,至寿州入淮。弘治七年(1494),刘大夏为了治理张秋戴家庙黄河决口以通漕运,在筑塞决口的同时,并"浚仪封黄陵冈南贾鲁旧河四十余里,由曹出徐,以杀水势。又浚孙家渡口,别凿新河七十余里,导使南行,由中牟、颍川东入淮。又浚祥符四府营淤河,由陈留至归德分为二。一由宿迁小河口,一由亳涡河,俱会于淮"①。可见刘大夏所开凿的自中牟南行由颍入淮的孙家渡新河并不是贾鲁河,而是三道分解黄河南泛水势的支河之一,贾鲁河则是另外一支。

直到嘉靖年间,孙家渡河还依然如此。嘉靖十四年(1535)刘天和奏称:"孙家渡河,自正统时全河从此南徙,弘治间淤塞,屡开屡遇,卒不能通。"②嘉靖二十四年(1546)李濂《汴京遗迹志》中记载:"今所谓孙家渡河者,亦自荥泽而下,引河为渠,由朱仙镇东南,达于淮、泗,似亦汴渠之遗意,特以不近都会,而转漕非其所资,故任其浅涸,而不为之疏浚耳。"其主要功能并未发生变化,仍然是黄河南流泄水渠道之一,并因黄河泥沙而易于淤塞,故通航功能也并不强。而从李梦阳(1475—1531)描写朱仙镇岳飞庙的诗"水店回岗抱,春湍滚白沙。战场犹傍柳,遗庙只栖鸦。万古关河泪,孤村日暮笳。向来戎马志,辛苦为中华"③来看,此时朱仙镇也尚未开始其商业上的发展。

而据《中国自然地理·历史自然地理》一书研究,在此阶段内,明朝政府为了使运河水量充足,凡黄河南流诸道淤塞的就不再疏浚,任其断流,全河由汴道入运。④至万历二十五年(1597)正月,总河工部尚书杨一魁上奏言:"嘉靖二十五年(1546)后,南流故道始尽塞,或由秦沟入漕,或由浊河入漕。五十年来全河尽出徐、邳,夺泗入淮。"⑤故自1546年以后,孙家渡河所引黄河水源可能也已断绝,以后始有可能以京、须、索水为源,也方与清以后所言的贾鲁河为同一条河流。为了便于研究起见,在下文中也称其为贾鲁河。因为京、须、索水

① 《明史》,卷八十三,《河渠一·黄河上》。

② 《明史》,卷八十三,《河渠一·黄河上》。

③ [清]管竭忠修、张沐纂:《开封府志》,康熙三十四年刻本,卷十六,《古迹》。

④ 中国科学院《中国自然地理》编辑委员会:《中国自然地理·历史自然地理》,科学出版社1982年版。

⑤ 《明史》,卷八十四,志六十,《河渠二·黄河下》。

水质较清,泥沙问题较小,因而改变水源之后的贾鲁河通航能力反较以前为大,万历三十三年(1606),会通河淤塞,湖广茶陵州知州范守即建议利用贾鲁河运漕,他说:"今自正阳至朱仙镇,舟楫通行,略无阻滞。"[1]在明代崇祯年间郡绅阴化阳所写的《贾鲁河水利记》一文中也记载:"郑城北四十里有水,来自荥阳,盖合索、须、京三水以成其流,至双桥村始大……下流入许家屯,历诸村至姚店堤一带,洋洋然向板桥过朱仙、正阳以达于淮,而水有所归矣,顾板桥以下河身阔大,无泛滥之患,有舟楫之利。"[2]至此,朱仙镇方才有可能开始逐渐兴起。

但在明末清初之际,"汴自寇躏水溺之余,叠见沧桑顿易陵谷,向来之市集关梁半不可问矣"[3],朱仙镇即使略有规模可能也会遭到破坏,直到顺治时期明末的战乱以及水患所造成的影响还相当强,整个朱仙镇的居民户口只有"一里",只为明代万历年间的八分之一,其他关于朱仙镇文字记载的资料也极其简少,只有"城南四十五里,宋岳鄂王屯兵处"[4]寥寥数句。

此后随着清初全国经济的普遍恢复,在贾鲁河商运的推动下,经过几十年的发展,到康熙中期,朱仙镇在开封府所有的关市、镇店当中,已居于"商贾贸易最盛"[5]的地位了,但估计规模也还比较有限,因为在顾祖禹《读史方舆纪要》的记载中,此时的朱仙镇也还并非水陆都会,而只是"水陆会集之所"[6]。之后又经过雍正时期的发展,到乾隆时期朱仙镇已获得空前的发展,贾鲁河也成为朱仙镇得以繁荣兴盛的黄金水道,中牟而下,从镇西北之水门穿镇而过,自东南水门出,经尉氏、扶沟、西华等县,至周家口入颍水,然后由颍入淮,沟通江淮水系,连接湖广江西等地。因朱仙镇以北河流较浅,南来商船至此卸货装车,然后转运西北、华北等地,从而使朱仙镇成为东南地区和西北地区的商货集散站,因而《祥符县志》中记述:"朱仙镇,天下四大镇之一也。食货富于南而输于北,由广东佛山镇至湖广汉口镇,则不止广东一路矣;由湖广汉口镇至

---

① 《明神宗实录》,卷四百一十六。

② 《贾鲁河水利记》,见周秉彝修、刘瑞麟纂:《郑县志》,1916年刻本。

③ [清]李同亨修、马士骘纂:《祥符县志》,顺治十八年刻本,《市集》。

④ [清]李同亨修、马士骘纂:《祥符县志》,顺治十八年刻本,《里甲》、《市集》。

⑤ [清]管竭忠修、张沐纂:《开封府志》,康熙三十四年刻本,卷九,《城池》。

⑥ [清]顾祖禹:《读史方舆纪要》,卷四十七,《河南二》。

河南朱仙镇，则又不止湖广一路矣。朱仙镇最为繁夥，江西景德镇则窑器居多耳。"①便利的水运极大地拓展了朱仙镇的商业腹地，"东南食货、西北山产、湖广米粟、江南竹磁，率以朱仙镇为会集地，再散销于华北各省，故蔚为华北各省经济中心"②。

尽管明朝晚期以后的贾鲁河不再以黄河之水为来源，但因为"豫省堤工，荥泽、郑州境内，土性尚坚。该处距广武山甚近，堤头至山脚一千四百余尺，其无堤之处，遇黄河水势涨至一丈以外，即由山脚漫滩归入贾鲁河，下注于淮"③。因而有清一代，黄河南泛多从贾鲁河河道流入淮河，从而对贾鲁河的水运产生极强的消极影响。雍正元年六月，河决中牟县之十里店、娄家庄二处，由贾鲁河南下，致使河身浅溢，漫溢镇上。乾隆二十六年（1761）七月，河溃中牟杨桥堤，"正流由贾鲁、惠济二河下灌……贾鲁河所受黄水有十分之七，下入大沙河……朱仙镇首当其冲，较他处为尤重"④，镇内"淹毙人口大小六百九十八口"⑤，贾鲁河亦被泥沙填积，源弱流微，河道亦由镇中西移，从中牟南下，经朱仙镇西南八里的王堂，东南流至白潭方与旧河道合，朱仙镇则偏离河道东北数里，商运顿成问题，后经官商协力，在镇的西南隅，修筑两个石坝将新冲出的河道截断，引水东北流，方才恢复镇内商运。

道光二十三年（1843）六月上旬，河决中牟下汛九堡，在中牟以南，顺贾鲁河南下，至朱仙镇时分为两股，正溜由贾鲁河经开封至中牟、尉氏、扶沟、西华等县入大沙河，然后东汇淮河归洪泽湖，旁溜由惠济河经祥符、通许、太康、鹿邑、亳州入涡河，南汇淮河归洪泽湖，"大溜正冲镇北，直射关庙春秋阁后。时

① ［清］沈传义、俞纪瑞修，黄舒昺纂：《祥符县志》，光绪二十四年刻本，卷九，《市集》。

② 李步青等编著：《岳飞与朱仙镇》，开封教育试验区教材部1934年版，第207页。

③ 《豫河志》。转引自李步青等编著：《岳飞与朱仙镇》，开封教育试验区教材部1934年版，第195页。

④ 《九月十一日钦差裘日修奏》。转引自水利电力部、水利水电科学研究院：《清代淮河流域洪涝档案史料》，中华书局1988年版，第277页。

⑤ 《十月十四日奏刘统勋等奏》。转引自水利电力部、水利水电科学研究院：《清代淮河流域洪涝档案史料》，中华书局1988年版，第287页。

居民皆避庙西沙岗一带,幸地势稍高得免,然河东民舍市廛已沉溺大半矣"①,镇西南所建石坝亦被冲毁,贾鲁河又一次改道经镇西南行,虽然"嗣后复治之",但此次修浚效果似已大不如前。《琐事闲录》卷上记:"中牟河决淤垫后……己酉,因河水浅阻,复奉旨挑浚,余适督工,见河成,水深不过三二尺。"②此后贾鲁河之水运便日趋于下。

同治七年(1868)六月二十八日,黄河于荥泽县又"漫口三十余丈,继塌宽九十余丈……黄流由贾鲁河、沙河灌注长淮"③,贾鲁河再次淤塞难通。至同治十一年(1872),钱鼎铭为河南巡抚,又"修水利,造贾鲁河故道,南自周家口,北至朱仙镇,又西北至郑州京水寨,疏积沙,补残堤,俾上游无水涝,下游通舟楫"④。

但因为道光中牟河决对贾鲁河破坏程度较重,因而"兹河之役,非一再矣。道光间发帑金大治之,功卒不就,当事者且获咎。同治十二年(1873),工甫竣,不旋踵而淤浅如故"⑤。到光绪七年(1881),李鹤年复任河南巡抚时,地方缙绅耆老即为其言"水利宜莫先于治贾鲁河,且请自王堂改疏新河达镇,循旧河淤道入镇南行,而建闸以资蓄泄,为经久计"⑥。光绪八年(1882),李鹤年命记名提督蒋东才负责修浚贾鲁河的工程,自二月二十五日开工,所开河道自李牧岗至张市数十里,皆疏通无阻患,且重新规划修浚王堂新河,引水穿镇而过,经过五个月的治理后,七月二十八日工竣,之后"水泉畅流,舟行无碍,商贾骤集,居民欢呼相和,向之壅遏烦滞,一涤而新之"⑦。

此次治理效果应该较好,但是,贾鲁河之病根不在其自身,而在于黄河的

---

① [清]宋继郊:《东京志略》,王晟、李景文、刘璞玉点校,河南大学出版社1999年版,第635页。

② 《琐事闲录卷上》。转引自[清]宋继郊:《东京志略》,王晟、李景文、刘璞玉点校,河南大学出版社1999年版,第635页。

③ 《八月十三日(朱批)漕运总督张之万片》。转引自水利电力部、水利水电科学研究院:《清代淮河流域洪涝档案史料》,中华书局1988年版,第826页。

④ 《清史稿》,卷四百二十五,列传二百一十二,《钱鼎铭传》。

⑤ 李鹤年:《朱仙镇新河碑记》,光绪壬午年八月。

⑥ 李鹤年:《朱仙镇新河碑记》,光绪壬午年八月。

⑦ 李鹤年:《朱仙镇新河碑记》,光绪壬午年八月。

泛滥。仅隔五年，到光绪十三年（1887）八月，黄河决口于郑州石桥，然后"由郑州东北两乡东姚等堡流入中牟县市王庄出境……入祥符县境，大溜趋向朱仙镇南之闹店及西南之赵店，正南之并腰铺，东南之西市等堡"①。此次泛滥对贾鲁河水运所造成的破坏，与道光二十三年（1843）河决中牟相比，有过之而无不及，不仅使镇内河道不通，而且黄河水退之后，连再次西移的河道亦发生淤塞，贾鲁河自"郑县东南至尉氏张市淤沙填积，河流断绝，长数百里"②。而朱仙镇镇内及其附近的河道则更因为光绪二十六年（1900）春天的大风，致使"岸被水毁，河由沙填"。到民国时，"河里是没船的，即令雨水充足，河水满槽，而年久失修，下游淤塞的缘故，有船亦难通行。况且有些地方，河身亦变作农田了"③。昔时"闾阎栉比，清波极目，舟楫充盈"④的朱仙镇至此已唯有黄粱余梦了。

---

①　中国水利水电科学研究院水利史研究室：《再续行水金鉴》（黄河卷），湖北人民出版社2004年版。

②　陈善同：《豫河续志》，1926年10月河南河务局印，《贾鲁惠济等河与黄河有无关系之案》。

③　《朱仙镇速写》，《文化建设月刊》，第1卷第2期，1934年11月。

④　《迦陵词全集》，卷二十四，《经朱仙镇》。转引自[清]宋继郊：《东京志略》，王晟、李景文、刘璞玉点校，河南大学出版社1999年版，第635页。

第三节 开封、朱仙镇周边腹地土壤的沙化

ERSHI SHIJI ZHI ZHONGGUO

　　具有远距离运输的河道是开封和朱仙镇得以发展和繁盛的重要环境条件之一,而二者周边地区的农业生产则构成传统农业文明中的区域中心城市开封和朱仙镇生存的重要基础。可以说,在两个城市的发展历程中,在它们失去有利的水运条件,失去了作为大区域之间商品交换地的功能,而完全变成一个地方性城市之后,它们的规模和繁盛程度就取决于周边农村的发展状态了。因为城市周边地区的农业生产为城市提供农业剩余(包括城市的基本生活消费品和工业原材料),并以此交换农村生活和生产所需要的工业产品,即使城市并不能生产周边农村地区所需要的某些工业产品,只要周围农村存在大量剩余,仍然会有外来商品与其交换,本地的城市则首先会成为交换中心,并且会因为运输成本的作用,本地城市最终也会发展工业生产,而成为生产中心,因而一定程度上说,农村的发展是城市发展重要前提之一。对于这个问题,近代西方经济学鼻祖亚当·斯密在其《国民财富的性质和原因的研究》一书中即曾做过分析,"农村以生活材料及制造材料供给都市,都市则以部分制造品供给农村居民……按照事物的本性,生活资料必先于便利品和奢侈品,所以生产前者的产业,亦必先于生产后者的产业……农村居民须先维持自己,才能以剩余物维持都市居民,所以要先增加农村产物的剩余,才谈得上增

设都市"①。我国当代著名的社会学家费孝通先生也曾说"农村发展之后，必然会产生一个集散中心，也就是市镇"②。但不幸的是，在黄河历次泛滥中，不仅使开封和朱仙镇失去了有利的水运条件，而且也使其周边地区的农村以及农业生产的环境条件都遭到较大的破坏。在因黄河泛滥而造成的生产破坏中，与短时期农作物的冲毁淹没以及延迟耕作相比，土壤的沙化所具有的负面效应则是持久而深远的，在长久的历史时段中，影响着开封及朱仙镇周边农业生产的发展，从而制约着开封和朱仙镇的恢复和发展。因而在本小节内，在分析黄河泛滥对开封和朱仙镇城市本身以及周边地区的生活造成破坏的同时，还对黄河的泛滥对开封和朱仙镇周边土壤沙化所产生的影响进行了分析。

在黄河洪水泛滥所及的地区内，泥沙淤积问题对于位置不同的泛区所产生的影响也不相同。距离黄河干道较近的地区，因为距离决口较近，泥沙沉积问题就比较突出，如1938年人为决堤后，中牟、郑州等距离决口较近，故淤沙逾丈的大片沙地多见于口门、中牟间狭型地区，而到尉氏、西华一带，则只有三米厚度，再往周口以南地区，淤积更薄。③黄河淤积随着地区的不同，不仅淤积厚度差别较大，而且淤积物质会因为密度的不同，沉降区域也有较大不同，一般而言，分为三种。第一种为砂粒沉积，因为砂粒沉重，下沉较早，所以在干道决口附近或泛流转折处所见较多；第二种为黏粒沉积，黏粒因为密度较轻，比重较小，多沉积于地势低平、水流徐缓的泛流下游地区；第三种则为砂黏相间沉积。三种淤积对农业生产所产生的影响大不相同，砂粒沉积含云母碎片，极易风蚀，农业种植利用较难，适合作物比较单一，对农业生产的负面影响较大，而黏粒沉积与砂黏相间沉积则截然不同，其功效甚至能增加土壤的肥沃程度，对泛区农业生产不仅无害反而有利。故在对农业生产破坏性较强的砂

---

① [英]亚当·斯密：《国民财富的性质和原因的研究》，郭大力、王亚南译，商务印书馆1972年版，第346页。

② 费孝通：《论小城镇及其他》，天津人民出版社1986年版。

③ 韩启桐、南钟万：《黄泛区的损害与善后救济》，行政院善后救济总署编纂委员会、中央研究院社会研究所1948年版，第20页。

粒沉积区中，是"豫重于皖，皖重于苏"，在豫省境内，黄河干道两侧又重于其他地区，黄河干道两侧地区则构成开封、朱仙镇周边腹地的主要部分。

开封与朱仙镇相距不远，都在今开封县境内。开封县境在上文所分析的历次河决中，均遭黄水泛滥之灾，并且还经常处于黄河的主泛道上，道光二十三年（1843）河决中牟之后，洪水由中牟东南流，经开封境内南下至朱仙镇分为两股入淮，洪水退后，从开封县境至中牟决口处，形成宽达30余公里的沙区，"地皆不毛，居民无养生之路……被灾穷民仍在沙窝搭棚栖止，形容枯槁，凋敝如前"①。此次泛滥所形成的沙荒影响极大，使开封"咸同以来，壤地硗瘠，岁既告丰犹难仰给，其或协自他属，而沿途积沙驮载维艰，以故民无盖藏，一遇水旱流徙堪虞"②。又加上以后黄河屡次的泛滥，到民国时，开封城市的周边地区仍然呈现着半荒漠化的景象，"城外平衍无山，屡经河患，古代川流多遭填塞，遥望细沙遍野，无殊荒漠，近虽渐植柳枣，成林者不多，防风护沙之用缺焉，每至秋深春初，数月间，北风怒号，天地晦暝，出则扬沙击面，尘秽满衣，入则几案盘盂……大风之后，北面城垣每为尘沙所掩"，又"地势低下，积潦难退，夏秋多雨之期，地面颇苦潮湿，然因偏于内陆，沙碛环布，雨量缺少，时苦亢旱，每至干旱之时，草木枯萎，尘沙飞扬"③。沿着通往周边地区大路的旁边都是沙土，触目所及白茫茫一片，"略为有几株野草迎风招展着，颇具瀚海的雏形。人家很少，想不到堂堂省会的近郊竟会如此荒凉"④。抗日战争结束黄河归故后，又经过新中国成立初数年的治理，到1958年，经开封县委的调查，尚有面积广大的沙区，北起黄河、南至刘村、西起瓦坡、东至陈留镇共11个乡皆有沙地分布，几乎遍布全境，⑤可见黄河泛滥对开封土壤所造成的沙化问题是多么严重。

———————————————

① 《清续文献通考》。转引自《开封市郊区黄河志》编纂小组：《开封市郊区黄河志》，1994年，第83页。

② 陶仲翰：《开封县志草略》，开封马集文斋刊印，1941年。

③ 吴世勋：《河南》，中华书局1927年出版，第64页。

④ 《黄河之水》，《旅行杂志》，第15卷第1期，纪年号，1941年。

⑤ 《中共开封县委关于改造沙荒的方案》，中共开封县委档案，全宗号1，第184卷。

第二章

黄河之影响

因为黄河自明清以来,多以现在兰考以西的河道为轴线而向南北泛滥,故除了开封以外,黄河沿岸的县份所受黄河泛滥破坏的影响都比较严重。位于开封以西的中牟县境内有多次决口,道光二十三年(1843)河决中牟九堡,中牟为黄河主溜所经,受灾较重的东北地区,黄水泛滥时,村庄数百同时覆没于滔滔黄流之下,决口堵塞、洪水消退后,又积沙盈丈,土壤皆成不毛之地,县境西北地区亦半成沙荒之地。此后又经数度黄水泛滥之后,到民国初期,从中牟县境往东,直至开封东边的陈留,形成了一条东西横贯的沙区带,"淤沙甚深,东西长三百里,南北宽约四五十里,草木鲜生,行旅困苦"①。境内河流皆被淤沙填塞,土地"除柳林附近开辟秋田外,白气茫茫,远望如沙漠,因风作小丘陵,起伏其间,高处寸草不生,洼处积水为泊,废田既多,村落遂稀"②。1938年,黄河人为决堤后,土壤沙化问题更趋严重。中牟以西的郑州也因为元明以来境内的多次决口,县境的东部地区也是黄沙遍布,但郑县县城以西,则为海拔较高的山脉和丘陵,不为黄水泛滥所及,故黄河以南,沙区的西部边缘也基本到此为止。

黄河以南,位于开封以东的仪封地跨黄河两岸,所受黄河泛滥影响与开封、朱仙镇相比也比较严重,境内所有河流在黄河泥沙的淤塞下,多已形迹无存,地势较高的黄岭岗、青陵岗也因周围地区泥沙淤积、地势抬高而成为茫然无别的旷野平原的一部分,以致清末民初在编写地方志书时,"仪邑山川,竟无可志"③。又因为仪封濒水,河水长期浸湮后,土壤碱化问题也比较严重。仪封再往东的商丘同样频遭河患,境内亦是"地势卑,民贫无恒产,百年之间,轻者三溢,重者两溢,溢则房舍鸡犬湮没一空,又无高阜山陵可以暂救民命"。与商丘相邻的县份,"北如曹、单(今山东省曹县、单县),西如兰仪(河南兰阳、仪封,今均撤销),无不同罹此患"④。

黄河之北,阳武首当黄河泛滥之冲,故"宋元以来,决溢之患,史不绝书",

---

① 陈善同:《豫河续志》,1926年10月河南河务局印,《贾鲁惠济等河与黄河有无关系之案》。

② 萧德馨修、熊绍龙纂:《中牟县志》,1936年石印本,《天时志》、《地理志》。

③ [清]纪黄中修纂:《仪封县志》,乾隆二十九年刻本,卷二,《地理志》。

④ [清]刘德昌修、叶沄纂:《商丘县志》,1932年石印本,卷一。

土壤沙化问题清中期以后更趋严重,万历十三年(1585)有"官民田地共九千二百一十四顷九十六亩八分,及后渐增加至清初原额地九千三百一十二顷六十六亩四分",经过后来历次黄沙淤积,民国时已只剩五千四百一十六顷一十八亩零四厘,近乎二分之一的土地都被黄沙覆盖。①与开封隔河相望的原武、延津、封丘三县是金、元、明以来河决最多的地区之一,据《河南黄河志》一书统计,在元至元九年(1272)至明崇祯十五年(1642)间,具有河决河溢记载的一共有93个年份,其中直接记载有上述三县的近30次,②若再加上"决开封州县十四"之类的间接记载,以上三县在此段时间内发生河决河溢的次数会更多。顺治九年(1870)河决封丘县,四乡皆被淹,仅留县西南一隅干地一千零四十余顷,尚不及水淹之前的三分之一,人口也在黄河水灾的影响下大为减少,万历年间全县有14 159户,至清顺治时,已只有原来的七分之一。③直到康熙年间县境内"飞沙不毛,永不堪种"的田地还有两千余顷。④相邻的延津县到康熙时,全县土地亦是"尽为沙碱","四野多属不毛之地"⑤。延津县之北同样也是"积沙绵延数十里,皆飞碟走砾之区,胙之土田无几"、"一派沙地,并无树木村庄,飞沙成堆,衰草零落"⑥。直到民国年间,封丘、延津亦仍是沙壤广延,并直至新乡县的东南部,还为遍布沙碛之地。⑦偏于开封西北的长垣县也是历史时期黄河干道摆动频繁的地区,1933年,黄河大水灾,长垣损失最为惨重,境内黄流"挟沙带泥淤淀一二尺至七八尺不等"。长垣东南的考城紧临黄河,境内"一望平原、飞沙无际、黄流中贯,大溢则决、小溢则漫、不溢则潴,时以沙土疏脆为忧"⑧。

　　以上所分析各县基本上属于开封、朱仙镇周边地区的第一圈层,距离二者最近,与两个城市的发展关联最紧。在第一圈层之外的则为以下各县。

---

① 窦经魁等修、耿愔等纂:《阳武县志》,1936年铅印本,卷二,《田赋志》。

② 黄河水利委员会黄河志总编辑室:《河南省黄河志》,1986年。

③ [清]余缙修、李嵩阳纂:《封丘县志》,顺治十六年刻本,卷三,《户口》。

④ [清]王赐魁修,李会生、宋作宾纂:《封丘县续志》,康熙十九年刻本,卷一。

⑤ [清]余心孺修:《延津县志》,康熙四十一年刻本,卷一《舆地》、卷七《灾祥》。

⑥ [清]傅泽洪:《行水金鉴》,卷一百六十二,引周洽《看河纪程》。

⑦ 韩邦孚监修、田芸生总编:《新乡县续志》,1923年刊本,卷二,《物产志》。

⑧ 张之清修、田春同纂:《考城县志》,1924年铅印本,卷六,《田赋志》。

通许县位于开封、陈留之南，道光二十三年（1843）河决中牟，对通许影响也比较大，其中紧邻开封南部的"邑西北受患最巨，水平后膏腴之田尽成沙卤"①，从《通许县新志》中所绘的《通许全县图》来看，沙地主要分布在该县的北部及西北部，县城以南则没有。位于通许以东的杞县，则早在明代末期，即因人为决河而遭受巨大损失，洪水退后，"水涸沙淤，昔之饶腴，咸成碱卤，尽杞之地，皆为石田"②。通许、杞县之南，沙化较重的地区则主要分布在1938年黄河西股泛道上的鄢陵、扶沟、西华等县，此三县都分布在贾鲁河一线，因为贾鲁河曾多次为明清以来黄河南决的主溜所经，故泥沙淤积问题也都比较突出，鄢陵沙碛多分布于各岗埠之间，③扶沟县则从光绪丁亥河决之后，境内亦是"沃壤半被沙压，沙地仅可植豆"④，西华县在道光二十三年河决中牟之后，境内"流沙淤积甚厚"，光绪十三年（1887）河决郑州之后，水浸县北，"城北一带沃壤多变沙碛"⑤。但此三县因为距离黄河干道及决口较远，泥沙堆积的厚度相对要薄，如鄢陵县的岗埠尚未像仪封一样变为旷野平原，沉积物也多以黏粒为主，对农业生产的破坏性较弱，1938年河决黄口，黄水泛流黄淮平原西南部长达9年之后，到1947年，国民党行政院救济总署调查时，"在河南西华、扶沟、周家口、太康一带泛区上空低飞视察，见大地上一片片绿色方块儿，农作物正在滋长中"⑥，贾鲁河在周口附近各条河道多是水流深广、舟楫如林，受黄沙淤积的影响远不能与朱仙镇附近相比。

黄河以北距开封稍远的滑县，"居冀衮之域，历代河患，波及全境，故其地沙碛茅草弥望皆是"⑦，农业生产同样遭到较大破坏。

以上所分析各县是开封、朱仙镇周边沙化问题比较突出、对农业生产影响

① 张士杰修、侯昆禾纂：《通许县新志》，1934年铅印本，卷三，《田赋志》。

② [清]周玑修纂：《杞县志》，乾隆五十三年刊本，卷七，《田赋志》。

③ 靳蓉镜、晋克昌修，苏宝谦纂：《鄢陵县志》，1936年铅印本。

④ 熊燧修、张文楷纂：《扶沟县志》，光绪十九年刊本，卷十，《物产》。

⑤ [清]潘龙光等修、张嘉谋等纂：《西华县续志》，1938年铅印本，卷三，《河渠》。

⑥ 韩启桐、南钟万：《黄泛区的损害与善后救济》，行政院善后救济总署编纂委员会、中央研究院社会研究所1948年版，第18页。

⑦ 王蒲园等修纂：《重修滑县志》，1932年铅印本，卷七，《民政》。

较大的地区，这个地区恰是与开封和朱仙镇生存发展极为攸关的地区。据开封市人民政府工商局调查，新中国成立前维持开封城市市民生存的粮食主要来源于黄口、砀山、涡阳、蒙城、鹿邑、柘城、淮阳、太康、杞县、睢县、商丘、陈留、尉氏、兰考、长葛、许昌和河北封丘、长垣、滑县、浚县等地；打蛋业所需鸡蛋来自尉氏、许昌、陈留、通许、中牟、杞县、兰封、考城等地；皮革业所需的牛羊皮来自开封本市、兰封、考城、杞县、通许、睢县、民权、尉氏、中牟等县及南阳、河北一带；榨油所需花生来自开封、中牟、兰封、考城、杞县、陈留、通许、尉氏、封丘、延津一带；城市铁加工厂生产的农业机器之销路则除了本市外，"以东南路通许、尉氏、杞县、陈留、太康、朱仙镇、扶沟等地为主，东北路以东明、考城、兰封、民权、宁陵各县也有少数销路"，其销售数量也取决于农产物收获的丰歉，"自去年十月解放以来，到今年七月底为止，十个月中间，共卖出各种机器仅二十余部，各户多靠做点零活维持生意，自八月以后，由于农民稍闲，手中有了实物，值棉花已值成熟季节，故纷纷三五家凑些麦子，拉进本市来换购轧花机、弹花机的很多"[①]。

开封以南的朱仙镇因为资料的缺乏，而难以确定贾鲁河水运衰落后其所需生活原料的来源地范围，但依据其衰落之后的城市规模来看，可以肯定其范围要小得多，而不会超出以上地区。

土壤作为农业生产的前提基础，同样亦是影响人类中时段社会经济运动的长时段地理结构因素。以上各县土壤的沙化直接影响到开封和朱仙镇周边腹地农村的贫瘠和农作物种植结构的改变，而这对二者的商业以及工业发展都会起着深层制约作用。（对于此点在本书第四章和第五章中将进行详细分析）

---

① 开封市人民政府工商局调查编印：《开封市私人工商业调查资料》，1950年。

第四节　对中原地区近代陆路交通的影响

ERSHI SHIJI ZHI ZHONGGUO

　　根据管楚度先生的研究，交通现象作为一种地理现象，其影响因素可以分为三大类：地理因素、社会经济因素、科技因素。这三种因素分别是交通现象不同特性的主贡献因素，地理因素贡献交通网络的地理联系特性；社会经济因素贡献交通网络的运输方式和线路等级特性；科技因素则贡献交通网络的效率和质量特性。因地理因素与社会经济因素、科技因素相比具有长久不变的特征，故交通网络的地理联系特性，也就是交通网络的格局，也具有最为长久不变的特性。这种特性与其他两种特性相比，也就具有本体特征或内源特征，那么"支配交通路网行为的特性就是网络格局特性，贡献它的地理因素具有本体属性"①。

　　从他的分析中我们可以知道，中原地区地理空间的基本结构对中原地区交通网络格局具有决定性的影响，因而中原地区交通网络格局也具有十字形的特点。只要中原地区地理空间的基本结构不发生变动，中原地区的这种交通网络格局就不会发生变动，而与交通网络格局紧密相关的区域中心城市在其影响下，其分布也就有规可循。

---

　　①　管楚度：《交通区位论及其应用》，人民交通出版社2000年版，第4页。

管楚度先生在交通网络格局的基础上，又进一步提出了交通区位线的概念，即其所言的"我们将这种根据本体特征构成交通网络格局的原理线称为交通区位线"[1]。而构成交通网络格局的则为地理因素,确切地说即是地理空间结构因素,因而最后我们便可以确定,中原地区两条最重要的交通区位线的位置是与中原地区两条空间结构线相吻合的,一条构成交通区位纵线,一条构成交通区位横线,二者相交于中原地区的核心地带。在历史时期,这两条线不论是在中原地区的区域内还是在中原地区的区域外,都是比较长的区位径线。

但是交通区位线并非具体的交通线路,而只是"一种将交通线在地理上的高发地带标示出来的一条原理线"[2],是交通线路在某一地理空间中多发的地带,只为现实中具体线路的所经提供限定的地理空间前提。分布在这个交通线路高发地带上的具体线路,则易受社会因素和科技因素的影响而发生较大的变化,甚至在某些自然因素的影响下会对原本的区位线发生一定的偏离。

在隋唐以前,因为洛阳在中原地区乃至全国的城市体系中都占着关键地位,故交通路线也多以洛阳为中心向周边辐射,向东经开封、商丘可至齐鲁淮泗等地,向西经新安、渑池、陕县等地可至关中陇西等地,并可由关中西南至巴蜀、西北至陕北。而在中原地区所经线路与中原地区的交通区位横线基本吻和。向华北平原则由洛阳出发,在孟津渡过黄河后,一支路线在穿过太行山的陉路后,经晋城、长治等地,北上山西高原至太原雁北等地,一支沿太行山之南缘经河内地区,在新乡拐向北行,可达邺、邯郸、燕赵等地,向南则由洛阳出发后,经临汝、宝丰、叶县、方城、南阳一线,南下荆楚、两广等地。向南向北两条线路所形成的交通纵线与区域内的交通区位纵线相比有较大偏移,并非为平直的线路,而是向西折拐至洛阳。

到北宋时期,开封作为国都,交通中心也随之发生迁移,通往全国的各条干道多以开封为中心向各地辐射。穿越中原地区的横线干道,与隋唐以前相差不大,但纵线干道则有较大变动。在北方,自汴京北渡黄河,沿太行山前大

① 管楚度:《交通区位论及其应用》,人民交通出版社2000年版,第4页。

② 管楚度:《交通区位论及其应用》,人民交通出版社2000年版,第51页。

道,北可至真定府、燕山府等地。在南方自汴京南行,取道蔡州信阳军,东可以至寿春府,东南可以至南康洪州,南可以经岳州、潭州以至广州。①其在中原地区所经干道则与隋唐以前有较大差别,但与中原地区的交通区位纵线比较吻合。元朝以后,尽管开封的城市地位有较大下降,但因为此后中国一直建都北京,能"联络南北、拱卫京师"的开封也一直为省会所在,故由元迄清,开封也一直为中原地区的陆路交通中心,明清时期通往各地的道路在《天下水路路程》、《天下路程图引》等书中有着详细的记载:

　　明代从北京南下穿越华北平原的陆路干道从顺天府开始,经卢沟桥、良乡县、涿州、定兴县、安肃县、保定府、泾阳县、庆都县、定州、新乐县、真定府、滦城县、赵州、柏乡县、内丘县、顺德府、沙河县、邯郸县、磁州、彰德府、汤阴县、淇县、卫辉府等地至延津县,然后由延津县之南在柳园口过黄河而至河南布政司开封府祥符县大梁驿,然后再由开封南下,经朱仙镇、尉氏县、鄢陵县、许州、上蔡县、汝宁府、真阳县、罗山县、麻城驿、沙河铺、团风镇、沙河口等地而最终到达汉口。②

　　这是穿越河南境内最为重要的一条南北纵线,开封即处在这条纵线的中段。另外,从开封出发,沿着这条纵线南行,经朱仙镇、尉氏至许州时,尚可经临颍、郾城、西平、遂平、确山、信阳等地而至湖北境内的云梦县,③所行线路与今河南许昌与湖北孝感之间的京广线基本一致。

　　而从巢县经汴城通至临清的陆路则是另一条贯穿河南境内的交通纵线,从巢县北行经小拓埠、大拓埠、西山口驿、店埠、庐州府、长官家、周家店、王长官、白洋河、小店、新霸、正阳、颍上县、六十里铺、颍州、泰和县、旧县集、界沟、纸店、槐方集、鱼台、陈州、五里口、碎米口、长营儿、崔桥、马头、通许县、高庙、关头、柏木紫冈等地而至开封,然后从开封以北的柳园口过黄河经翟家道口、俞家口、延津县、塔儿铺、沙门关、卫辉府、顿方铺、淇县、高村铺、宜沟、汤阴县、柳河铺、彰德府、回龙庙、双井铺、大名府、小滩铺、冠县、斜店、清水铺等地

---

①　白寿彝:《中国交通史》,团结出版社2006年版。

②　[明]黄汴:《天下水路路程》,杨正泰校注,山西人民出版社1992年版。

③　[明]黄汴:《天下水路路程》,杨正泰校注,山西人民出版社1992年版。

根据沿路所经各地来看,这条路线相对比较曲折迂远。因为临清是明清时期华北地区重要的经济都会,为了便利经济上的联系,在开封与临清之间还另有一条较为便捷的道路,从临清西南行经冠县、南乐、清丰、开州(今濮阳)、长垣、陈桥而至汴城。①

穿越河南境内连接中国东西部的交通横线与沟通南北的纵线也在开封成十字相交。由扬州出发通往陕西西安的干道进入河南境内后,由永城开始拐向西行,经夏邑、虞城、宁陵、葵丘驿、杞县、陈留等地至开封,然后由开封西行,经中牟、郑州、荥阳、氾水、洛口驿、首阳驿、河南府、磁涧、新安、青龙山、义昌驿、渑池、金银山、硖石、陕州、灵宝、闵乡、潼关等地进入关中平原,沿渭河而至西安。②开封以西所经线路基本上与今陇海线重合。而从开封往东尚可沿着今陇海线所经线路到达徐州。③

除了南北和东西走向的干线交叉于开封外,尚有一些方向偏斜的线路也以开封为交会中心,从中国东南通往西北山西境内的路线由南京出发,经滁阳、临淮、凤阳、睢阳、夏邑、商丘、宁陵、杞县、陈留而至开封,然后又经郑州、武陟、沁阳、晋城、高平、长子、屯留、襄垣、沁州、武乡、祁县至太原府;④从临清西南行经冠县、南乐、清丰、开州(今濮阳)、长垣、陈桥、汴城、朱仙镇、尉氏、许州、襄城、叶县、裕州、南阳府、新野、襄樊、宜城而至荆州府。⑤

借助于以上连接于境外的各交通线路,从开封出发,可以到达中国的大部分行省。并且河南布政司所辖各府也都分布在这些线路上,⑥从而使开封成为一个联结境内外的路网中心。

---

① [明]黄汴:《天下水路路程》,杨正泰校注,山西人民出版社1992年版。

② [明]黄汴:《天下水路路程》,杨正泰校注,山西人民出版社1992年版。

③ [明]黄汴:《天下水路路程》,杨正泰校注,山西人民出版社1992年版。

④ [明]黄汴:《天下水路路程》,杨正泰校注,山西人民出版社1992年版。

⑤ 程春宇:《士商类要》卷七十八:《临清由汴城至荆州府路》。转引自杨正泰:《明代驿站考附:一统路程图记、士商类要》,上海古籍出版社1994年版。

⑥ [明]黄汴:《天下水路路程》,杨正泰校注,山西人民出版社1992年版。

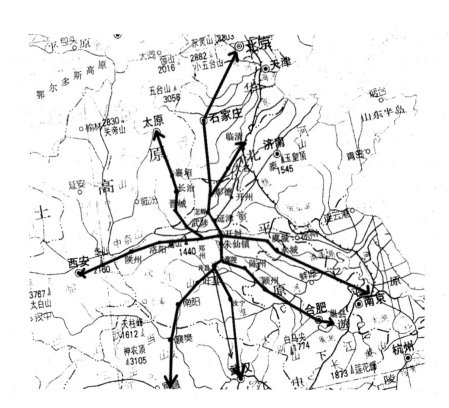

图2.2　明清时期开封主要交通路线图

以上各线直至清末，都仍然起着重要的交通作用。庚子之变解决后，光绪、慈禧于光绪二十七年八月二十四日（1901年10月6日）自西安行宫启跸返回北京时，所行路线从陕西进入河南后，经灵宝、陕州、渑池、新安、河南府、偃师、巩县、汜水、荥阳、郑州、中牟而至开封，从开封北行，经延津、卫辉府、淇县、宜沟、彰德府、磁州、邯郸、顺德府、内丘、柏乡、赵州、栾城、正定府、保定府而至北京，[①]一路所行完全是明时经由开封的东西大道和南北大道。开封也仍是中原地区官马大道的交会中心。[②]位于其南42.5公里而且也在南北干线上的朱仙镇之交通优势相对稍弱，但因为紧邻开封，故陆路交通便利程度也比较高。

与开封和朱仙镇相比，明时期的郑州也并非交通闭塞之地，经由开封通往

---

①　吴永口述、刘治襄记：《庚子西狩丛谈》，长沙：岳麓书社1985年版。

②　《开封市交通志》编纂委员会：《开封市交通志》，人民交通出版社1994年版，第17~18页。

关中的交通横线也经过郑州，而贯通中原南北的交通纵线从河北进入河南后，在卫辉府分为两道：一路偏向东南由延津至开封，然后继续南下而至汉口；一路则由卫辉偏向西南而至新乡，然后在新乡西南25公里的荥泽口渡黄河，过黄河后经荥泽县而至郑州，再由郑州往南经新郑县、襄城县、叶县、裕州、南阳而进入湖广地区。[①]新郑以南与开封通往西南地区所经的线路完全相同（可参阅上文）。因为明清时期开封尚为中原地区的区域中心城市，因而经过郑州的线路的重要性相对要低，只是作为一条辅线，故郑州的交通枢纽地位也就不太突出。另外，到清时期，这条路线在《天下路程图引》一书中已不见记载，可能因为郑州在明末遭到较大破坏，使旧有的道路也默然无闻。

但因为京广铁路的建造和陇海铁路的全线贯通，中原地区最为重要的交通枢纽最终还是由开封移至京广、陇海两铁路干线的交点——郑州。又因为开封和郑州都在陇海线上，陇海铁路并不能促使这个变动发生。所以，造成中原地区交通枢纽发生巨大改变的关键就在于贯穿中国南北的京广铁路。

京广铁路最初的发端为卢汉铁路，其建造之议始于光绪十五年（1889）。为了平息该不该建造津通铁路的纷争，同时也出于自强保国、兴商富民的考虑，卢汉铁路的最初规划者张之洞提出了自己的构想：

"窃查翁同龢等请试行铁路于边地以便运兵，徐会澧等请改设于德州、济宁就黄河故道垫路以便漕运，均拟缓办。津通为另辟一路之计，但边地偏远，无裨全局，若于边隅发端其效难见，且其非商旅辐辏之所，则铁路所费无所出，不足以自存。德济一路黄河岸阔沙松，勉强椎筑工费太巨，河流迁徙无定，其铁桥等事尤难时时改作，似拟改之路尚非尽善。臣愚以为宜自京城外之卢沟桥起经行河南达于湖北之汉口镇，此则铁路之枢纽、干路之始基而中国大利之所萃也。盖豫鄂居天下之腹，中原辐毂胥出其途，铁路取道宜自保定、正定、磁州、历彰、卫、怀等府，北岸在清化镇以南一带，南岸在荥泽口以上，择黄河上游滩窄、岸坚、经流不改之处作桥以渡河。则三晋之辙下于井陉，关陇之骖交于洛口，西北声息刻期可通，自河以南则由郑、许、信阳驿路以抵汉口，东

① [明]黄汴:《天下水路路程》，杨正泰校注，山西人民出版社1992年版。

引淮吴南通湘蜀,万里奔凑如川赴壑。"①

张之洞在此奏折中除了确定新的路线选择外,还详尽地陈明了建造此路之莫大利益与分段建造之方法,深得慈禧太后之赏识:

"前因筹议铁路事宜,谕令沿江沿海各督抚各抒所见以备采择,嗣据陆续复奏详加批阅,其偏执成见不达时势及另筹办法尚未合宜者毋庸议外,张之洞、刘铭传、黄彭年所奏各有见地,而张之洞所议自卢沟桥起经行河南达于湖北至之汉口镇,划为四段分作八年造办等语尤为详尽。此事为自强要策,必应统筹天下全局,海军衙门原奏议在开拓风气次第推行,本不限定津通一路,但冀有益于国无损于民,定一至当不移之策,即可依然兴办,毋庸筑室道谋。著总理海军事务衙门即就张之洞所奏各节详细复议奏明。"②

事过不久,光绪皇帝也批准了张之洞所建议的路线与分造方法。但张本人选定线路所经的地点与分造方法却又发生了变化:

"臣前奏分为四段办法,不过约略计费之词,似宜分为南北两路。黄河以北至卢沟为北路,直隶都臣任之;黄河以南至汉口为南路,湖广都臣任之,其道里远近约略相等。豫境跨河,两路均宜兼。令河南抚臣会同办理,如此则首尾一气,其勘路运料一切便于合计统算。缘南路开造,即宜由汉口直造至河南省城,则路成之日,商旅立见辐辏。若信阳尚非繁盛都会,仅造至此运载尚少,经费难敷。桥道虽多,惟黄河一桥最为巨费。闻外国铁路遇有大河,则以轮船数艘,上安铁轨接渡火车所延不过数刻,所省费多,且可留此天险以备不虞。"③

详读此折即可看出,张原初打算从荥泽口以上择黄河上游滩窄岸坚、经流不改之处做桥以渡河的线路规划发生了改变,南路开造也不再由郑、许、信阳驿路以抵汉口,而是由汉口直造至河南省城,并认为如此非常有益于开封之商业。另外从他对信阳与开封的潜在对比中也可看出,开封的商业是铁路修

---

① [清]张之洞:《张文襄公全集》,卷十七,《请造津通铁路改建腹省干路折》,光绪十五年三月三日。

② 《光绪十五年三月八日慈禧懿旨》。转引自交通部交通史编纂委员会:《交通史路政编》,1935年版,第八章,第584页。

③ [清]张之洞:《张文襄公全集》,卷十八,《遵旨筹办铁路谨陈管见折》,光绪十五年九月十日。

造至此的关键因素。而对于黄河大桥的忧虑则打算以另外的办法来解决,即"以轮船数艘,上安铁轨接渡火车",这样即可"所省费多,且可留此天险以备不虞"。

但此线路在张的头脑中还没完全确定,而是"其经由之路实在里数、若干有无应改应避之处应俟到鄂后详加考究"①。

到光绪十六年(1890),东北防务吃紧,原本已经拨为建造卢汉铁路的款项又转拨为关东铁路。直到光绪二十年(1894)甲午中日战后,筑路之议方才复起,直隶总督王文韶、湖广总督张之洞开始派员招股,一赴南洋、一在内地,但却找不到响应者。

光绪二十二年(1896)七月,直隶总督王文韶、湖广总督张之洞复奏修筑卢汉铁路办法,并保举盛宣怀为督办。

光绪二十二年九月,直隶总督王文韶、湖广总督张之洞奏准设立铁路总公司。

光绪二十三年(1897)四月,直隶总督王文韶、湖广总督张之洞和铁路督办大臣盛宣怀在列强环伺之下与比利时公司商定借款合同,于四月二十六日(公元1897年5月27日)在武昌签订。

签订正式协议之后,卢汉铁路的具体建造就被列上日程,测定路线则为第一步。

在直隶总督王文韶、湖广总督张之洞和铁路督办大臣盛宣怀的共同主持下,曾先让德国工程师和美国工程师勘测了两次,在和比利时签订正式借款条约后,又派比利时工程师和熟悉情形、通晓测绘的中国人员复测了一次,"至再至三,唯恐不详",经过详细勘定之后的路线又发生了变化,不再是在"商旅立见辐辏"的省城开封过河,而是"中间渡黄之处约在荥泽左近",②也就是说,经过测定的路线又回到了张之洞最初设想的路线上。

在荥泽口渡黄的路线从河北南下至河南卫辉后拐向西南,经新乡县城,继

---

① [清]张之洞:《张文襄公全集》,卷十八,《遵旨筹办铁路谨陈管见折》,光绪十五年九月十日。

② [清]盛宣怀:《愚斋丛稿》奏疏一,《详勘由楚入豫干路并南北两端兼营并进折》,光绪二十三年九月。

续偏向西南在荥泽口跨过黄河，至荥泽县城①后又拐向东南，由郑州州治、新郑县城而至许州（今许昌），共经过三县一州；在开封附近渡黄的路线在经过卫辉后，经过延津县城，南下过黄河至开封，再经尉氏县城而至许州，共经过两县一府。但开封在当时既是府城治所，又是省会所在，还是首县祥符的驻地，其政治重要性远非新乡、荥泽、郑州和新郑所能相比。且开封同时还为豫省的文化中心，经济在晚清时期虽有衰落，但在中原地区仍占有重要地位。而在卢汉铁路修筑以前，新乡、荥泽、郑州、新郑却并非商业繁茂之地，与"省会重要，商货辐辏"②的开封相比，其重要性要差得多。

再者，我们若把这两条路线本身做一对比的话，也可看出前者相对而言拐了个较大的折弯，路途较后者迂远。

可是，根据铁路经济学的原理，在选线之时，"由甲处至乙处，所选之路线，其距离必须为甲乙两点间最短者"；"选择路线，务使直线多、弯线少，然为地势所限制，不得不变更路线之方向，则不得不用弯线，故弯线非至必不得已时不常用"。总之，选择线路的原则要尽量降低建造和运输成本，并且还要尽量有利于所经地区的经济发展，"如遇繁盛之城市，其必经过此地而便于商业之运输者，则必经过之"③，以便于铁路建造和运营"经费可敷"。况且，当时张等洋务大员也深知"若信阳尚非繁盛都会，仅造至此运载尚少，经费难敷"，而"由汉口直造至河南省城，则路成之日，商旅立见辐辏"，"里程多则时刻运费与之俱多，羽书星火所贵捷速"的事实与原理。既如此，又为什么要违背显而易知的客观事实与经济原理而做相反的改变呢？

而这则是由对黄河大桥位置的选择所造成的。

黄河从孟津宁嘴峡以东，河宽由300米突然放宽到3000米，北岸在招贤镇到温县一带为北邙山，是一系列破碎的黄土低崖，高出河面10至40米，南岸为邙山，高出河面10至40米，属于黄土覆盖的岩石山丘。京广路以东，两岸大堤

---

① 荥泽县1931年撤销建制，与河阴县合并为广武县，县治在原河阴县（今广武镇）。广武县则在1948年与汜水县合并为成皋县。成皋县在1954年并入荥阳县，县治今荥阳市。

② [清]盛宣怀：《愚斋存稿》，卷六十八，《寄外务部电》，光绪三十一年二月初七日。

③ 杨隽时：《铁路学ABC》，上海：世界书局1929年版。

相距一般在10公里左右,最窄处也有5公里。因为邙山以东地势低平,黄河易于泛滥,故在历史时期,孟津以下的河段,所架桥梁多位于现在孟州之南、孟津之北的地段,对此,在《豫河志》中即有很好的分析,"黄河在孟津北五里、孟县南三十里,至此两岸平阔,其流渐涨,溃溢之患自此而始。然尚未设堤者,缘其地仍得山余气,土脉犹坚,尚不善崩而,晋杜预造河阳桥,北魏至唐之河阳三城皆在此"①。自西晋杜预在此造河阳桥以后,北魏泰常八年(423)三月乙丑,于栗碑"造浮桥于冶坂津"②,此桥毁后,唐德宗贞元后(785),又在此"造浮桥,架黄河为之",北宋政和七年(1117),又因北河淤淀,水不通行,而"开修北河,如旧修系南北两桥"③,前后建桥历史几达千年。

而在今荥泽口以下所建之桥,最早为后燕慕容垂在石门(今郑州附近的荥泽口)所造之桥。④其后,西晋时在石济与灵昌津(今延津县境内)附近,"造浮桥以通河北,以大木函盛石,沈之以系桥,名曰石鳖"⑤,北齐时"石济河溢,桥坏,斐修治之。又移津于白马,中河起石潬,两岸造关城,累年乃就"⑥。到北宋徽宗崇宁五年(1106)二月,又架浮桥于滑州(今滑县),并"置官兵守护之"⑦。这些桥除了后燕所造之桥外,所处河道都不是只具有500多年历史的今兰考东坝头至荥泽口之间的河道,现在兰考东坝头至荥泽口之间的河道也因为历史时期黄河频繁的泛滥和冲决,而从未有过建桥的历史。

故在卢汉铁路已经开始建造之后,河南巡抚张人骏还难以消除在黄河下游架桥的忧虑,害怕黄河在铁桥所过之处拖溜旁趋决坝毁桥与凌汛暴涨水漫铁桥。这种担忧也不仅仅是他这位开府豫省、身膺豫省河防之责的巡抚才有。视"铁路为新政大端,桥工尤为南北关键,就黄河而言,为非常之创举;就铁路

---

① 黎士安等:《豫河志》,1923年刊本,卷三。

② 《魏书》,帝纪第三,《太宗纪》。

③ 《宋史》,志第四十六,《河渠三·黄河下》。

④ 《晋书》,载记第二十三,《慕容垂》。

⑤ 《晋书》,卷五十九,《成都王颖传》。

⑥ 《北齐书》,卷四十二,列传第三十四,《阳斐传》。

⑦ 《宋史》,志第四十六,《河渠三·黄河下》。

而言,为必藏之要工"的洋务大员们更不敢"胶执以贻横决之忧"。①经过多次反复的查勘、统计、测量与论证,历时四五年后方才确定,"今所择建桥之地在南北两岸从未泛滥,而河道亦从未更改之处"的荥泽口,②且"拟建之桥桥面高于极大潮汛华尺一丈,而高于该处堤岸三尺有奇,倘凌汛漫及桥面,必先漫及堤岸",而"荥泽广武坝为数百年来未闻漫溢之处,所以必于此建桥者诚非漫然为之也"。③

与荥泽口所处的位置相比,开封则位于金、元以后黄河南北频繁泛滥冲决的脊轴线之中段。从1128年河决李固渡南泛以来,饱受黄河泛滥之苦,时刻处于黄河决溢的威胁之下,根据《黄河研究资料汇编第十三种黄河治水及运调查报告》统计,历史时期,黄河在开封附近的泛滥决溢共84次,仅次于位于开封东南惠济河沿岸的杞县(107次)④,黄河铁桥若架设于开封附近,其命运就可想而知了。

因为架桥于荥泽口具有较高的安全性,故"许州以北,本预定通尉氏、朱仙镇至开封,渡黄河入卫辉,后一变而经新郑、郑州至荥泽,由荥泽渡黄河入卫辉。黄河河幅广,秋季洪水泛滥,奔流急湍,于此架设铁桥不可不慎,此乃京汉铁路工事之难关。在荥泽间,黄河幅度虽达二里之宽,较其他各地尚为狭窄,秋季大水之外,尚为平稳,水深不过数尺,附近有广武山高达三百尺,利用架设铁桥最易,因此遂舍开封而取道于此"⑤。

最后,随着京汉铁路黄河桥对"省会重要,商货辐辏"的开封的偏离,不仅使明清时期由河北南下至卫辉时所分的两条干线的地位发生了互换,而且随

① [清]盛宣怀:《愚斋存稿》奏疏十,《复陈黄河造桥河防并无窒碍折》,光绪三十年六月直都袁鄂督张会奏。

② [清]盛宣怀:《愚斋存稿》奏疏十,《复陈黄河造桥河防并无窒碍折》,光绪三十年六月直都袁鄂督张会奏。

③ [清]盛宣怀:《愚斋存稿》奏疏十,《复陈黄河造桥河防并无窒碍折》,光绪三十年六月直都袁鄂督张会奏。

④ 前日本东亚研究所:《黄河研究资料汇编第十三种黄河治水及运调查报告》(1944年),水利部南京水利试验处译印,1950年。

⑤ 姜明清:《铁路史料》,台湾"国史馆"1992年版。

着京汉铁路及陇海铁路的延伸和贯通，郑州作为横贯中国南北及东西两大铁路干线交汇的枢纽，逐渐替代开封而成为中原地区新的现代交通中心。①

因黄河的影响，开封则不仅从铁路在中国建造之初就失去了发展近代交通的重要机会，而且，新汴铁路的始末也同样折射出开封处在黄河不利影响下的无奈。1938年花园口人为决堤后，黄河洪水自开封城市西南流，把开封隔于黄河之北，处于日军的控制之下。日军出于军事战略考虑，修筑了由新乡至开封的新汴铁路，加强了开封与华北地区的联系，为日本的军事侵略提供便利。日本投降以后，还没等到中国结束内战进入和平建设，它就随着1947年1月黄河的回归故道，结束了短暂的生命。自此，开封再也没有建设一条贯穿其南北的铁路干道的机会，相邻的朱仙镇的陆路交通优势也随之完全失去。

小　结

自以上分析可知，因为黄河的泛滥，与三个城市相关的长时段地理结构因素和交通条件都发生了改变，这对三个城市在以后中时段经济社会运动中的发展将产生巨大的影响，因为"无论何地，城市的存在都有赖于对地域的控制；而对地域的控制又全靠纵横交错的道路、得天独厚的地理位置以及城市为不断适应新情况而实行缓慢或突然的演变"②。三者在黄河的影响下，交通条件所发生的不同改变，遂使郑州成为中原地区最为重要的交通节点，与中原地区的宏观地理空间功能相吻合，为其以后的发展带来优越的交通优势，交通优势使其在民国时期即具有发展商业的优势，各种优势累积循环，促使郑州自清末民初时期开始其在近代的勃兴；而开封和朱仙镇却在黄河的影响

---

① 连接于北京和武汉之间的京汉铁路于1906年全线通车。陇海铁路的前身为只沟通于开封和洛阳之间的汴洛铁路，汴洛铁路于1909年通车，后于1915年向东延伸到徐州，向西延伸到陕县观音堂；1921年又向西延伸到陕县，1925年向东延伸到海州（连云港），达到东部的终点；1933年向西延伸到潼关，1934年延伸到渭南。

② [法]费尔南·布罗代尔：《菲利普二世时代的地中海和地中海世界》，唐家龙、曾培耿等译，商务印书馆1998年版，上卷第456页。

下不仅失去了水运优势，而且陆上交通优势也最终消失，形成对其以后发展不太有利的因素，再加上周边地区土壤的沙化，使二者在近代的商业发展中处于一种劣势状态，并由此也形成了一种劣势因素的循环累积。故作为这些变动最初推因的黄河也就构成开封、朱仙镇以及郑州形成不同循环累积的第一因素，或克鲁格曼所言的偶然因素。

第三章 CHAPTER THREE

经济作物的种植与集散

　　通过本书第二章的分析可知，在黄河影响下，与三个城市相关的长时段地理结构因素以及交通条件发生了较大的变迁，这些因素的变迁，随之对中时段的经济社会运动产生深刻的影响。开封和朱仙镇周边地区土壤的沙化，在造成农业生产收获贫瘠的同时，也改变了农业的种植结构，使花生成为开封、朱仙镇周边地区最为重要的经济作物。而郑州则因为自身所具有的良好的地理空间区位（位于豫陕晋三省棉花产地区位和各大棉花终点市场区位之间的中心位置）和优越的交通优势，而成为中原地区最为重要的棉花中转市场。

　　棉花作为商品化程度较高的一种经济作物，在民国时期河南的经济发展中占有重要地位，在当时张由良先生即认为棉花的种植与贸易是复兴和发展河南农村经济的关键,是解决河南农村经济衰败问题的现实途径。①而花生在民国时期也被认为是改变豫东地区沙地经济效益的一种重要作物。②到20世纪80年代末,台湾学者沈松桥先生在黄宗智中国小农经济内卷化理论思想的影响下,对民国时期的经济作物又重新做了研究,认为"近代河南经济作物的栽培,虽然提高了边际土地与剩余劳动力的有效利用",但"并不能有助于解决河南农业所遭遇到的困境"③。这些研究尽管关注点各有偏重,核心论点甚至相反,但却有一个完全一致的地方,都是从农业、农村和农民的角度来看待棉花种植所产生的经济影响。

不可否认,花生和棉花作为一种重要的经济作物,其种植与贸易不论是否能"有助于解决河南农业所遭遇到的困境",其对"三农"的影响都是不容忽视的。不仅如此,棉花和花生作为经济作物,在贸易的过程中,在从农村生产地流向终点市场消费地的过程中,在地理空间中某些点上的大规模集散,所形成的经济作物的市场区位,往往会对这些点上的商业(诸如商业的商品结构、商品量、商业腹地等)以及工业发展都会产生深远的影响。从这个角度来分析经济作物的种植、集散与城市发展之间的关系,可以更好地把握城市发展与其腹地农业生产之间的关系,可以更好地把握区域环境变迁与城市发展之间的关系。因而在下文中主要分析近代开封、朱仙镇周边地区因沙化等原因所造成的农业收获的贫瘠以及花生、棉花的种植和集散贸易,以此来把握中原地区近代区域农业生产的变迁对具体城市发展所产生的不同影响。

① 张由良:《棉产在河南省农村经济上的地位》,《棉运合作》,第3期,1936年3月。

② 《河南之花生生产》,《农商公报》,第65期,1919年12月。

③ 沈松桥:《经济作物与近代河南农村经济(1906—1937)——以棉花与烟草为中心》,见《近代中国农村经济史论文集》,台北:"中央研究院近代史研究所"编,1989年版,第378页。

第一节　土壤沙化的影响

ERSHI SHIJI ZHI ZHONGGUO

一、花生的大面积种植

通过上一章的分析,知道因为黄河泛滥,造成开封城市和朱仙镇周边地区数县的土壤严重沙化,而朱仙镇本身也因为屡屡处在黄河泛滥的主溜上,其所受影响也就更为严重。镇周围之地原本为黏质壤土,经过多次河决之后,逐渐成为黄沙覆盖之地,镇北及镇西积沙最多,镇东沙化相对轻于镇北及镇西,镇南地势较高,在道光二十三年(1843)中牟九堡未决之前,尚为良田美畴,迨决口后,亦黄沙遍地,但沙化程度仍然要比镇北、镇西及镇东轻,为镇中农产品主要出产地,适宜北方种植的农作物基本上都可生长。但因为镇的东、西、北三面均为沙土,土壤瘠薄,风沙为灾,因而农业生产大受影响,如镇北与开封之间,"一路上没有什么特别的地方,然而遍地沙漠,却令人大有置身漠北之慨……有时可以看到一些尚未收获的落花生同番薯"①。镇中所有土地年种花生恒占三分之二,故花生是镇中主要农产品,镇上所需粮食尚需从临近的数县运入。除了花生以外,镇中及周边农村的其他农副作物为柳树,因为柳

---

① 《朱仙镇速写》,《文化建设月刊》,第1卷第2期,1934年11月。

树能够生长于低湿多沙之地,成活较易,生长也快,干可供材,条可编物,所产柳树本地所需之外尚可运售临近各地。①但整体而言,作为一种能够与外来商品进行交换而集散于镇上的数量较多的产品只有花生一项,这样朱仙镇周边地区农村的农业生产能够为其商业发展提供的动力亦可想而知。

当然,朱仙镇的腹地也并非仅限于其周边数村之地,仅仅分析朱仙镇周边数村的农业生产,也还不能对其最后的商业衰落程度进行很好的解释,还需要把其放置于面积较大的区域中,来分析其周边数县的经济生产状况与一般集镇的发展概况,这样即会明白决定朱仙镇最后衰落程度的关键原因所在。相对于衰落的朱仙镇而言,开封城市的腹地范围会更大一些,再加上开封和朱仙镇二者恰好都处在这个沙化地区范围的中心,这个沙化地区内的农业种植结构和生产状况也与两个城市商业的发展紧密相关,故在下文中,就仍以开封和朱仙镇为中心,分别考察其外围各县的农业生产状况。

花生为一年生草本植物,果品富含油质(含油率最高者能达45%),除了可以食用以外,且为榨油工业的重要原料。花生适宜温带及气温较高的地区种植,土壤则适宜排水较好、土质疏松的沙土地,因而民国时期我国花生的种植分布区域就全国范围而言,也主要分布在多沙之区,尤以黄河泛滥比较频繁的地区为多,包括山东、河南两省以及江苏省之北部、河北省之南部地区,在这些地区内,历史时期因为黄河的频繁泛滥,土壤沙化比较突出。其古河洲、沙洲、川河泛滥地、沙砾地及沙泥地,皆为适宜花生种植的地区。至于其他各省,则是"所产生之花生,限于范围狭小,对于输出贸易上,亦无多大关系"②。据国民政府主计处调查,在正常年份,种植面积最多的为山东省4076千亩,其次为河北2766千亩、河南2298千亩、江苏2235千亩、四川1094千亩、江西1012千亩,其他各省种植面积则微不足道。另外据"中央农业试验调查所农业经济科"的调查估计,民国25年各省花生种植面积,亦以山东为最高,计4407千亩,其次为河北3452千亩、河南2386千亩、四川2259千亩、江苏2081千亩、广东1808

① 李步青等编著:《岳飞与朱仙镇》,开封教育试验区教材部1934年版,第132页。

② 《中国落花生之产销及贸易》,《实业杂志》,第177期,1933年8月。

千亩、安徽1108千亩,其他各省合计总共才3588千亩。①1934年、1935年虽然具体数字有所不同,也只是略有差别而已。从全国范围来看如此,即使从河南省内来看,花生的种植区域也主要分布在郑州以下黄河两岸土壤沙化比较严重的地区,尤其是近代以来受黄河南泛影响较重的黄河以南地区,大致以郑州到商丘150余公里的黄河南岸之沙质土壤线为主要产地。

河南花生种植始于晚清时期,当时所种花生为本土所产的小花生,收获量较低,平均每亩产量约在40至50斤之间,故种植面积较小,尚未有大规模的种植。自京汉、汴洛两铁道开通后,外国花生种子纷纷输入,产数顿增。②尤其是引入意大利花生种(大花生)后,试种效果较好,使每亩产量有较大提高,可达100至250斤,而且所产花生品质也好,出油量多,价值也因而增大,在1901年,1斤小花生可换0.75斤小麦,1912年后所产的大花生每斤可换小麦2.3斤,到1945年左右,最高甚至可交换2.54至3.75斤小麦。③在新中国成立初开封市工商局调查中,小花生亩产只有40至50斤,大花生亩产100至250斤,最高可达300斤,可换小麦900斤,其价值之高远在种植一般农作物之上。④况且,花生皆种植于原本多为如同弃地的沙地中,其对于豫东沙区的农民所具有的经济意义也就可想而知。故《河南之花生生产》一文曾言之:"河南豫东一带,地势平衍,黄河经流之故道数百里,多系沙碛不毛之区,五谷不宜,惟植落花生尚有收获。旧种生产,仅供本地榨油及茶食之用,无贩运出口之利。自前清光绪二十年(1894)间,洋花生之种子输入,实粒肥硕,收获颇丰;虽脂质不及旧种之富厚,然以种收较易……民间多乐种之。每亩平均收成,可得百余斤,获利较五谷为尤厚。荒沙之区,向所弃置之地,今皆播种花生,而野无旷土矣。民国以来,渐为出口土货之大宗物产。"⑤

① 实业部国际贸易局编:《花生》,长沙:商务印书馆1943年版。

② 《花生产销调查记》,《农商公报》,第116期,1924年3月。

③ 中国土产公司编印:《中国土产总览》,1950年。

④ 《开封市花生油与花生油行的调查和几个问题的研究》,开封市人民政府档案,全宗号23,卷21,《省府调研室、市粮食公司、工商局对本市解放前后工商业经济调查材料》,1949年6月至1950年10月。

⑤ 《河南之花生生产》,《农商公报》,第65期,1919年12月。

在豫东的花生产区中，前后的历史发展尽管有所不同，但基本上是以开封、中牟和兰封三县为中心顺着黄河一线向东西两边地区扩展。在民国早期的记载中，开封、中牟、兰封三县在河南花生种植中已占相当重要的地位，如《河南之花生生产》一文中所记的"开封附近一带，约三百英方里之面积，出产为最多，中牟、开封、兰封三县，尤标特色"①；《河南》一书中所记的"开封、中牟、兰封三县多沙田，宜种花生……以去壳之花生米为输出大宗……三县合计，每年收税约八万元，兰封居其半数，号为最胜"②等。甚至直到1931年，河南的花生产地都还仍在"开封附近，约分为东西二路，西路为中牟、谢庄、郑州等处，东路为曲兴集、李霸集、兰封等处，再东则生产渐少"③。

三县之中，开封花生出产始于光绪年间，但因为交通不便，所产花生仅仅销于内地，因而花生种植量也比较少。民国建立以后，花生出口量的增加及花生榨油工业的发展，加大了对花生的需求量。再者随着意大利花生种的传入，不仅使每亩产量增加，而且花生品质也比较好，产量较大，出油量也多，销路较广，农民获利丰厚。再加上交通也渐趋便利，输出较易，因而开封境内在20年前的多沙之地皆渐植花生，产量和出口数量亦随之与年俱增。1916年至1920年间，已非常兴盛，部分地区花生种植面积在1924年时曾占到全部耕地面积的40%。④较大面积的花生种植不仅改变了开封农作物的种植结构，而且一定程度上对开封农村的经济也有较大裨益，使花生成为"十数年来开封农作物中之巨额产品"和输出物品中的大宗商品，因为花生的产量及其价值要较其他作物高，以致"开封肥地反不如二十年前几等弃地的沙地经济利益大"⑤。位于开封之西的中牟也是"地质硗薄，且多沙碛，每年所产各种粮食除花生米一物，多由外路客商到此购买，运赴上海销售外（年约316万斤），其余

① 《河南之花生生产》，《农商公报》，第65期，1919年12月。

② 吴世勋：《河南》，长沙：中华书局1927年版。

③ 《汉口花生贸易概况》，《工商半月刊》，第3卷第9期，1931年5月。

④ 英文《中国经济杂志》，第5卷第3期，787页，1929年9月。转引自章有义编：《中国近代农业史资料》，第二辑，三联书店出版社1957年版，第206页。

⑤ 《开封小记》，《禹贡半月刊》，第4卷第1期，1935年9月。

尚不足供本处人民应用"①。

　　因为种植花生不仅能使原本产出很低的沙地得到利用,而且还能获得较高收益,因而在黄河泛滥所及的多沙之地皆渐植花生,到1934年,在《豫东花生业发达》一文中所记的各地花生种植情况亦是"计其重要产区,则有开封、兰封、中牟、陈留、杞县、通许、商丘、封丘、尉氏、民权等县,其他沿河流域之县份,如原武、阳武、新郑等县,亦年有少许之出产"②。其中如通许县即是原本并不种植花生,其后"近十余年来县西北一带之沙地多种落花生,产量颇丰,为新增农产,除本地制油或熟食外,向能运销各地,为出产之大宗"③;尉氏县"农产品除花生每年输出汉口者,可达二十万斤左右,其余不敷使用"④;位于尉氏西南的洧川"近两年来西北地面花生颇成大宗"⑤;兰考县以东的仪封县亦是"旧(志)不记花生,今则为出产大宗"⑥;黄河之北与中牟隔河相望的阳武县在康熙以前,也没有花生种植,后因土壤沙化而种小花生,"近有一种名洋花生,籽大,宜沙地种者渐多。舂米或榨油均可售远方"⑦。到新中国成立后,据《中国土产总目》一书所记,河南是以"陈留、杞县、洧川、宁陵、睢县、新郑、开封、兰封、中牟等县为花生出产中心",另据该书中关于新中国成立初花生种植面积统计,在全省所有县份中,种植面积在一万亩以上的可参阅下文图3.1⑧:

----

①　《中牟县物产状况及行销情形》,《工商半月刊》,第2卷第8期,1930年4月。

②　《豫东花生业发达》,《中行月刊》,第9卷第6期,1934年12月。

③　张士杰、侯昆禾:《通许县新志》,卷十一,《风土志物产》,1934年铅印本。

④　《各县社会调查:尉氏、长葛、开封、洧川、广武、中牟》,《河南统计月报》,第1卷第2、3期合刊,1935年3月。

⑤　林传甲:《大中华河南地理志》,1920年。

⑥　耿愔:《续仪封县志稿》,河南省兰考县县志编纂委员会据1947年耿文郁手抄本整理,《兰考旧志汇编》1986年铅印本,《土产·货类》。

⑦　窦经魁修:《阳武县志》,1936年铅印本,卷一,《物产》。

⑧　中国土产公司编印:《中国土产总览》,1950年。具体数据可参阅本书附录部分附表(二):新中国成立初期河南各县花生种植表。

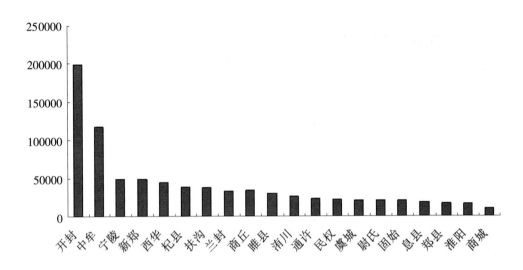

图3.1　新中国成立初期河南种植花生在1万亩以上各县示意图(单位:亩)

其中除了固始、息县、商城、淮阳四县分布在远离黄河泛区的河南南部及东南部地区外,开封、中牟、宁陵、杞县、兰封、商丘、睢县、民权、虞城、郑县等要么直接分布在黄河故道旁边,要么分布在黄河河道旁边,其余尉氏、洧川、通许、扶沟、西华等县则分布在近代以来黄河由贾鲁河南泛的河道旁边,即多分布在开封和朱仙镇周边地区。

在朱仙镇和开封周边地区,因为花生的大面积种植,遂使花生在农作物的种植结构中占有重要地位。

在周边数县的农作物种植中,开封县的农作物种植结构,据南京金陵大学农学院调查统计,各种农作物占作物总面积百分数的高低排序如下文图3.2[①]:

---

① 南京金陵大学农学院:《河南开封农场大小与土地利用之关系》,见《经济统计》第九册。具体数据可参阅本书附录部分附表(三):开封县农作物种植结构百分比表。

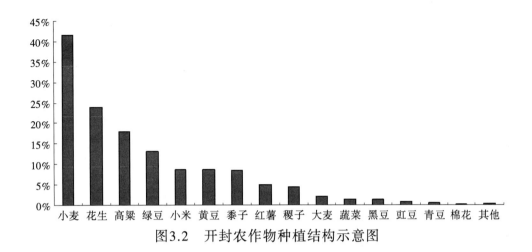

图3.2　开封农作物种植结构示意图

其中小麦、大麦为冬季作物,棉花、高粱、花生、蔬菜为春季作物,黑豆、豇豆、青豆为夏季作物,而绿豆、小米、黍子、红薯、黄豆等春夏两季均有种植。

关于开封农作物的种植结构,金陵大学农学院另一份调查统计资料中,各种数据虽略有差别,但各种作物的种植面积所占比率却差不多[①]:

表3.1　抗战前开封农作物种植结构表

作物	小麦	花生	高粱	小米	黄豆	绿豆	黍子	大麦
百分比	34.9%	25.3%	16.6%	12.6%	9.2%	8.5%	4.6%	2.3%
作物	玉米	西瓜	棉花	蔬菜	红薯	其他		
百分比	0.5%	0.5%	0.3%	0.2%	0.2%	0.7%		

而据《河南统计月报》所记,种植面积最高的亦为小麦,为572 904亩,其他则为花生288 585亩、高粱96 443亩、豆类53 099亩、大麦50 781亩、玉米41 205亩、小米36 020亩。[②]综合三种数据来看,开封县种植面积最广的都是冬季作物

中的小麦，其次则为花生、高粱、小米、绿豆、黄豆等。除开封之外，在周边各县中，花生在各种经济作物种植亩数中占绝对优势的尚有中牟（在所有作物中，种植数量仅低于高粱）、兰封（在所有农作物中，种植数量位居第一）、通许、尉氏、阳武、原武、杞县、陈留等，具有相对优势的有宁陵、延津、封丘、睢县、柘城等县。①这些县多分布在开封周边地区，因为花生的经济价值较高，且为不易腐烂而又易于出售之经济作物，因而花生是一种商品率较高的作物。而又因为开封处在这个花生产区的中心位置，故这些花生在向外贩运销售时，又多以开封为集散市场，从而对民国时期开封的商品结构产生了重要影响，在下一章中再作详细分析。

二、其他农作物收获的贫瘠

沙化为开封周边地区花生的普遍种植提供前提条件的同时，也造成开封周边腹地农业生产收获的贫瘠，况且民国时期的天灾人祸还比较多，兵灾、匪患、水旱等交替不绝，故在土壤沙化之外，这些因素对开封周边地区的农业生产也往往造成极大的破坏，如开封县自民国建立到1936年间，即发生较大水灾3次、旱灾3次、风灾3次、虫灾2次。水灾最大者为1930年，全县受灾面积达45.6%，受灾区域内的作物粟、黄豆、绿豆等皆毫无收成，高粱收获亦仅一成。与水灾相比，旱灾所及的面积往往更为广泛，在1914年、1928年的旱灾中，开封受灾面积均为100%。1914年旱灾发生于春夏之交，小麦的收获量只有四成，高粱只有一成，花生尚不足一成。1928年旱灾，因为持续时间一直延续到1929年，两年之内，作物的收获量，如小麦、高粱、黄豆、花生等，都仅有一成至两成。因为灾后粮食收成较差，因而粮食价格亦随之增长，以致大灾之后"室如悬磬之家，其不流于饿殍者几希"②。

在民国时期，与自然环境相对的社会生产环境也因为战乱和匪患而大受

---

① 《河南省农产统计》，《河南统计月报》，第2卷第8期，1936年8月。

② 南京金陵大学农学院编：《豫鄂皖赣四省农村经济调查报告第二号豫鄂皖赣四省土地分类之研究》，1936年版。

影响,如位于朱仙镇东南的通许县境内"西北多沙,生产力薄,人民勤苦无论已。即东南素称沃壤之区,自入民国以来,因土匪扰乱民不安生,若被匪绑架,倾家荡产,乡间稍有资财者方依据城寨,逃难不暇安能顾及生产量之多寡。加之屡经战事,纷扰不已,迭经派征款项,征收军需田赋附加超倍正贡,人民困苦颠连之状,殆难言喻"①。相邻的尉氏县境内同样土匪遍布,而县境的西部地区更是"九岗十八洼,岗岗洼洼有响马"②,"一般农民之最大痛苦厥为土匪骚扰与捐税太重。乡间土匪肆虐,一日数警,烧杀劫掠,惨不忍闻"③。严重的匪患不仅对当地的经济生产造成较大影响,而且对社会生活的方方面面都具有较大的危害性。

朱仙镇之北的中牟县境内也是"土匪蜂起……或四五十人、或四五百人,甚至有千名以上,结伙打劫,十分猖獗",连中牟县吏亦不敢出城,而只能闭门自守。④周边乡村为了防卫劫匪抢掠,致使寨堡数目大增且弥为重要,而为市易所辖的集镇则萧条不兴,被时人叹为"生计之艰、政相之耻也"⑤。这种情况甚至连作为省会的开封亦不能免,到1935年,开封四乡还常闹匪患,白昼行劫亦时常发生,以致开封大堤外,每日除午前六时、午后六时以外,即道无行人。⑥在这种情况下,农业经济生产与城乡经济交流的状况也就大受影响。

再加上生产技术条件的落后等,开封及其周边各县粮食产量都比较低,据河南省政府对开封大花园农村的调查,各种农作物的平均亩产量如下:谷子65斤、大麦58斤,小麦62斤、高粱80斤、玉米82斤、白薯320斤、花生108斤、豆51斤。⑦金陵大学农学院调查,各种农作物平均亩产:小麦135斤、花生130斤、高粱200

----

① 张士杰修、侯昆禾纂:《通许县新志》,1934年铅印本,《风土志·民生》。

② 《匪患不除,民无宁日》,《尉氏文史资料》,第六辑,《尉氏匪患专辑》。

③ 《各县社会调查:尉氏、长葛、开封、洧川、广武、中牟》,《河南统计月报》,第1卷第2、3期合刊,1935年3月。

④ 《红枪会抗匪记》,《中牟文史资料》,第五辑。

⑤ 萧德馨修、熊绍龙纂:《中牟县志》,1936年版,《集镇寨堡》。

⑥ 《开封农村写实》,《农村经济月刊》,第2卷第6期,1935年4月。

⑦ 《开封社会调查:农业:大花园农村调查》,《河南统计月报》,第1卷第9、10期合刊,1935年10月。

斤、棉花130斤、粟220斤、黄豆187斤、绿豆88斤、红薯1361斤。①在《开封社会调查》一文中,在1935年以前,上等地每亩收麦约160斤、秋粮340斤,中等地每亩收麦100斤、秋粮180斤,下等地每亩收麦40斤、秋粮100斤。现在上等地每亩收麦180斤、秋粮360斤,中等地每亩收麦130斤、秋粮220斤,下等地每亩收麦80斤、秋粮140斤。②除了以上几种数据外,在《河南统计月报》第2卷第8期《河南农林统计》一文中有1935年各县每亩农产收获量的统计数据。在开封、朱仙镇腹地各县③的统计数字中,由于若干县的数字差别较大,故为了接近一般水平,求取了各种作物亩产的一个平均值,以此来把握整个开封、朱仙镇腹地地区粮食作物收获量的大小(参阅图3.3)④:

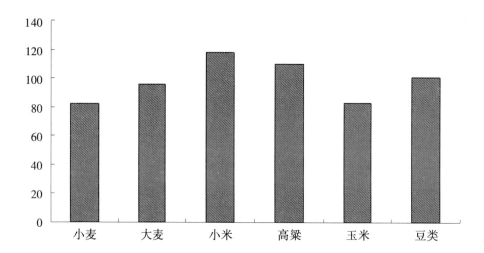

图3.3　抗战前开封、朱仙镇腹地地区粮食作物收获量示意图(单位:斤)

①　南京金陵大学农学院编:《豫鄂皖赣四省农村经济调查报告第二号豫鄂皖赣四省土地分类之研究》,1936年。

②　《各县社会调查:尉氏、长葛、开封、洧川、广武、中牟》,《河南统计月报》,第1卷第2、3期合刊,1935年3月。

③　关于开封、朱仙镇商业腹地的具体范围,可以参阅本书第四章中关于开封商业部分的论述。

④　《河南省农产统计》,《河南统计月报》,第2卷第8期,1936年8月。具体数据可参阅本书附录部分附表(四):开封、朱仙镇腹地地区粮食作物收获量统计表。

　　从这个平均值可以看出,在开封周边各县,产量较高的为小米、高粱、豆类作物,亩产也都不能超过120斤,而大麦、小麦、玉米等亩产都在100斤之下。这从当时其他文字记载中也可得到佐证,如睢县"每年分为麦秋二季收获,过去麦每亩平均可收100斤,秋(高粱、大豆、小豆、谷子)每亩平均可收一百四五十斤。以小麦、大豆、谷子为大宗,近年落花生亦占大宗"[1];宁陵上等地每亩岁收秋麦约百八十斤,中等地100斤,下等地60斤;[2]鹿邑上等地每亩岁收秋麦约150斤,中等地百十斤,下等地七八十斤;[3]考城上等地麦秋平均200斤,中等地150斤,下等地40斤。本县麦子,如遇丰年,除自食外,输出不过1%。[4]

　　这些数字与图3.4中新中国成立后河南省统计局所统计的全省农作物亩产量数字相对照来看,差别也还不太大。[5]

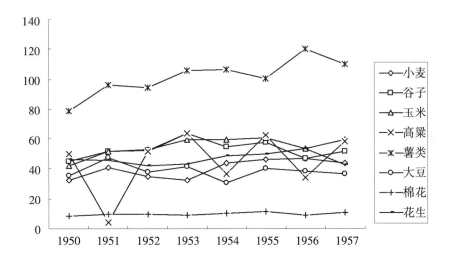

图3.4　新中国成立初期河南省农作物亩产量示意图(单位:斤)

①　《各县社会调查:睢县》,《河南统计月报》,第1卷第9、10期合刊,1935年10月。

②　《各县社会调查:宁陵》,《河南统计月报》,第2卷第1期,1936年1月。

③　《各县社会调查:鹿邑》,《河南统计月报》,第2卷第4期,1936年4月。

④　《各县社会调查:考城》,《河南统计月报》,第3卷第1期,1937年2月。

⑤　河南省统计局:《河南省国民经济提要:1949—1957》,1958年5月。具体数据可参阅本书附录部分附表(五):新中国成立初期河南省农作物产量统计表。

从图3.4中可以看出，新中国成立后除了薯类每亩产量较高、高粱产量波动较大、棉花产量最低外，其他作物基本多限在150斤和80斤之间变动，并且直到1957年也没有明显的增长。

因为农产品收获量较低，以致这些县农民的基本温饱问题都比较严重，开封县"本地土质贫乏，生产不丰，致粮食产销，不敷甚巨，据云城市人民全赖外来粮食，乡村自产粮食，亦不过供七八个月之用"①；通许"每人约可分地三亩三分，并以每年每亩平均收粮三斗计之，每人均可得粮一石，通盘计算，尚不敷用，必须粜运邻县粮食，以补其不足。若遇荒歉即有冻馁之虞。西北多沙之区生产力薄，人民勤苦无论已"，即东南素称沃壤之区也因民国后兵匪交加之扰乱、苛捐杂税之繁重而"困苦颠连之状殆难言喻"②；尉氏"农产物以小麦、高粱为主。县境东北出产花生，行销外县。谷子、豆类、红薯等，每年所产仅敷县民食用，若遇灾荒，则必须仰给外属矣"③。中牟也是"地质硗薄，且多沙碛，每年所产各种粮食除花生米（316万斤）一物多由外路客商到此购买运赴上海销售外，其余尚不足供本处人民应用"④，人民生活"无奢侈之习，少争讼，惟地瘠食苦者众"⑤；阳武"以小麦、高粱、花生、谷子为大宗……但以地质多沙，遇匪旱风虫之灾，即大感不安"⑥。

因为农业生产较差，与其息息相关的农村副业同样难以有较大的发展，亦仅仅为了维持日常生计而已。因而没有更多的农业剩余来作为商业交换的前提，作为农村商品集散交流中心的集镇和城市之发展程度也就大受局限。这对开封和朱仙镇的商品结构、商品量都产生了很大影响，在开封集散的各种商品中，花生占有突出地位，其他农副产品的商品量则很小，商品结构比较单一，而朱仙镇所能从周边地区集散的商品也主要为花生。这在下一章中将详细分析。

① 陈建棠：《开封县地方概况报告》，1936年6月，见国民经济研究所：《河南地方概况报告》，第2页。

② 张士杰修、侯昆禾纂：《通许县新志》，1934年铅印本，《风土志·民生》。

③ 《各县社会调查：尉氏》，《河南统计月报》，第1卷第2、3期合刊，1935年3月。

④ 《中牟县物产状况及行销情形》，《工商半月刊》，第2卷第8期，1940年4月。

⑤ 萧德馨修、熊绍龙纂：《中牟县志》，1936年版，《人事志·礼俗》。

⑥ 《各县社会调查：阳武》，《河南统计月报》，第2卷第7期，1936年7月。

第二节　棉花的种植与集散

ERSHI SHIJI ZHI ZHONGGUO

　　与处在周边花生种植中心而成为花生集散市场的开封不同，郑州本地及附近周边地区产棉很少，但却因为自身所具有的交通优势和良好的地理空间区位而成为中原地区最为重要的棉花中转市场。

一、豫陕晋三省棉花的产地分布

　　河南种植棉花的历史最早可能始于元代，经明清两代的发展，到清末民初以前，许多地区已有着发达的棉花种植业和棉纺织业，贸易范围也有较大扩展，在社会经济中占有重要地位。[1]但因为具体统计数字的缺乏，不能准确地认知棉花在河南社会经济中的重要性究竟达到何种程度，而只能有一些"中州沃壤，半植棉花"[2]、"多半种棉，半种五谷"[3]、"收花之利，倍于二麦，民

　　①　这在程民生先生所著的《河南经济简史》（中国社会科学出版社2005年版）一书中已有详细的论述和考证，在此就不再赘述。

　　②　钟化民：《救荒图说》，转引自赵冈、陈钟毅：《中国棉纺织史》，中国农业出版社1997年版。

　　③　[清]余心孺修纂：《延津县志》，康熙四十一年刻本，卷六，《物产》。

食资焉……资生之策,强半以棉花为主"[1]、"独木绵最伙"[2]之类的模糊概念而已,至于种植面积、年产额、贸易额以及地区差异等方面则不能有数量上的准确把握。

民国建立之后,西方统计科学传入,1914年后有农产统计,棉花统计亦自此而始。但在1918年华商纱厂联合会成立之前,所发表数字未作实地调查,可信度较低。华商纱厂联合会成立后,于1919年起进行棉产调查,以后历年所发表的统计结果,包括全国、各省以及各县的种植面积、产额(每亩单产、总产)及中国棉、美国棉差别等,另外,每年还都附带有详细具体的文字说明,可信度较高,是非常有价值的调查统计资料。[3]

1931年中华棉业统计会成立,棉产统计工作遂由该会主持。各统计项目与前者所作相同。这两种统计中,本书所用的有1918年至1936年间除了1920年、1924年、1925年三年以外其他一共16年的资料,1937年、1946年、1947年的资料则来自农林部棉产改进咨询委员会和中国棉纺织业联合会所作的调查。除此之外,价值较高的资料还有《河南全省棉业调查报告书》《河南棉业》《河南之棉花》[4]等。同时也参考了其他一些调查资料和期刊等。

依据以上资料,基本上能够对民国时期河南棉花的生产、贸易以及对郑州城市所产生的影响作准确的把握。

依据《中华民国35年中国棉产统计·附26年中国棉产统计》中所列的关于历年每亩平均产量的数字可知,从1918年到1947年,河南棉花每亩平均产量不仅没有上升,反而下降,[5]这可以确定民国时期河南棉产总量增长的动力主要

---

① [清]李述武修、张九越纂:《巩县志》,乾隆五十四年刻本,卷七,《物产志》。

② [清]董庆恩、吴淯庚修,陈熙春纂:《内黄县治》,光绪十八年刻本,卷四,《物产》。

③ 农林部棉产改进咨询委员会、中国棉纺织业联合会合编:《中华民国35年中国棉产统计·附26年中国棉产统计》,1946年,序一;华商纱厂联合会棉产统计部:《中华民国18年中国棉产统计》,《中国棉产统计之过去及将来》。

④ 河南省实业厅:《河南全省棉业调查报告书》,1925年1月;河南省棉产改进所:《河南棉业》,1936年12月;河南省农工银行经济调查室:《河南之棉花》,1941年。

⑤ 在所有统计年份中,排在前五位的年份分别为1919年(38.1斤)、1921年(32.4斤)、1934年(31.6斤)、1923年(31.3斤)、1940年(29.3斤)。农林部棉产改进咨询委员会、中国棉纺织业联合会合编:《中华民国35年中国棉产统计·附26年中国棉产统计》,1946年,第10页。

来自种植面积的扩大。

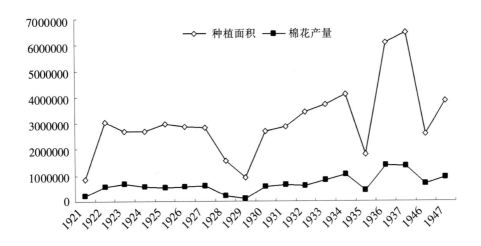

图3.5　1921—1947年河南省棉花种植面积、产量变动示意图

注：此图系根据每年统计资料中的数据绘制。种植面积单位：亩；棉花产量单位：担。具体数据可参阅本书附录部分附表（六）：民国7年至36年（1918—1947）河南棉花种植总面积、总产额统计表。

从图3.5中可以看出，从1921年到1929年，棉田面积前后起伏波动较大，1930年以后则稳步上升，1937年达到顶峰。棉产额也基本上随着种植面积的扩大而增高，经过近20年的发展，到抗战爆发前达到高峰，其后因抗战影响，种植面积大大下降，1939年达到最低点，仅49万余亩，产额仅15万担，尚不及1936年安阳一县种植面积（715 500亩）的7/10和产量（323 090担）的1/2。[1]抗战结束后，1946、1947年又有较大恢复。

棉产总量提高后，会使进入市场的棉花增多，仅仅灵宝、洛阳两地，在1927年10月至1928年9月之间由郑州转运外销的棉花就高达234 436担。[2]而据

①　农林部棉产改进咨询委员会、中国棉纺织业联合会合编：《中华民国35年中国棉产统计·附26年中国棉产统计》，1946年。

②　《郑州棉花市况》，《中行月刊》，第2卷第10期，1931年4月。

河南棉产改进所的估计，1936年河南所产130余万担棉花中，境内农家自用者约30万担，其余100万担则完全进入市场，输出境外者即占80万担以上，[①]商品量已达到很高的程度。这些外运棉花一般而言先由产地集中于产地市场，然后运销初级市场或直接由产地运销初级市场，再由初级市场运至中转市场，最后由中转市场集中于终点市场，形成一个市场层级体系。但构成其基础的则是棉花产地，棉花产地的区位分布是影响棉花市场体系区位分布的重要因素，因而在下文中首先分析民国时期河南各县的棉花种植及区位分布。

下文三图是依据历年统计而作的民国时期河南各县棉花总产量、年平均产量及人均产棉量统计图。[②]仅仅依据其中一种统计数据，都不能很好地确定哪些县份售棉较多，因为在所有统计年份中，有的县份总的统计次数很多，但每年产棉并不多，因而年棉花贸易量可能就很小，而有的县份则因为植棉较晚而统计次数较少，但年产量却很高，棉花贸易量较大，对棉花市场体系的影响也大。因而为了分出对河南棉花市场体系具有影响的县份和影响较小的县份，就需要同时参照两种数据。但仅如此也还存在着问题，因为每县人口的数目不同，会影响到棉花消费量和销售量的不同。因而在参照这两种统计数字之外，还依据1935年各县的人口统计[③]，计算了各县的人均年产棉数量。综合三种数据，再参照相关的文字资料，基本上就能对所有县份做不同的归类，以此把握民国时期河南棉花产地的分布，同时也可确定出各县在棉花市场体系中的重要性有多强。

---

① 河南省棉产改进所：《河南棉业》，1936年12月，第26页。

② 注：本图所示县份主要为117个统计县份中棉产总量的前20名，而平均产量的排序虽略有所不同，但基本上是一致的，也在前20名之内。20名之后的县份，尽管有的可能会人均产量较高，但总产量及每年平均产量却微不足道，因而其重要性依然会很低，所以限于篇幅也就不再列入。具体数据可参阅本书附录部分附表（七）：民国7年至36年（1918—1947）河南省各县产棉统计表。

③ 《河南人口统计》，《河南统计月报》，第2卷第7期，1936年7月。

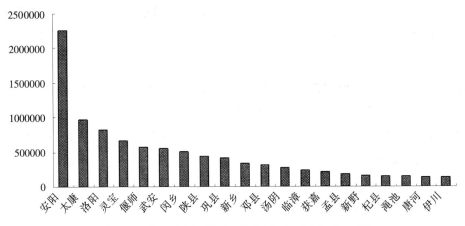

图3.6　各县历年棉产总量示意图（单位：担）

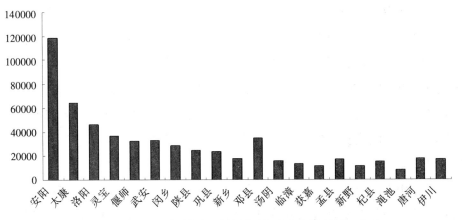

图3.7　各县历年棉产平均产量示意图（单位：担）

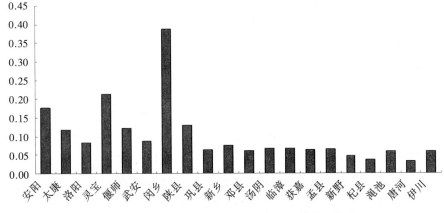

图3.8　各县人均产棉量示意图（单位：担）

从上文三图中可以看出,在所有县份中,最重要的产棉县是安阳、太康、洛阳、灵宝、偃师、武安、闵乡、陕县等八县,这些县份不论是历年棉产总量,还是年平均数量,都位居全省所有统计县份的最前列,而且人均棉花产量基本上也同样位居最高。如豫北的安阳因境内土壤适宜种棉,故"全县农产首推棉花"①,"种田百亩的,至少要种八十亩棉花。若某年棉花不收,农民生活即起极大的恐慌"②,以致"该地一切经济上之活动均以棉业之盛衰为转移"③,地处豫东的太康则仅次于安阳,根据表中数据来看,"大河之北彰德一带,大河之南太康一带,皆是产棉处所。豫谚有'金杞县、银太康','金'指金针菜,'银'即指棉花也"④,也并非夸张的说法。洛阳地处豫西,全县土地农田占60%,山地占12%,荒地沙地河道占25%,全县经济作物亦以棉花为主。⑤而灵宝、陕县以及闵乡的棉花除了产量较高外,其质量在河南各县所产之棉中最为优秀,无有其匹。由于影响较大,以致山西晋南地区的部分县份以及在灵宝、陕县打包转运的陕西棉花都被称为"灵宝棉"而闻名于国内各大棉市,在上海和大阪市上与美国优质棉Middling声价相等,堪称中国第一良品。⑥陕县更是"农产以棉花为大宗,而商业以棉业为基础,市面之繁荣与萧条全视棉业之发达与否"⑦。武安也是豫北地区比较重要的棉区,因为距离天津较近,其棉花产品在天津棉市上的影响很大,每年输出天津棉市的棉花都超过相邻的安阳。⑧

与以上各县相比,巩县、新乡、邓县、汤阴、临漳、获嘉、孟县、新野、杞县、渑池、唐河、伊川等县的重要性相对要低一点,因为这些县份要么总产量不如以上各县,要么平均产量相对要低,人均产量与上述各县相比也普遍较低。但这些县基本上也是重要的棉花产地,其棉花的生产和贸易对民国时期河南棉

① 《安阳棉业调查》,《国际贸易导报》,第7卷第10期,1935年10月。

② 《河南彰德的农民概况》,《安阳文史资料》,第2辑。

③ 《彰德棉业调查及分级鉴定结果》,《国际贸易导报》,第6卷第12期,1934年9月。

④ 《日本人来查豫棉》,《申报》,1919年11月23日。

⑤ 《洛阳棉业调查与产地检验》,《国际贸易导报》,第6卷第11期,1934年9月。

⑥ 《天津棉花之产地、种类及特长》,《天津棉鉴》,第1卷第1期,1930年6月。

⑦ 欧阳珍等修、韩嘉会等纂:《陕县志》,1936年铅印本,卷十三,《实业·商业》。

⑧ 《天津棉花之产地、种类及特长》,《天津棉鉴》,第1卷第1期,1930年6月。

花市场体系的影响也是比较大的。其中如新乡棉花的总产量、平均产量以及人均数量都与上述县份相差不远，境内的棉产中心小冀镇因临近平汉铁路还成为新乡、获嘉及周边数县的棉花集中地和转运市场，在豫北地区，其重要性仅次于安阳，由此卖出的棉花被称为"小冀棉"①。邓县的年平均数量则超过偃师、武安、闵乡、陕县等县，而高居全省第五位，境内作物种植早在民国初年已是"东豆南棉花、西烟北芝麻"②，其他如汤阴尽管县境面积狭小，亦是"于豫北棉区中占相当重要之位置也"③。

除此之外，济源、淮阳、睢县、正阳等县也略有棉花出售。

以上县份是民国时期河南的重要棉花产地，同时也是构成河南棉花市场层级体系的基础，这与相关文献中的文字记载虽略有差别，但整体而言则基本相符，如"豫省地居腹心、气候土质大半宜棉。产额之多，以河北道属之安阳县为最，开封道属之太康、尉氏，河北道属之武安、汤阴、新乡，河洛道属之洛阳、偃师、巩县、登封、陕县、灵宝、闵乡，临汝汝阳道属之新野等县次之"④、"河南产棉可分为四区：（1）黄河北部以彰德为中心，产量甚富。（2）豫西区品质甚佳，著名之灵宝棉，即产于此区。（3）豫东区产于黄河故道、淮河上游，以太康等县为中心。（4）豫西南区在南阳、邓县、新野一带，与湖北之襄阳樊城相接近，品质亦相仿"⑤等，并且经过20余年的发展，基本植棉区域也没有发生太大的变动。

除了以上县份外，还有一些原本植棉很少的县份因受植棉能获得较高收入的影响，也开始较大规模地种植，从而形成新的棉花产地，如伊川"地多山陵，向以种植食用作物为主……近年棉价高昂……而棉田因是激增，已达十万亩左右"；淮阳"处太康之南，近年目睹太康农民植棉获利，颇有风从之势……本年全县计约八九万亩，产额一万五千余担"；泌阳"已往不甚注重棉作，但年

---

① 河南省农工银行经济调查室编：《河南之棉花》，1941年。

② 林传甲：《大中华河南地理志》，1920年，第141章，《邓县》。

③ 河南省棉产改进所：《河南棉业》，1936年12月。

④ 河南省实业厅：《河南全省棉业调查报告书》，1925年1月。

⑤ 《中国棉区之分布及其因果》，《中农月刊》，第6卷第7期，1945年7月。

来因棉市繁荣,故棉田增加甚速,本年达十八万余亩"①。但这些棉花产地因为形成时间较晚,故影响相对要小。

依据以上分析,就可以确定民国时期河南全省棉花产地的分布位置。豫北北部地区最重要的产棉县无疑是安阳及其周边的临漳、武安、汤阴等县;豫北南部地区最重要的产棉县为新乡及其周边的获嘉等县; 豫西西部最重要的产棉县为陕县、灵宝及其周边的闵乡、渑池等县;豫西东部地区最重要的产棉县为洛阳、偃师及其周边的巩县、孟县、伊川等县;豫东地区最重要的产棉县为太康及其周边的杞县、淮阳等县;豫南地区最重要的产棉县则为邓县、新野和唐河。整体作一比较的话,豫北和豫西地区的重要性更为突出一些。

以上是民国时期河南棉花种植的区位分布概况,但构成河南棉花市场层级体系之基础的棉花产地除了河南本省以外,还有陕西关中地区和山西晋南地区,因这两地棉花主要由豫西的中转市场向外转运,故把它们归入豫西棉区。这样在民国时期河南就形成了六大棉区,即豫北安阳棉区、新乡棉区,豫西灵宝棉区(包括关中棉区和晋南棉区)、洛阳棉区,豫东太康棉区,豫南邓县新野棉区。在影响河南棉花市场体系的各产棉区中, 豫西棉区的重要性又超过豫北棉区。②

这种棉花生产的分布格局是影响河南棉花市场层级体系及其区位分布的关键因素。产地区位一经确定,棉花由产地流向终点市场的方向和所经线路就在很大程度上影响了各个棉区起中转作用的中转市场的分布位置,而它们与郑州以及各大棉花终点市场之间的位置关系,也就成为影响郑州棉花市场区位形成的关键因素,故下文主要对各棉区的棉花中转市场和各大棉花终点市场进行分析。

120

---

① 河南省棉产改进所:《河南棉业》,1936年12月,第53、66、89页。

② 因山西晋南和陕西关中所产棉花的影响作用主要通过棉花的中转市场体现出来,因而将其放在中转市场中论述。

二、各中转市场的区位分布与集散数量

中转市场介于初级市场和终点市场之间,所集中的棉花不仅为本县所产,而且还是周边数县甚至是跨省份的棉花集中中心,故在河南棉花市场转运体系中,所占地位最为重要,与郑州的联系也最为直接,因而在本书中对重要性相对较低的产地市场和初级市场也就略而不述了。

豫西棉区的重要中转市场有陕县、灵宝和洛阳。陕县为豫西地区最重要的棉花中转市场。经陕县中转外运的棉花不仅为本县所产之棉,且早在民国初年即为"秦晋两省棉花输出经过之区,逐日经过棉花船只动辄以百数十号计"[①]。随着陇海路的西延及秦晋两省棉花产量的提高,作为棉花中转市场亦日渐重要。

陕西的棉花产地主要为关中地区,在民国8年至36年间(1919—1947)所能查到的一共18年的统计数字中,棉产总量超过100 000担的县份,除了南郑以外,则都属于关中地区,并多分布在渭河及泾河河道两侧不远的地方。[参阅下图,具体数据可参阅本书附录部分附表(八):民国8年至36年(1919—1947)陕西各县棉花总产量统计表]

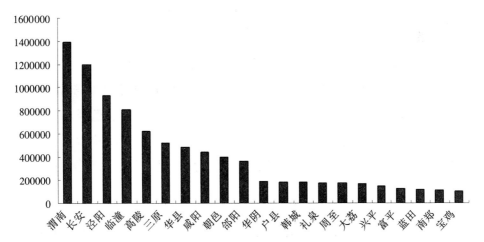

图3.9　民国8年至36年(1919—1947)陕西各县棉产总量示意图(单位:担)

---

① 《呈省长仅于陕县、狂口两处继续开办棉花包捐似不至于商情有何窒碍请鉴核备案文一月二十二日》,《河南财政月刊》,第7期,1923年2月。

在京汉陇海铁路未通以前,关中棉花主要销于甘肃、四川、山西等省,开通之后,所产棉花的90%以上,则多由泾渭二河装船东下入黄河运至郑州黄河桥南岸车站登陆转入郑州花市,或由陆路出潼关经陇海、平汉、津浦等路而运销上海、汉口、天津等处,基本上都以郑州为中转枢纽。①

1921年陇海路延至陕县,关中棉花"水路运输之路程渐次缩短,改由陕州登陆,而将三门之险,完全避免"②,并直到1933年火车通至潼关之前,都主要以陕县为中转市场,因而此段时间,陕县棉花市场最为兴盛。

经河南棉花市场转运的山西棉花主要为晋南数县所产。据山西棉产改进所在1934年所作的调查,在1932年至1934年间,棉产总量超过180万斤的晋南各县如表3.2③所示:

表3.2 晋南各县棉产统计表(单位:斤)

县份	产量	县份	产量	县份	产量	县份	产量	县份	产量
赵城	12233630	临汾	5565665	万泉	3982935	汾城	3252988	河津	2370181
曲沃	9564675	永济	5131200	荣河	3855500	大宁	3013733	新绛	2259105
洪洞	6963365	翼城	4193000	虞乡	3682809	夏县	2919350	平陆	1952136
绛县	6807288	安邑	4016634	解县	3286200	芮城	2497120	闻喜	1898188

以上各县,由河南转运的棉花包括荣河县的四至五成,新绛、曲沃、夏县、解县、蒲州各县的二至三成,平陆、芮城的全部及其他一些县份的部分棉花。

陕县未通火车之前,晋南棉花也如同关中棉花,由黄河水运至郑州黄河铁桥南站。也有的为了避开陕县之下的三门之险,而越山过岭驮运至三门峡之下的垣曲装船,再由黄河水运至郑州。或者由晋城用大车骡马运至清化镇,经

① 上海华商纱厂联合会编:《中国棉产改进统计会议专刊》,报告第40~41页。转引自《中国科学院经济研究所中国近代经济史参考资料第三种农业参考资料第二辑》,第235页。

② 铁道部业务司商务科:《陇海铁路西兰线陕西段经济调查报告书》,1935年4月至12月调查。

③ 《山西植棉指导所工作报告》,全国经济委员会棉业统制委员会专刊第一种:《棉产改进事业工作总报告》,1934年。

道清铁路运至新乡转平汉铁路再运销郑州。①

　　陕县通车之后,晋南棉花的一部分"由陇海路至郑州时,在蒲州六十五里之下游风陵渡过河,出潼关,由此再用马车,至一百二十里之灵宝,或更远六十里之陕州,间由运城越王峪口岭,至茅津渡过河,再用汽车由会兴镇或陕州运送者。此两路,均以运至陕州装火车为便利,因是地为货物集散大市,火车比较容易装运"②。与陕县隔河相望的平陆和芮城则可直接由茅津渡装船渡过黄河集中陕县。③1933年火车通至潼关以后,关中之棉的中转市场逐渐西移,偏离陕县,而晋南之棉则依然以陕县为中转市场,据《陇海路货运调查报告》所载,仅1933年由陕县运出的棉花即达16 399吨(仅次于郑州24 498吨),其中山西棉花就占60%。④1939年,更因灵宝、陕县本地棉产减收而价格增高,集中于陕县市场上的晋南棉花竟占到90%以上。⑤

　　1931年以前,因灵宝和陕县都没有打包厂,陕县棉市所集之棉不得不先运至郑州打包后再运销上海、武汉等地,花费较高的成本。1931年陕州打包厂成立,所集中的棉花概在当地打包后径直外运,郑州的花市因此而大受影响。如在1931年11月至1932年5月之间,由陕县直接运往上海、汉口的陕西、山西及灵宝棉就达到5.2万担,⑥而这些棉花在陕县没有建立打包厂之前,都是由郑州转运的。

　　灵宝地处陕县之西,距离关中棉区更近,但因灵宝棉花市场不在黄河之边而无水运之利,故在陕县、灵宝、潼关都未通火车之前,关中棉花多由黄河经陕县中转,等到灵宝有火车之便时,很快潼关亦具备此种运输条件,陕西棉花亦不会越过潼关而来此转运。因而,作为棉花产地,灵宝的重要性在陕县之上,而作为棉花中转市场,就要差一点。这从陕县、灵宝二地设立机器打包厂

① 《各主要产地棉花至天津之运输机关与路线》,《天津棉鉴》,第1卷第4期,1930年9月。

② 《各主要产地棉花至天津之运输机关与路线》,《天津棉鉴》,第1卷第4期,1930年9月。

③ 《内地主要产棉地之状况》,《天津棉鉴》,第1卷第2期,1930年7月。

④ 第二历史档案馆:《陇海路货运调查报告》,档案号28-13866。

⑤ 河南省农工银行经济调查室编:《河南之棉花》,1941年。

⑥ 《郑州棉花集散数量统计》,《中行月刊》,第5卷第1期,1932年7月。

的时间及其规模差别就可以看出来。①

灵宝集中的棉花除了本县所产之外，其邻近闵乡、卢氏所产棉花也多运至此。在外运之时与郑州之间的关系则和陕县相似，都因打包厂的建立与否而有较大变动。

洛阳本身亦为产棉大县，且交通便利，汴洛铁路早在1908年即可通车，附近的公路也多以洛阳为中心，贯通境内的洛河水盛时尚可溯流而上至宜阳、洛宁、卢氏等地，其支流伊水亦可通航上达嵩县之漳头镇。②因而邻县所产之棉亦多以洛阳为中转市场，只是因产地的影响，其位置不在县城，而在县城东北的平乐村和东南的李村。平乐村一带产棉最多，占洛阳全县一半以上，李村一带产棉稍次于平乐，棉商为了买棉之便多集中于这两个地方。平乐村除了集中其周边农村和整个县境东北的棉花外，还有孟津、新安和济源的部分棉花亦来此交易和转运；李村除了集中其周边农村和整个县境东南的棉花外，也有伊川的全部棉花，伊阳、宜阳、嵩县、临汝等县部分棉花，而形成另一个中转市场。③平乐村交易盛时，花行有三四十家之多，"大买卖走上海、中买卖走郑州、小买卖专门替客户买花拿佣金"④。而县城洛阳因不临近产棉地区，以致"城厢附近并无花行"⑤。

两地所集之棉，概由陇海路黑石关、义井铺、洛阳等站转运郑州打包外销。根据《陇海铁路货运调查报告》所作的统计，在1933年由以上三站运出的棉花分别为2635吨、2475吨、849吨，总数比陕县要少得多。⑥

---

① 陕州机器打包有限公司建立于1930年冬，灵宝中国打包股份有限公司和灵宝中华打包股份有限公司分别成立于1934年和1935年，两个打包公司的资本总额相加尚不及前者的一半，职员、工人数也相差甚远，但这仍然能够说明灵宝也是一个重要的棉花中转市场。因为在整个民国时期，河南全省亦不过有七家机器打包公司，郑州三家、陕县一家、安阳一家，其余即是灵宝的两家。（河南省棉产改进所：《河南棉业》，1936年12月）

② 王幼侨：《河南方舆人文志略》，北京：西北书局1932年版。

③ 河南农工银行经济调查室编：《河南之棉花》，1941年。

④ 郭廉：《解放前夕的平乐花行》，《孟津文史资料》，第四辑。

⑤ 《华西棉业调查》，《工商半月刊》，第6卷第3号，1934年2月。

⑥ 第二历史档案馆：《陇海路货运调查报告》，档案号28-13866。

豫北棉区的重要性次于豫西棉区，其重要棉花中转市场有安阳和新乡。

安阳是河南产棉最多的县份，且有平汉铁路经过，所集之棉来源于本县及周边的汤阴、武安、临漳以及河北省的磁县等，数量巨大，花市繁荣，交易盛时县城内有较大的花行32家、打包机27架、轧花户26家。[①]还设有棉业公会，并在车站建立棉花堆栈一处。除了大批量的交易外，小量的棉花买卖集中在县城西门口，棉花交易时期，每日早晨"该处集聚之花贩，为数近千，满坑满谷，尽系棉花，叫嚣之声，震耳欲聋"[②]。

安阳所集之棉在铁道未通之前多用小车、马车运销卫辉、怀庆一带，远及黄河以南开封、许昌等处。[③]广益纱厂建立、京汉铁路开通后，除本地纱厂用一少部分外，多运销天津、济南以及汉口、上海、无锡等处，每年约达30万担，其中济南最多，每年冬春时节，"安阳济南途中，大车络绎不绝，皆东去之棉花车、西来之食盐车也"[④]，运青岛者，由胶济铁路经济南转运，运天津者则由京汉铁路经北宁铁路转运。[⑤]

新乡为豫北重要的产棉县份，是平汉铁路与道清铁路的交点，另外尚有卫河水运之便。黄河之北、浚县之南地区所产棉花除了供给汲县华新纱厂和武陟巨兴纱厂外，其余皆集中于新乡的棉产中心小冀镇。由于新乡及其周边数县的棉产总量远不能与安阳相比，因而其市场规模要比安阳小得多，故小冀镇只有花行，而无打包厂，所集棉花皆以软包运至郑州打包后再行转销。抗战爆发后，日军占领华北，在安阳设有三菱、寺田等七个棉业公司，在新乡也设有两个大公司，所收棉花概由平汉铁路转运天津，仅1938年一年，运津的安阳棉花就有20余万担，小冀镇亦有10余万担。[⑥]

豫东棉区的重要棉花中转市场为周口。

周口产棉很少，亦不在铁路线上，但却是豫东南水运中心，处在数条河道

① 《安阳棉业调查》，《国际贸易导报》，第7卷第10期，1935年10月。

② 《安阳之棉花》，《河南政治月刊》，第3卷第9期，1933年10月。

③ 方策等修纂：《续安阳县志》，1933年铅印本，卷七，《实业志商业》。

④ 河南省农工银行经济调查室编：《河南之棉花》，1941年。

⑤ 《彰德棉业调查及分级鉴定结果》，《国际贸易导报》，第6卷第12期，1934年9月。

⑥ 河南省农工银行经济调查室编：《河南之棉花》，1941年。

的交汇点上，由周口"溯贾鲁河，经西华，达扶沟县……溯颍水经临颍可达禹县。溯北汝水，经郾城北舞渡，可达襄城县，又上至嵩县之汝河镇，亦通小筏。溯澧水可达舞阳之澧河店"[①]。太康南部、商水、鹿邑、淮阳等县所产之棉，在抗战前即是在周口集中，用木机打包后，装船溯沙河至郾城车站装火车由平汉线运销汉口。[②]只是周口集中之棉，除了太康以外，其他各县产量都比较低，因而其转运棉花的数量无法与其他中转市场相比。城内仅有花行13家，且多数资本额也很小。

豫中地区重要棉花中转市场为许昌。许昌素以产烟闻名，产棉很少。但有平汉铁路经过，豫东太康北部、柘城、鄢陵、扶沟等县所产之棉皆集于此，由平汉铁路北运郑州打包转卖。每年交易量要比周口多，可达7万余担。

与以上各大棉区不同，豫南棉区的棉花中转体系则比较特殊。

豫南地区新野之棉可由白河之水运至襄樊，白河在水盛之时尚可通达南阳，南阳之下在新野县境又有潦、湍、刁诸河汇入，水量增大，帆樯颇盛。唐河之棉则由唐河下运，唐河水运在民国时虽然已无昔时之盛，并且造成社旗镇衰落，但源潭镇以下"临唐河之干流，至此而清、泌诸水交贯汇合，水量大而舟樯亦多"，故仍可"下达鄂境，与白河会"[③]。邓县之棉或由白河支流湍河、刁河转入白河再运至襄樊，或用大车运至老河口，再由汉水运至襄樊。三县都有水运之便，反而在豫南地区不能形成一个大的中转市场。但下运至襄樊时，由于需要换装大船，因而襄樊成为豫南数县的棉花中转市场。抗战爆发日本人占领武汉后，转运路线则有较大变动。

三、各大棉花终点市场的区位分布

终点市场的分布位置及其变动也是影响中转市场区位分布的重要因素之一。据严中平先生的研究，随着大量消费原棉的纱厂的建立，基本上在"一战"

---

① 河南省农工银行经济调查室编：《河南之棉花》，1941年。

② 河南省农工银行经济调查室编：《河南之棉花》，1941年。

③ 王幼侨：《河南方舆人文志略》，北京：西北书局1932年版。

结束至上世纪20年代初期，就形成了一些大规模的终点消费市场，主要为上海、武汉、天津、青岛、无锡五大棉市。上海始于1890年，成于大战几年中；武汉始于1892年，成于1920年后；天津始于1918年，成于1921年后；青岛始于1916年，成于1921年后；无锡始于1896年，成于1921年后。它们在30年代前半期年平均棉花的消费量，上海最高，为5315千担，占总数的64.2%；青岛为1608千担，占总数的19.5%；无锡为636千担，占总数的7.7%；武汉为507千担，占总数的6.1%；天津为209千担，占总数的2.5%。①

河南外运棉花也主要销于以上各终点市场，但因不同的中转市场与不同的终点市场之间位置关系的不同，以及所能利用的运输路线的不同，各中转市场所集中的棉花会销往不同的终点市场，并在不同时期，因条件的变化而发生较大的变动。

在河南棉花销售的终点市场中，汉口占着距离的优势，因而京汉铁路一经修通，河南所产棉花，就大宗出现于汉口市场，最初以安阳和武安较多，而后随着汴洛铁路的贯通和延伸，黄河沿岸所产之棉，亦运销汉口。②豫南棉区因水运之便及地理位置的原因，所产棉花在抗战前主要以汉口为终点市场，豫东棉区也有部分棉花经驻马店由平汉铁路转运汉口。

上海作为中国最大的棉花消费市场，对各地棉花的集散都具有其他终点市场无法相比的影响力，因而尽管河南与上海之间的运输没有武汉便利，③但集中到郑州的棉花转送上海最多，占六成，其余四成分送各地。④

运往天津的河南棉花相对要少，在1931年11月至1932年8月之间，共计4527

---

① 严中平：《中国棉业之发展》，商务印书馆1942年版，第282页。

② 冯次行编：《中国棉业论》，上海：北新书局1929年版。

③ 陇海铁路1916年方才修至徐州，至此，河南棉花方有可能经陇海铁路和津浦铁路转运而至上海。以前在没有实行铁路联运之前，郑州经陇海线转往上海的棉花尚需在徐州转车换线，费用较高，故多由平汉线经汉口由长江水道转运。陇海、津浦两线开通之后，尽管可以直达浦口，但运输距离与汉口相比依然较远。

④ [日]林重治郎：《河南省郑州事情》，日本青岛守备军民政部、铁路部《调查资料》第29辑，1922年5月出版。转引自徐有礼编著：《郑州日本领事馆史事总录》，香港：天马出版有限公司2005年版，第22页。

包,仅占各地运往天津棉花的0.7%,[1]1935年11月至1936年8月之间,在所有运往天津的各地棉花统计中,则根本没有河南棉花的统计数字。[2]

除了以上三地外,河南棉花还销往济南和青岛。

销于济南的河南棉花主要为安阳棉,由济濮路、济临路用大车运输,每担棉花需费2元,需时8至10日。1926、1927年时曾有灵宝棉、渭南棉及少数山西棉上市。青岛输入之安阳棉则多由济南转运。此外,尚有经郑州中转而来的豫陕棉花,具体路线由陇海路运至海州,再由海州用轮船运至青岛。运济南者则由陇海路经徐州转津浦路北上而至。[3]

终点市场的变化,会造成运销线路和中转市场的改变。抗战爆发后,为了保存工业基础支持抗战,棉纺工厂亦有多家迁入内地,1942年底后方棉纺工厂数由战前的4家增长到13家,纺织机锭数由4.22万枚增长到26.82万枚,织机也由1248台增长到2048台,推动中国西部及西南部纺织工业较大发展,[4]从而形成一些新的能够大量消费棉花的终点市场。再加上日本人对上海、天津、青岛、武汉等地的占领,也使河南棉花失去了旧有的终点市场。这改变了河南棉花的运销方向和线路,并影响不同层级的市场进行变动。

豫南棉区邓县、新野所产棉花,在武汉沦陷前,多由白河运销襄樊后再转运汉口,武汉沦陷后,除了销于周边数县外,转而向北运销许昌、襄县、叶县等地,运输方向、线路及交易地点完全改变。唐河棉花则主要由军队购销。

豫西棉区的变动情形比较复杂。上海沦陷后,河南棉价大跌,原本在郑州经营棉业的巩帮商人,趁机低价收买豫西各县棉花,藏于巩县山洞之中(仅1937年,即高达350万磅)。等到1938年武汉、徐州失守之后,沿海各棉纺厂或停止生产或所产棉纱布匹不能运销内地,使原本受到机制纱布抑制的手工纺织又转趋兴盛,巩县所藏之棉,乃以高价售于密县、襄县、郏县、禹县等地的农

① 方显廷:《天津棉花运销概况附天津棉花统计》,南开大学经济研究所,1934年8月,第1页。

② 金城银行总经理处天津调查分部编:《天津棉花运销概况》,1937年1月,第1~2页。

③ 金城银行总经理处天津调查分部编:《山东棉业调查报告》,1935年调查,第111~117页。

④ 《中国近代纺织史》编委会:《中国近代纺织史(1840—1949)》,中国纺织出版社1997年版,上卷第41页。

户,还有一部分则运至郑州分销周边各县。同时巩帮商人还在陕县、灵宝以及郑州设立分支机构,采购运销棉花。原本在河南棉花市场体系中只是初级市场的巩县,此时则成为一个较大的中转市场。

除巩帮商人外,国民政府中央经济部农本局也于1939年在灵宝设立福生灵庄、在洛阳设立福生洛庄,收购豫西棉花,从陇海路西运宝鸡,经汉中、成都由云南出口。豫西棉花的运输方向、线路以及中转市场亦发生完全改变。①

豫东棉区的中转市场——周家口在汉口陷落后,不再具有中转功能,仅有少量棉花零星贩卖。许昌的命运则与周家口完全不同,1938年以后因农村土布纺织业转又兴盛,许昌商人便从郑州收买西来棉花,运回许昌转销于周边各县农户之手,获利反较战前丰厚。

豫北棉区的棉花则完全落入日本人之手,各地棉花仍然集中于安阳和新乡后运往天津。

从以上分析可以看出,终点市场的影响是巨大的。终点市场棉纺工业对棉花的消费需要,刺激了棉花的大规模种植和商品化程度的提高,并促使棉花贸易市场层级体系的形成。所以,严中平先生在《中国棉业之发展》一书中说,"随着终点消费市场的形成,必然会有中级转运市场,乃至原始贩卖市场的兴起"②。

其次,当终点市场的地理位置一经确定,就决定了棉花从产地流向终点市场时可能选择的路线,这会影响到中转市场的区位分布,再加上现实的交通条件,就会最终决定中间市场的具体区位。因而终点市场发生变化,必然会影响到整个市场层级体系的变化。

自以上分析可以看出,因为郑州占据着以上六大棉区与各大终点市场之间的中心地理位置,并且具有良好的铁路运输体系,在这六大棉区中,在实行铁路联运及1931年陕州打包厂建立之前,豫西灵宝棉区的全部棉花在运向东部任何一个棉花终点市场武汉、天津、上海、无锡或青岛时,均需在郑州打包转运;洛阳棉区的棉花在抗战爆发前也同样如此;豫北新乡棉区、安阳棉区的

① 河南省农工银行经济调查室编:《河南之棉花》,1941年。

② 严中平:《中国棉业之发展》,商务印书馆1942年版,第283页。

外售棉花在抗战爆发前要想销往武汉、上海、无锡或青岛时，也须先由小冀镇和安阳转运郑州交易打包后再行外运，只有销往天津的棉花因为地理位置的原因而不在郑州转运；豫东太康棉区的大部分棉花在外销各大商埠时也须由许昌等地转运郑州；在所有棉区中，只有豫南新野棉区因为地理位置远偏于郑州之南而与汉口较近，且有唐白河及汉水水运之便，所售棉花直接运销汉口而无须在郑州转运。这样，以上各棉区数量巨大的棉花在郑州的集散，遂使郑州成为民国时期河南最大的棉花交易中心和转运市场，推动了郑州棉花业的发展，并对郑州城市发展也产生了极大的影响。

　　而与郑州相比，开封及其周边地区则因为土壤沙化的影响，产棉都很少，其中如开封一带的农民到1936年还多有"汴不生棉"之口头语，并"以为汴地风土不适于植棉，倘勉强栽植，定必惨遭失败，而不敢轻易尝试，故汴垣四郊几无一农家从事植棉"①，这样，即使开封对其周边地区有较强的商业辐射力，也难以有棉花集散于此，况且开封"东边受商丘的影响，西边受郑州的影响。所以本市的棉花土布业还不易有很大的发展，这是地理环境所限制"②。最终在棉花集散方面，连最低等级的产地市场的功能也不具有。

小　结

　　自前文分析可知，黄河在开封和朱仙镇周边地区的频繁泛滥，造成开封和朱仙镇周边腹地土壤的大面积沙化。而土壤的沙化则直接影响到开封与朱仙镇周边腹地的农业生产，首先改变了二者周边腹地农业生产的种植结构。在各种作物中，因为花生比较适应沙化土地，故其成为晚清民国时期开封与朱仙镇周边腹地最为重要的经济作物，形成了以开封和朱仙镇为中心的、面积广大的、区域范围与黄河在北宋以后频繁泛滥范围基本相吻合的花生种植区域。土壤沙化其次则造成开封与朱仙镇周边腹地农作物收获的贫瘠，除花生之外，各种作物的产量都很低，使开封与朱仙镇周边各县农民的基本温饱问

　　①　《开封最近植棉概况》，《农报》，第3卷第22期，1936年8月。

　　②　开封市人民政府工商局：《开封市私人工商业调查资料》，1950年。

题都很严重，因而没有更多的农业剩余来作为商业交换的前提，这深深地影响了晚清民国时期开封与朱仙镇城市的商业与工业发展。

与处在周边花生种植中心而成为花生重要集散市场的开封与朱仙镇不同，郑州本地及附近周边地区产棉很少，可是因为郑州所具有的铁路交通优势，以及其与豫陕晋三省主要棉花产区、各中转市场和各大棉花终点市场之间的地理位置关系，遂使其成为中原地区最为重要的棉花中转市场。数量巨大的棉花在郑州的集散，有力地推动了郑州城市商业的发展，并为郑州城市棉纺工业的发展也提供了区位前提。

第四章 CHAPTER FOUR

商业中心的变迁

　　在长时段地理结构因素变动的影响下，当经济形势和交通条件都发生变动后，流动性较强的商业最先在三个城市中做出不同的选择，并由此首先造成区域商业中心城市的变迁。

第一节　朱仙镇的绝对衰落

ERSHI SHIJI ZHI ZHONGGUO

一、商业的衰落与功能的转换

作为清时期天下四大名镇之一，朱仙镇在清初之勃然兴起，固然与其周边地区经济在清初的恢复和发展有关，但其最重要的动力却来自由航运便利的贾鲁河所带来的远距离贸易和商品集散，故其兴盛的主因并非植根于本地经济的生产与发展之中。对此，民国时期的李廉方先生即做过很好的分析："朱仙镇之繁盛，以交通便利为主因，其衰落也，亦以交通情势之转变为之。当其盛时，水运则有贾鲁河，上抵京水镇，北与黄河连贯，下达周家口，注淮水以入安徽。故西北山产，则由此南输，东南杂货，则由此北达。陆运则由官道，南则历尉氏、长葛、许昌以达汉口，北上历开封、卫辉、彰德以达北平。故商旅所经，以此为水陆汇集之所，南舟北车，从此分歧，商业繁盛，遂甲于天下矣。"①这种情况，在19世纪后期以前，不惟朱仙镇如此，据丛翰香先生研究，在华北地区的冀鲁豫三省中，一共可以明文确认其商况发达或较发达者有36处市镇或集店，除去四处地理位置情况不明以外，其余三十余处，也几乎全部分布于河流

---

① 李步青等编著：《岳飞与朱仙镇》，开封教育试验区教材部1934年版，第129页。

沿岸及其近侧地区,其中大运河沿岸八处,大清河、子牙河沿岸七处,卫河和漳河六处,黄河、洛河、贾鲁河沿岸六处,其他如颍河、沁河等河流沿岸五处,在河流沿线以外的其他地区,则少见工商集镇分布。①这说明,到晚清以前,整个华北地区商业市镇兴起的主要动力都来自于经由河道运输的远距离贸易,而不同于费孝通先生所说的在农村发展之后,所必然产生出来的集散中心,②这一点对朱仙镇"其兴也勃焉、其衰也忽焉"的历史命运具有关键性的影响,并且也决定了其作为较大经济都会的功能和性质,在1843年以后,因受黄河泛滥的影响而使发达的水运渐趋衰落的同时,二者亦都随之发生本质性变化,由大区域之间的物资交换中心蜕变成为周边数个乡村物资集散中心的小集镇。

据《岳飞与朱仙镇》一书记载,在朱仙镇兴盛时期,汇集的货物有西北陕甘等省的山产、两湖地区的稻米及东南江浙地区的食货、竹、瓷、丝、茶、米、纸、糖、杂货等,然后由朱仙镇经水陆转换后再行运销各地。③依据许檀老师所做的研究,在山陕商人所经营的所有行业中,杂货、典当、粮食、烟草、服饰等业是构成朱仙镇商业的主要内容,而在这些行业中,杂货业是朱仙镇商业中最重要的行业,经营的商品主要有南方江浙、安徽、江西所产的绸缎、布匹、糖、纸张、茶叶、瓷器以及本地出产的粉皮、金针等农副产品,杂货业中包含的京货专指南京、苏杭一带所产商品,经营杂货者分杂货行和杂货铺两种,杂货行以批发为主,杂货铺以零售为主。粮食是朱仙镇商业经营的大宗商品之一,以大米为主,从南方输入,由周家口转贾鲁河北上,然后转销开封及华北其他地区。烟草也是朱仙镇商业经营中的大宗商品,朱仙镇汇集的烟草是从山西平阳、汾州、潞安等府及保德州等地输入,然后由朱仙镇散销各地,其他大宗商品还有煤、铁货、茶叶、麻、桐油等,煤来自河南本省,铁货来自山西的潞安、泽州二府,茶叶、麻、桐油等当来自南方江浙、安徽、江西各地。④

① 丛翰香:《近代冀鲁豫乡村》,中国社会科学出版社1995年版,第121页。

② 费孝通:《论小城镇及其他》,天津人民出版社1986年版,第3页。

③ 李步青等编著:《岳飞与朱仙镇》,开封教育试验区教材部1934年版,第130、206页。

④ 许檀:《清代河南朱仙镇的商业——以山陕会馆碑刻资料为中心的考察》,《史学月刊》,2005年第6期。

另外在朱仙镇所集散的大宗商品中,还有皮毛一项。在朱仙镇经营皮毛行业的商人主要为陕西商人,但皮毛的商品来源地似乎并非来自陕西,而是河南当地所产,仅朱仙镇附近的郑县、新郑、密县、广武、荥阳、汜水、中牟、尉氏等县所产即有较大数量,能够集散于朱仙镇的估计在这些县份之外,尚有豫北、豫西、豫东部分地区,而豫东南的牛羊皮则以周家口为集散市场,①故朱仙镇尚具有一定程度的作为周边地区物资集散中心的功能,只不过比作为大区域之间物资交换中心的功能弱些而已。

　　作为一个影响范围较大的商业中心,除了商品的来源地和销售地范围较广外,在朱仙镇经营商业的商户来源范围也比较大,除河南本省的祥符县、仪封县、通许县、尉氏县、洧川县、鄢陵县、郑州、兰阳县、密县、杞县、登封、睢州、柘城县、封丘县、太康县、临漳县、武安县外,还有山西太原府榆次县、潞安府潞城县、曲沃县、太平县、翼城县、绛州、蒲州、泽州府高平县、解州芮城县、陕西同州府朝邑县、大荔县等地商人,②具体地域范围包括豫北、豫东、豫西、豫中以及山陕两省的部分地区。其对周边地区的影响也可从民国年间的一则文献资料中略见一斑:位于朱仙镇之南的尉氏县,在朱仙镇商业繁盛时期,"县民多赴朱仙镇营商,今巨宅空闲,迁徙他处,县城各市镇均受其影响"③。

　　在朱仙镇经营商业的商人除了来源于以上地区外,尚有安徽、福建等省商人,在乾隆年间,福建人陈云及其弟弟陈树还因为朱仙镇为中原地区的经济中心,而以朱仙镇为中心据点,向河南全省推行番薯的种植。④

　　自上分析可知,在朱仙镇商业发展的兴盛时期,它既具有大区域之间物资集散中心的功能,也具有周边地区物资集散中心的功能,故《祥符县志》记载:"朱仙镇,天下四大镇之一也。食货富于南而输于北,由广东佛山镇至湖广汉口镇,则不止广东一路矣;由湖广汉口镇至河南朱仙镇,则又不止湖广一路

---

① 河南省农工银行调查室编:《河南之牛羊皮》,1943年。

② 许檀:《清代河南朱仙镇的商业——以山陕会馆碑刻资料为中心的考察》,《史学月刊》,2005年第6期。

③ 林传甲:《大中华河南地理志》,1920年。

④ [清]陈世元:《金薯传习录》,农业出版社1982年影印本。

矣。朱仙镇最为繁夥,江西景德镇则窑器居多耳。"①在商业力量的带动下,乾隆四十年(1775),任归德府知府的杜宪南游道经朱仙镇时,所见已是"镇为大都会,居民稠密、商贾辐辏"②。

但经过道光二十三年(1843)的大水灾后,朱仙镇商业转趋衰落,再者到晚清以后,也因为汴洛铁路的影响,"商业尽为开封所夺,情形萧条矣"③,商业功能也发生较大变迁,由大区域之间的物资集散中心和周边地区的物资集散中心转化为周边数个乡村的物资集散中心。

到民国初期,其作为大区域物资集散中心的功能基本上已完全失去,镇中所有商户约有杂货店20余家、时货庄10余家、酱菜店10余家、首饰店10余家、大小饭店20余家、红纸业作坊20余家、门神商店40余家、中药店10余家、纸烟店及烟丝作坊数家、粮坊数家、酒馆数家、茶馆数家、客栈数家、理发店数家、照相馆1家等,另外,经营鸦片者也有10余家,虽然取缔了妓院,然暗娼仍有数家。其中除了传统木版年画生产店家数目稍多,所产产品能够辐射较远地区以外,其他种类商业均以服务本镇及周边乡村为主,饭店、酒馆、茶馆、客栈、理发店、照相馆等均为规模不大的服务业,暗娼存在可能是因为朱仙镇尚驻有为数不少的残废军人,这些残废军人因为收入较高,生活比较优裕,每日花在镇上的钱有300元(银圆)之多,④而当时朱仙镇全镇商业税所入每月亦不过三十几元。而杂货店、时货庄、酱菜店、中药店等亦全数属于零售业务,其交易对象亦只为本镇居民及周边乡村的农民。

镇中较大商店及较著名之商品,有玉堂号之豆腐干、天义德之门神、西双泰及乾泰号之竹竿青酒、松盛长之甜黄酒及南式糕点、中和堂之膏丹丸散、残废军人教养院之消费合作社、双羊双麟之高香、罗家之烧饼油馍、二合号之酱

---

① 沈传义、俞纪瑞修,黄舒昺纂:《祥符县志》,光绪二十四年刻本,卷九,《市集》。这条记载尽管是出现在光绪时期的《祥符县志》内,但依据许檀老师的研究,应是抄自乾隆年间所编修的《祥符县志》,见许檀:《清代河南朱仙镇的商业——以山陕会馆碑刻资料为中心的考察》,《史学月刊》,2005年第6期。

② 朱仙镇山陕会馆碑刻资料:《移修舞楼碑记》,乾隆四十年。

③ 王金绂:《近编中华地理分志》,北京:求知社1924年版。

④ 《冯玉祥创办的朱仙镇九一七工厂》,《开封县文史资料》,第一辑。

菜及豆腐干、祥盛豫之大头菜、临记镇泰西号之杂货、福源盛之丝绸、葆镇堂济生堂之药材、第一楼冠中华之小吃、协泰升之染坊、立兴号之杂货、牛旺顺之鞭炮、大口德兴号之芋头酥、太丰号之花生行等。其中所售商品除了杂货、丝绸及药材外，其余多为本镇手工业产品，但这些产品随着贾鲁河的淤塞和朱仙镇商业辐射范围的减小，销售范围已大为缩减，如西双泰及乾泰号之竹竿青酒，在朱仙镇兴盛时期，能够行销于邻近各州县及安徽等地，此时亦仅供当地饮用及间为邻近各处采购而已。玉堂号之豆腐干多亦只能行销于郑州及开封，及在朱仙镇车站附近设分销处，售于来往过客。往昔能够畅销临近数省几有独占市场之势的红纸门神规模亦大为缩小，其他黄酒、糕点之类销售范围甚至不能波及周边乡村。其在此集中以再转销外地的数量稍多的商品则只有花生一项，因为经过历次黄河泛滥，朱仙镇周边地区多为沙土掺杂之地，宜于种植花生，镇周边乡村年种植面积可达农田的2/3，所产花生集中于朱仙镇后，先运至开封，然后散销各地。朱仙镇虽然仍有集散功能，但在花生这种农产品市场流通体系中已只是处于最低的层级，只为产地或初级市场而已，已远不能与其昔时作为大区域物资集散中心相比，因而镇中较大的花生行只有一家。其他粮坊虽有数家，但其功能应为转销外地所来粮食和本地粮食的小规模经营，因为朱仙镇周边地区多沙，除花生之外，其他作物均难生长良好，镇中所需食粮尚需购于尉氏、鄢陵、扶沟等地。

至此朱仙镇已不仅是衰落而已，更重要的是在衰落过程中发生了质变，由大区域之间的物资集散中心转化为周边乡村的一小集镇，其功能、性质与兴盛时期已截然不同，其作为集镇的规模以及商业繁盛程度也就取决于周边乡村的农业生产状况了。

二、衰落程度分析

在前文中，笔者分析了朱仙镇在衰落过程中，城市性质和功能所发生的质的转化。但除此之外，朱仙镇最后的衰落程度也是比较有趣味的研究课题。在以前的关于衰落城市的学术研究中，对此问题也从未进行过探讨，在下文中，笔者则把其放置于其所存在的腹地之中，从城乡关系的角度来对之进行分析。

在朱仙镇失去支撑其繁盛发达的水运条件而蜕变成为周边数个乡村的中心集镇之后,其商业、人口规模以及商业结构类型就完全取决于其周边乡村的经济生产状况,取决于周边乡村的农业产出和商品交换状况。因而为了对朱仙镇的衰落程度作解释,就需要对其周边地区的经济状况进行考察和分析。

在本书第三章中,笔者曾对开封和朱仙镇周边腹地的农业生产状况做过分析,地域范围相对较大。在本小节的分析中,则只以朱仙镇周边的开封、中牟、通许、尉氏四县为背景参照,因为朱仙镇恰处在这四个县的中心位置,从这四个县所得出的关于市镇发展的一般情况最适宜与朱仙镇作对比参考。

在所考察的四县之内,除开封县城同时是省城所在,其商业发展相对较为繁盛外,其他三县甚至连县城的商业发展和城市规模都处于极低的水平。尉氏在1925年以前,城内居民只有5000余人,[①]其后经过10年的发展,城内人口亦不过10 550口人;[②]通许县城城内人口只有9000余人,城内商业以"杂货碎货业最多,营专业者极少"[③];中牟城内也是只"有小商号数十家,贩卖什物外,别无商业可言"[④]。与作为一县之政治中心的县城相比,各县境内集镇的规模更要小得多,开封除朱仙镇外,其他较大集镇还有陈桥镇、招讨营、扫头集、柳园渡口、黑岗渡口、八角店、闹店等,各处"均略有市集,每处居民一百余户至四五百户不等"[⑤],每户按5人计,各集镇中人口最多者亦不超过2500人;中牟县境内较大的集镇有白沙镇、谢庄街、张庄镇、黄店镇、东漳镇、茶庵镇、杨桥镇,各镇"略有小商铺自数家至十余家,并无热闹市集"。而境内陇海路沿线各站中,韩庄镇站四周尽系沙地,人烟稀少、荒凉满目,除略有花生运出外,绝无其他货物出入;中牟站只有居民20余户,有转运公司3家、煤厂1家、木板行1家,

① 白眉初:《中华民国省区全志·鲁豫晋三省志》,北京:求知学社1925年版。

② 《各县社会调查:尉氏、长葛、开封、洧川、广武、中牟》,《河南统计月报》,第1卷第2、3期合刊,1935年3月。

③ 《郑县、通许调查》,《河南统计月报》,第1卷第1期(创刊号),1935年1月。

④ 陇海铁路车务处:《陇海全线调查》,1933年。

⑤ 陇海铁路车务处:《陇海全线调查》,1933年。

并无其他商市；白沙站有居民300余户，商铺10余家。①因为商业活动并不兴盛，每日皆可起市交易的市集只有县四关集、店李口镇集、韩庄集三地，其他白沙镇集、兴隆集、刘家集、谢庄集、水沱寨集、张庄镇集、杏树镇集、杨桥镇集、黄店镇集、三官庙集、树头村集、三户里集等均为隔日集，②通许县主要集镇有上仓镇、邸阁镇、练城集、朱砂岗集、孙营集五处，其中位于县城以南15公里的邸阁镇较大，镇上"棕树成荫，有人家六百"③，每家按5口计，约有3000余人。尉氏县较大的集镇有张市、蔡庄、卢馆、大营、朱曲镇等，据其县城的人口规模来看，估计集镇人口应和以上三县差不多。

　　总体而言，在所考察的朱仙镇周边四个县中，集镇的人口规模基本上不超过3000人以上，多数在2000人以下，甚至只有几百人。朱仙镇的人口规模在1934年左右时，镇内尚有民商1700余户，男约5700余人，女约3400余人，合计8500余人而已，其中尚有残废军人教养院1500余人、农民2000余人。④即使减去后两者，其规模也还比开封、中牟、通许、尉氏四县境内的其他集镇要大些，这是因为其旧有的基础所产生的影响所致，若没有过去遗留基础的影响，其规模会更接近周边一般集镇。

---

① 陇海铁路车务处：《陇海全线调查》，1933年。

② 萧德馨修、熊绍龙纂：《中牟县志》，1936年石印本，《集镇寨堡》。

③ 林传甲：《大中华河南地理志》，1920年，第五十六章，《通许县》。

④ 李步青等编著：《岳飞与朱仙镇》，开封教育试验区教材部1934年版。

第二节　开封的商业变迁

ERSHI SHIJI ZHI ZHONGGUO

一、城市商业功能的转化

北宋的开封,不仅是全国性的政治中心,而且还是全国性的经济中心和贡赐贸易中心,中国境内各族同宋的官方贸易、宋同亚非各国的贡赐贸易都集中于此。其后尽管城市的政治地位在金、元、明三代有较大下降,但其作为中原地区区域政治中心和经济中心的地位却终未发生动摇。[1]明时"京师以南,河南当天下之中,开封其都会也。北下卫彰,达京圻,东沿汴泗转江汉,车马之交,达于四方,商贾乐聚"[2],甚至直到明亡之前,还被视为"八省通衢,势

---

①　关于北宋开封经济发展有着诸多研究成果,具体可参阅:陈昌远:《北宋时期开封城市经济的繁荣》,《史学月刊》,1959年第6期;李润田:《开封城市的形成与发展》,《河南大学学报》,1985年第3期;程遂营:《唐宋开封生态环境研究》,中国社会科学出版社2002年版;周宝珠:《宋代东京研究》,河南人民出版社1992年版。而关于金元两代开封经济发展研究的成果则较少,具体可参阅单远慕:《七朝都会——开封》一文(见阎崇年等:《中国历史名都》,浙江人民出版社1986年版)。关于明代开封经济发展的研究可参阅《试谈〈如梦录〉与明代的开封》、《明清社会经济变迁论》等论著。(见中国古都学会:《中国古都研究》,浙江人民出版社1985年版;傅衣凌:《明清社会经济变迁论》,人民出版社1989年版,第152~153页)

②　[明]张瀚:《松窗梦语》,盛冬铃点校,中华书局1985年版,卷四,《商贾纪》。

若两京"①。

但明末崇祯十五年（1642）的兵灾水患却使开封遭到了其城市发展史上的第二次灭顶之灾,开封城市昔时繁盛的商业发展也因此而大受影响。

崇祯十五年的秋天,李自成率领的农民军在围困开封之时,城内的明政府官僚派人掘开黄河大堤,试图水淹城外的农民军。掘堤之后,洪水于9月16日反灌开封城内,"坏曹门而入,南门、北门、东门相继沦没",9月17日,"城内皆巨浸,所见者钟鼓两楼、郡藩殿脊、相国寺顶、周邸子城而已"②。

此次兵灾水患对开封城市造成极大的破坏,城内建筑物等多沦于黄水之冲淹淤埋,全城居民十不存一,死伤殆尽。所余之人也因"开封巍巍金汤委诸泥沙,官无驻节之地,民无栖身之所"③,而不得不流散他地。灾后"邑大夫驻节河朔,士民旋故里者如晨星寥落"④,遂使"当日出政育才建节之地,初以浴龙鱼,继而窟狐兔者几数年矣"⑤。

再加上清初国家定鼎未久,民生尚困,直到康熙元年,在河南巡抚张自德、布政使徐化成倡导之下,所统官属捐资,方才重修开封城,"始移各衙门于省城,居民亦鳞集城乡"。但直到康熙中期,城内多数地区还仍然是"残阃颓垣,荒榛满目,巷鲜居人"⑥,居民较多之地亦不过"汴桥隅、大隅首、贡院前街、关王庙、鱼市口、火神庙、寺角隅、鼓楼隅"数处而已。其对城内商业发展的影响也就可想而知。但恰在其时,位居城南20余公里的朱仙镇在贾鲁河水运的带动下也已兴起,在所有的镇店当中,已居于"商贾贸易最盛"的地位了。⑦另外因入清之后,开封也不再具有便利的水道以通商运,故清代开封的商业与明代

---

① [清]佚名：《如梦录》,孔宪易校注,中州古籍出版社1984年版,《街市纪》。

② 刘益安：《大梁守城记笺证》,中州书画社1982年版,第112~121页。

③ 马士伋：《汴城围陷记》。转引自[清]沈传义、俞纪瑞修,黄舒昺纂：《祥符县志》,光绪二十四年刻本,卷二十,《丽藻》。

④ [清]李同亨修、马士鹭纂：《祥符县志》,顺治十八年刻本,卷六。

⑤ [清]李同亨修、马士鹭纂：《祥符县志》,顺治十八年刻本,卷二,《建置》。

⑥ 李粹然：《贡院纪》。转引自[清]管竭忠修、张沐纂：《开封府志》,康熙三十四年刻本,卷十一,《学校》。

⑦ [清]管竭忠修、张沐纂：《开封府志》,康熙三十四年刻本,《城池》。

142

相比有较大程度衰落，且商业功能也发生了较大的转变，遂使中原地区的商品集散中心转至朱仙镇。对此，许檀老师即曾做过很好的分析和研究。在其《明清时期开封的商业》一文中，许檀老师通过对开封明清时期商业经济的发展进行比较研究，认为清代与明代相比，一是开封的商业结构有很大的不同，明代时期服务于各个王府贵族档次相对较高的奢侈品和特殊商品多已消失，商业构成中民生用品比重上升，商业主要服务于一般平民百姓；二是明代时期，由于各地商人的云集，开封也是华北地区一个重要的商品集散市场，其商业除了为本城居民服务之外，也有部分商品转销外地，具有大区域商品集散中心的功能，而清代开封商业则主要为本城居民服务，以零售业为主，其商品多来自批发和中转贸易功能较强的朱仙镇，开封本城的集散功能则十分有限，因而商业规模也有较大下降，到清末朱仙镇衰落之后，开封商业的批发中转功能当有所增强。①

那么晚清以后，在开封城市的环境条件发生变化后，开封城市的商业功能和性质是否会产生本质性的变化？

据光绪二十四年（1898）《祥符县志》所记载，在清末开封各种商业店铺当中，主要有以下行业（参阅下表）：

表4.1　清末开封城市各行业分布表

店铺种类	分布地点	店铺种类	分布地点	店铺种类	分布地点
市粜谷米的坊子	东、西、南、北四门及县前街	油店	鱼市口及西大街	履袜店	土街
裘褐店	鱼市口北东西大街	茶肆	各官廨前及街巷口	鱼店	五府街
海味店	东西大街及河道街	果食店	河道街及北土街	布帛店	布政司街
铜锡器店	打铜巷及老府门	药店	布政司大街	肉食店	鱼市口
箱柜店	老府门南及河道街	陶器店	老府门大街	香店	各大街均有
洋布洋货店	东西大街及南北土街	杂器店	老府门大街	瓜市酒肆	各大街均有
旧衣店	徐府街及河道街	聚头扇店	布政司大街		

①　许檀：《明清时期开封的商业》，《中国史研究》，2006年第1期。

因为开封在清朝仍然是全省的政治中心，全省高官及其家属汇集于此，因而清末开封城内还有一些经营奢侈品及消费层次较高的衣物用品的商店，如分布在老府门西及北三圣庙街的巾帕店、分布在南京巷及镟匠口的冠带店、分布在布政司大街的珠翠店、分布在老府门东大街的闺装店等。除了以上两类外，因为开封尚为中原地区的文化中心，清末开封城内尚有不少经营文化用品的店铺，如分布在镟匠口南及北书店街的笔店、分布在土街及南书店街的古书画店、分布在土街及书店街的纸店、分布在土街及书店街的古樽彝店等。另外还有一些为开封驻军服务的弓矢店，分布在城内老府门北。①

分析以上诸行业店铺，还找不出以批发和中转为主的行业，尽管有些货物会销往周边地区，如洋布洋货之类，但基本上其服务对象主要还是开封本城的居民。另外也还不具有对周边地区农产品的集散功能，虽然有市粜谷米的坊子，并且有聚胜、同茂、公胜、魁聚、大德等五家粮行，其功能却并非是集中周边地区的粮食再行转销其他地区，而只是满足本城居民的粮食需要。在该志的记载中，还有棉花市，并且据新中国成立初的调查，还有一家花行，但因为开封周边产棉很少，生意平常，也并没有大量棉花转销外地。②

除了规模相对较大的坐商外，清末的开封还有为数众多的走街串巷的小商贩，如"有摇小鼓两旁自击卖簪珥女筓胭脂胡粉之属者，有鳞砌铁叶进退有声磨镜洗剪刀者，有摇郎当卖彩线绣金者，有小旗招贴携巾箱卖零星绘帛者，有阁阁柝声执勺卖油者，有拍小铜钹卖豆末者，有驱小车卖蒸羊者，有煮豆入酒肆撒豆胡床以求卖者，有挑卖团圆饼、薄夜（馒头）、牢丸（汤圆）、毕罗（磨磨）、寒具（馓子）、萧家馄饨、庾家粽子如古人食品之妙者，有肩挑卖各种瓜果菜者，有入夜击小钲卖食者，有悬便面于担易新者，有求残金笺扇等器溶出金者，有买肆中柜底土及掏市沟街泥以搜遗钱银屑者，又有攒花于筐灿然锦色卖于人种植者，往来梭织，莫可殚纪"③。总的来看，这些商业多是些只能够为开封城市居民提供简单服务的零碎小商品买卖，更不具有集散、中转以及批

---

① [清]沈传义、俞纪瑞修，黄舒昺纂：《祥符县志》，光绪二十四年刻本，卷九，《市集》。

② 开封市人民政府工商局编印：《开封市私人工商业调查资料》，1950年，第8页。

③ [清]沈传义、俞纪瑞修，黄舒昺纂：《祥符县志》，光绪二十四年刻本，卷九，《市集》。

发的功能。

这种情况到汴洛铁路修通之后,则逐渐发生了变化。作为京汉铁路支线的汴洛铁路于宣统元年(1909)11月全线通车,自此开封改变了自明朝以来缺乏便利的远距离交通条件的现实,影响了近代开封城市商业的发展。

汴洛铁路刚修通时,向西通至洛阳,向东止于开封,并不能直接沟通连接于国内各大沿海港口城市,对外经济联系并非很强,加上在短时间内,铁路对整个社会经济的影响尚未显露出来,又因为汴洛铁路运费和火车捐都比较高,因而在汴洛铁路初通时,对沿线的商业经济影响还不太强。对此,汴洛铁路局曾做过调查,"洛阳至开封路线只一百八十启罗(公里),大小计十二站,均非繁华富美之地。开封出产如汴绸、花生、鲜梨等物;郑州为南北东西枢纽,所出货物亦仅红枣、瓜子两大宗,而货物过境转运居其大半"①。但尽管如此,在新的交通条件的影响下,开封城市的商业还是有了一定程度的质的变化,开始具有集散和中转功能,逐渐能够向外输出货物,商业自身也具有了交换的前提因素。

1915年9月以后,陇海铁路向东延伸到徐州,向西延伸到观音堂。延伸到徐州后,与津浦铁路相连,加强了开封与上海、天津、青岛各大商埠的经济联系,开封周边的农产品以及手工业产品汴绸都有远距离的输出,产量较大的花生甚至能够由各大港口转销海外。②

但因为多种因素的影响,这种可以作为交换前提的农产品集散业务在开封城市的发展却比较缓慢,因而对开封城市商业性质的改变所发生的作用也就比较小。到1921年也只是"附近各乡之落花生、牛羊毛亦间有集散于此",就城市整个商业的输出输入交换量而言,还是"而此则为输入地,而非输出地",输入品中,"所有杂货,除特有之日用品外,大部分为日本货,虽抵制日货声浪最高之时,亦无何种影响。杂货多由中国人输入,输入地则天津占六分、汉口二分、上海、青岛方面各一分"③。甚至到1927年,城市商业还是"多舶来奢侈

---

① 《附汴洛路局道汇谦申邮传部文》。转引自交通部交通史编纂委员会:《交通史路政编》,1935年版,第十四册,第702页。

② 林传甲:《大中华河南地理志》,1920年版,第五十六章,《通许县》。

③ 《京汉汴洛路沿线物产之需给集散运输情形》,《银行月刊》,第1卷第6期,1921年6月。

品,消耗多而输出少",城市内的商业结构以及各行业也并无多大变化,"市粜米谷者,曰坊子曰粮行,在东门及南门内,以小麦为盛;牲畜市在宋门及南门瓮城中,贸易不盛;绸缎布匹、洋广杂货多在马道街、鼓楼街及土街;书籍纸墨文具等,多在书店街,北书店街尤多,土街亦多纸店,杏花园制造毛笔,古玩书画店多在土街及南书店街,箱柜多在河道街,旧衣店多在徐府街,裘葛店多在东西大街,旧式杂器店多在老府门街,海味店多在东西大街及河道街,宋门外有花生行,鱼市口多鸡鱼。各商店皆循旧习,陈设杂乱,漫无秩序,若纸炮煤油之类,杂在各街,易致火险,尤与市区安宁有碍焉"[1],与光绪末年相比,只是在宋门外增加了花生行,并且花生也构成开封商业从周边腹地所能集散的最大宗农产品。

因为开封、中牟、兰封三地从民国初期即是重要的花生产地,且在汴洛铁路线上,通过汴洛铁路转京汉铁路输出汉口商埠较易,因而三者在民国早期阶段即是重要的花生集散市场,在《京汉汴洛路沿线物产之需给集散运输情形》一文中所记的各站集散花生数量统计中,开封、中牟和兰封均为15 000吨,其他各站则相差甚远,柳河有2000吨,郑州、野鸡巷则分别只有1500吨。[2]其后尽管三县周边地区的花生种植区域有较大扩展,并形成其他一些花生集散市场,但开封、中牟、兰封依然在河南的花生市场体系中占着重要地位,在《中华民国全国铁路沿线各站物产一览》一书的调查统计中,1932年由开封外运销往上海的花生仁数量为800车、花生油为100车,亦仍然为各站数目最多者,其他依次为中牟花生仁8000吨、花生油100吨,销往上海、汉口、广东、洛阳等地;兰封花生仁3500吨、花生油300余吨,外销青岛等地;商丘花生仁3000吨,销往上海等地;柳河2000吨,销往上海等地;民权300吨,销往上海等地。[3]

其中最大的花生交易市场开封因为居于省会地位,金融活跃、商旅辐辏,花生行也比较集中,且周边各县沙地较多,适宜种植花生,所以在清末时期,开封城内已有少量的花生交易。到宣统二年(1910),引入意大利花生种,因

① 吴世勋:《河南》,长沙:中华书局1927年版,下编,第一章。

② 《京汉汴洛路沿线物产之需给集散运输情形》,《银行月刊》,第1卷第6期,1921年6月。

③ 铁道部联运处编印:《中华民国全国铁路沿线各站物产一览》,1933年1月。

为产量高、出油多,不到两年就影响开封周边农村全部种植此种花生,产量也随之增大,1916年后,因为陇海路在1915年延伸至徐州与津浦路连接,交通更趋便利,开封花生交易进入初盛阶段,交易量旺季(冬季3个月)平均每月成交7 500 000斤(3750吨),其中2/3输出外地。1921年后因为种植花生获利较多,是普通农作物的3倍,因而种植量更为增长,交易量在冬季旺季平均每月成交18 000 000斤(9000吨),输出量15 000 000斤(7500吨),[1]在花生交易的旺月,"南商北来,陇海道上,货车络绎不绝者,俱装运花生米经徐州而南下者也"[2]。在1935年,从开封输出的花生重量为其他农产总重量的五倍还多,[3]而到1936年全年运销上海的花生甚至高达20万吨,构成开封输出货物中的最大宗商品,全年运销量总价值为2000万元,其他依次为水果(280万元)、家畜皮毛业(共30.9万元)、白油(2万元)、盐(1200元),其他外运货物则为本城所生产的制造品,所占百分比如图4.1[4]所示。

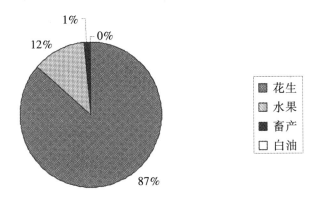

图4.1　1936年开封集散外运商品示意图

开封花生来源地范围相对也比较大,"固定产区朱仙镇、陈留东西部,通

① 开封市人民政府工商局编印:《开封市工商业调查统计汇编》,1951年。

② 《开封小记》,《禹贡半月刊》,第4卷第1期,1935年9月。

③ 中国国民党陇海铁路特别党部:《陇海铁路调查报告》,1935年。

④ 交通部邮政总局辑:《中国通邮地方物产志》,北京:商务印书馆1937年版。

许、尉氏东北乡，杞县西北乡，活动产区，太康西北乡，尉氏西北乡，杞县南乡及黄河以北各产区"，兰封、中牟花生来源地范围则相对较小，兰封"来货范围，固定产区本县考城、民权、杞县西北乡，活动产区长垣、河东、陈留、杞县西南乡"，中牟"来货范围，固定产区本县各乡，活动产区河北各产区，开封产区"①。兴起较晚的商丘市场花生来源范围则为虞城、宁陵、柘城、马牧集等地。②开封因为能够集散更多的花生，促使花生贸易成为开封城内最大宗的商业，在光绪二十八年（1902）即出现了花生行，当时仅3户，清末增至7户，1923年曾发展到84户，此后到1931年，仅花生转运公司即有30余家，搓米厂发展至100余家，为开封花生输出之第一极盛时期。日军侵占后因高价政策统治收购，并因黄河南决，原本隔于黄河之北的地区也因为不再有黄水之障碍，所产花生也多由开封运销，花生行一度发展到100户左右。1946年以后，因为生产尚未恢复就又发生国共内战，因而花生生产及输出都大受影响，初始旺月尚能输出1500担至1800担，1947年后则陷于停滞，所产花生多由本省及开封市消费，新中国成立初则略有恢复。③

在开封集散的花生，在汴洛铁路尚未通至徐州之前，除了供应本地消费及省内其他地区消费外，多由汴洛铁路经京汉铁路转销汉口，再由汉口经长江转销上海等地。汴洛铁路通至徐州后，各市场输出花生多由陇海铁路经津浦铁路转销上海，据《豫东花生业发达》一文统计，销往上海者约占十分之六、汉口约占十分之一二，其余则为青岛、济南等地。④

除花生之外，在开封集散输出各大商埠的商品还有"瓜子、牛羊皮、面粉、火柴、汴绸等，输入以米、煤、石灰、绸缎、布匹、煤油、洋杂货等……因本地出产仅有花生一项为大宗，又限于秋冬两季，并须视收成之丰歉、销地市价之涨落，以定输出之多寡，故不能视为重要货运站"⑤。

① 《豫东花生业发达》，《中行月刊》，第9卷第6期，1934年12月。

② 实业部国际贸易局编：《花生》，长沙：商务印书馆1943年版。

③ 中国土产公司编印：《中国土产总目》，1950年。

④ 《豫东花生业发达》，《中行月刊》，第9卷第6期，1934年12月。

⑤ 陇海铁路车务处：《陇海全线调查》，1933年，第141页。

在开封输入的各种商品中，以"布匹绸缎业及百货店业为主要"[1]，每年销售的大宗商品有布匹、纸烟、化妆品等类，大部分来源于杭州、天津、上海、武汉等地。如布匹，就有天津之阴丹士林布、杭州之绸缎、高阳之高阳布。纸烟除国货外，英美烟公司之纸烟销售较多。其他各种货物在未抵制日货之前，以日货最多，之后则英、美、德各国货物，又充斥市场。本国货以本省南阳之绸、开封之汴绒、西北之皮货，每年销售也为数不少。[2]这些货物主要销于开封本市，同时也向周边地区中转，如《开封地方概况报告》中所记载的，在开封市每年批发、销售的绸缎布匹共值250万元（绸缎、呢绒占1/3，合83万元），其中1/3转卖周边邻县，开封本市消费绸缎共值55万元、布匹共值110万元。本市消费的洋货除了煤油3万听、汽油1.5万听、柴油300听外，还有糖2万包（半数销邻县）、卷烟年销2400箱（2/3转销邻县）、五金电料18万元（1/3转销邻县）、颜料年销15万元（1/3转销邻县）、西药约30万元（1/3转销邻县）、化妆品（包括钟表、眼镜、留声机、唱片机）年销约值10万元（1/10转销邻县）、烟煤一万二三千吨、焦炭1000吨上下，全由开封本市消费。[3]从中可以看出，在大部分外来消费品中，除了纸烟和糖以外，其他商品转销外地都比较少，而以开封本市消费为主。

综合以上分析可以看出，民国以后，开封城市的商业结构与清末相比还是发生了较大变化，能够具有一些集散和中转功能。但直到抗战爆发前，除了花生以外，所集散的物品数量都比较有限，因而服务城市自身的消费性商业仍然在开封城市的商业活动中占着重要地位。

二、城市商业的腹地范围

城乡之间的商品交换关系是现代区域经济学研究的重要课题之一。作为区域中心的城市从周边地区获得生活资料以及工业原材料，同时又售出农村

---

① 《开封小记》，《禹贡半月刊》，第4卷第1期，1935年9月。

② 《各县社会调查：开封》，《河南统计月报》，第1卷第2、3期合刊，1935年3月。

③ 《开封地方概况报告》，见国民经济研究所：《河南地方概况报告》，1936年。

生产和生活所需要的商品，从而完成城乡之间的物资交换，城市作为周边地区的商业中心，很大程度也正是通过这种双向物资交流活动体现出来。当一个城市的商业只能为城市自身服务，而不能成为周边地区与其他区域物资交换中心的时候，其作为周边地区商业中心的功能便大大降低，甚至没有，而当城市的商业不仅能够为自身的存在服务，而且能够作为周边地区与其他地区物资交换的中心，也就具有作为周边地区商业中心的功能（这也是笔者为什么把朱仙镇作为清代在近代以前中原地区的商业中心，而开封只是政治中心的原因）。开封商业在近代所发生的变迁，恰恰体现了这种转换关系，增强了作为区域商业中心的功能（能够集散周边地区的农产物资，同时又能为周边地区提供外来商品）。对这种商业中心功能强弱的评定，一是通过其交换商品量的大小来看，第二点则可以通过对其商业辐射区域范围的大小来看，辐射范围的大小直接影响着作为区域商业中心功能的强弱和城市与腹地之间依存关系的强弱。在下文中，即依据开封市工商局在新中国成立初对开封市工商业所作的全面调查资料《开封市工商业调查统计汇编》、《开封市私人工商业调查资料》两书，对开封在清末以后的商业辐射区域进行分析。两书相比，后者所记载的各个行业，要比前者较少，因而在所用资料上，以前者为主、后者为辅。

在《开封市工商业调查统计汇编》一书中，一共调查了近代以来开封市41个行业的发展状况，内容详尽完备。依据商品来源和流向可以分为以下几类。第一大类即是本地农产品集散行业，这些产品来自开封的周边地区，除了供给开封本市消费以外，也通过远距离运输销往各大商埠，整体而言为商品流出，具体包括粮行业、油行业、棉花土布行业、花生行业、山海干果行业、木料行业、皮行业、土烟行业。第二大类为经销外来商品的行业，这些商品一般而言，非本地出产，而是从各大商埠及其他地区或城市转运而来，除供给开封城市消费以外，还通过开封城市流向开封周边地区，货品来源和流向与前者相反，具体包括百货业、绸布业、颜料业、瓷铁业（瓷器和铁器）等，这两大类不同的商业活动是确定开封城市作为商业中心功能强弱的主要依据。除了这两大类商业外，在该书的记载中，第三大类为开封城市的各种工业和手工业生产行业，所体现的是开封城市的生产功能，第四类则为服务业，其内容与本节所探讨的主题关联不大。因而在下文中主要分析前两大类行业的商业腹地范围。

开封从唐末五代以来一直是中原地区规模较大的城市，较多的人口需要较多的粮食供应，因而粮行业是开封城市发展较早的行业。在清末之时，即有聚胜、同茂、公盛、魁聚、大德等五家粮行，因为清末时期开封便利的水运系统早已失去，而新的铁路交通汴洛铁路直到宣统元年（1909）11月方才全线通车，即使通车后，也不能直接连接于各大商埠，因而这些粮行所进粮食在清末民初以前，主要供应开封城市自身消费，尚无向外转输，因而粮行业多分布于城市之内。到1925年陇海铁路直通连云港、1927年北伐成功以后，发生了较大变化，在临近陇海铁路开封站的南关，渐渐添设粮行，向各大商埠外运转输粮食，开封城市的粮食集散功能自此得到加强。因为开封附近各乡产粮仅敷少数农民自给，因而在开封城市集散的粮食主要来自周边各县，包括本省的陈留、杞县、通许、尉氏、扶沟等县，河北的封丘、长垣等县以及安徽北部的部分县份。所集粮食中小麦多为本城消费，豆类、油料则多售往天津、上海、无锡等处。

因为土壤沙化的影响，开封市周边的杞县、陈留、通许、太康、淮阳等地多产花生，因而榨油业是一门重要的副业，制成品除供当地消费外，多运往开封集中出口，1930年和1931年兴盛时期，每年交易额有500万斤，运销上海、西安等地占80%以上，余为开封本地消费。日伪统治时期最多可达600万斤，抗战结束后1948年则为390万斤，新中国成立初又有较大下降。

开封及其周边各县产棉都比较少（参阅本书附录部分附表），且棉花集散西边受郑州的影响、东边受商丘的影响，因而其棉花集散业不发达，土布业相对稍强些，带色土布来自濮阳、太康，白土布来自河北及鄢陵、杞县一带。

山海干果行是由土产行业、菜果行业和瓜子行业合并而成，经营的物品种类较多。花椒、山楂、山药，产于林县、武安等地，木耳产于卢氏、宝丰一带，红白土皂矾来自博爱县，姜黄白矾产于合肥等地，大米多来自信阳，海产品多来自连云港，胡椒来自海南岛，核桃、栗子、柿饼、枣等来自豫西，生姜、大蒜来自辉县。以上各种商品属于外来商品，销于开封本市者占75%以上，其他销于附近各县。瓜子、花生米和一般水果、青菜则是附近土产，集中于开封后，70%销往上海、广东等地。

信托业是开封市一种特殊的行业，在转销外来商品的同时，还收购集散本地的各种农副产品运销各大商埠，其起源于1938年开封沦陷以后。在日军的控制下，加强了与华北地区的北京、天津、青岛等地的经济联系，天津、青岛贩运杂货销于开封的商人较多，他们在卖了杂货后都想换回土产，如芝麻、花生饼、香油、花生米、黄豆之类，因而各杂货行在代其出售杂货的时候，还同时替这些商人代购土产，于双方均为有利。其整体营业状况在日伪统治期间，每年输出土产数量都在两万吨以上。1945年开封光复后，华北土产运销因为国共内战所受影响较大，上海、常州、无锡等地的货商则替代了原来天津、青岛等地商人的角色，运销上海一带所出产的线、糖、煤油、颜料、青白布等物来开封销售，换回土产，仍以花生米、黄豆为大宗，直到新中国成立以后二者都还是作为开封本地交换外来商品的主要物资。土产的来源地有陈留、杞县、朱仙镇、中牟、兰封等地，由当地的小商人收购运至开封，通过各行交易，集中起来运销外地。

木料行自民国初年起即已开始经营建筑材料，1921年有10户，1927年冯玉祥在开封时，大力建设贫民村、兵工厂等，需要大批木料，更促进了该业的发展。1938年时增加到25户。以后日伪统治时期、光复时期、新中国成立初期因受战争影响较大，而相对衰落。木料来源为兰封、陈留、太康、通许等附近各县，主要供应开封各种建设之用，并不能转销外地。

皮行业也是开封发展较早的行业之一。在民国初年，生意已比较兴旺，有皮行四五户，1919、1920年时增至十一二户，到1927年直奉战争爆发之前，生意都比较好，受直奉战争影响，一度衰落，1931年后又转趋兴盛，开封沦陷后，因受战争影响一蹶不振，直至新中国成立初尚无较大恢复。该业兴盛时期，河北道所辖的封丘、阳武、原武、延津等县，开封道所辖的考城、兰封、陈留、通许、鄢陵、扶沟、杞县、睢县、太康、柘城、鹿邑、宁陵、淮阳等县，河北省的东明，山东省的曹县、菏泽等地均为皮毛来源之地，但因为开封以西的郑州也为较大的皮毛集散市场，开封以东的商丘在日伪时期又被建为商业重心区，以南的周家口也是全省最重要的皮毛集散地之一，因而靠近以上三地的各县所产皮毛估计只是小部分集中于开封。

以下各行业为开封市商业的第二大类。

百货业由时货业、碎货业合并组成。时货业在清末以前称为京货业，共有11户、资金两万多两，货物多为京、广、苏货，所卖商品多为补眼、顶戴、朝珠、扳指、弓箭、绣花品、乌木楠木用具、铜器、乐器、叶片用具、化妆品等，主要服务于达官显宦及其他上等阶层。清末以后，随着西方商品侵入中国内地，一般清朝官员多以用洋货为时髦，京货庄便多改名为洋货庄，户数也由原来的11家发展到28家。进入民国以后，中国民族主义兴起，抵制洋货运动的发生促使洋货庄又改名为时货庄，经营规模也扩大不少，全业资金有15万元之多，经营货品仍是偏重于档次较高的消费品。中原大战结束后，全国局势相对稳定，该业也获得较大发展，从1931年到1936年是其最兴盛的时期，年营业额200多万元。抗战爆发后，因为战争的影响而一落千丈。抗战结束，随着国民党军政机关的恢复，以及一些逃亡地主的集中，时货业又有短期兴盛，但不久即因为国共内战的爆发而一蹶不振。新中国成立后又因为所经营的高档奢侈消费品不合时宜而难以生存。碎货业和散货业原本是在各个街道挑担叫卖的小摊贩，冯玉祥执政河南时为了整饬市容，把其全部集中于相国寺内，并命名为中山市场，所有碎货摊贩都开起了小百货店，以经营一般贫民所用的日用品为主，在抗战前也获得了较大发展，年营业额有六七十万元。抗战后受到较大影响，新中国成立后因为所营为一般消费品，因而发展命运与时货业有较大不同，恢复较好。两种行业中，因为经营产品的不同，时货业主要服务本城上层阶级消费，较少向周边地区中转批发，而碎货业除供应本市居民和四乡农民需要外，附近各县亦多来汴采购。

绸布业初创于1948年12月，由陶布、时布、绸缎、碎货等业合并而成。绸缎业最早，在光绪初年即有之，货物来自苏杭等地，主要为官僚及其他上层阶级消费。陶布来自山东定陶，为中国著名土布，为一般平民消费，因而销量较广。时布、碎货为现代大工业机器所生产，能够深入内地，是中国民族纺织工业发展及外货倾销的结果，因而，在开封城市中形成一种商业门类的时间较晚。绸布业在宣统二年（1910）因为政府收回洛潼铁路的民间股份，各县民股来开封退股后多购成布匹带回家乡，曾促进布匹业的短时繁荣。之后1922年至1929年、1935年至抗战爆发前因政局稳定，农村收成较好，也有较好的发展。抗战爆发后整体则有较大衰落。新中国成立后，绸缎业因为不适合当时的社会需要，基本上不再存在，而一般布业的发展则相对较好。销售范围也因为货品不同而有较大差别，绸缎业主要售于开封城内的上层阶级，而各种布业因为适合一般平民需要，不仅供应开封市内居民所需，而且销往周边四乡及附近各县的数量也不少。

在1918年第一次世界大战结束前，河南各地所用颜料多为各地本土所产，因而很难形成集中经营的专业市场。第一次世界大战结束后，外货输入日增，土靛与本国颜料渐被淘汰，集中的颜料市场方开始形成。到1929年以后，开封全市经营颜料者有三四十家，资金约在银币10万元以上，并形成一定规模的集散市场。开封沦陷后，因受战争影响有较大衰落，所剩唯有20余家，资本四五万元，全年营业额7万元左右。开封光复后不久，又因为国共内战，交通被阻，河南大部分地区及邻近省份所需颜料无法直接由上海购进，开封重新成为颜料集散地，经营颜料的商户恢复到40余家。新中国成立初又进一步发展，到1949年冬季达到极盛，竟然有170余户之多。1950年后则因为各种政策影响而有较大下降。开封颜料业兴盛时期，销售区域除供应本市及四乡需要外，附近各县尉氏、陈留、太康、通许、洧川、中牟、考城、长垣、封丘、滑县、东明等地亦在开封购买，甚至新乡、安阳、洛阳等地所需颜料都由此转售。

瓷器和铁器多是家家户户生活必需品或农具，因而与一般农民的关联也比较紧密。1931年，开封经营瓷器和铁器的商铺有16户，资金总额约合银圆7000元，年营业额可达五六万元。开封沦陷后该业尚能继续发展，到1940年共有近40户，资金总额1.5万元。日本投降后，随着开封市人口的恢复，需求量增大，对该业发展又有所促进。但为时不久，因为国共内战而转趋萧条，直至新中国成立初期生意尚为清淡。所卖瓷器多来自河北磁县与本省禹县，铁器多来自山西潞安和江苏徐州等地。因开封本市并非大的集散市场，故销售范围主要为本市城关与城郊四乡，其他外县有陈留、杞县等地也来购货，但数量较少，可能也因为瓷器、铁器比较重，不易运输所致。

在开封市商业的第二大类中，除了以上所分析的百货业、绸布业、颜料业、瓷铁业外，其他营销外来商品的行业还有中药业、西药业、茶庄业、煤炭业等，只是这些行业基本上都以服务开封本市消费为主，少有产品流向周边地区，故也就不再详细分析。

对开封城市的两大类商业辐射区域进行综合分析，依据各县在以上各行业中所出现的统计次数来看，与开封商业关联最为紧密的应为杞县、陈留、通许、兰封、太康等地，其次为封丘、鄢陵、尉氏、扶沟、中牟、考城、延津、淮阳等地，再次为长垣、濮阳、阳武、原武、睢县、柘城、鹿邑、宁陵、东明、曹县、菏泽等地。整体看来，其商业区域因为京汉铁路对开封以西地区所产生的影响，并未形成以开封为中心的圆形分布，而只能是偏向东南和东北，呈扇形铺开，并且吸引力随着距离的拉大而逐渐减弱。又因为黄河的影响，与黄河以北各县的联系相对要弱。扇形区域从南往北基本上以淮阳、鹿邑、柘城、宁陵、曹县、菏泽、濮阳为外弧边缘，边缘以外的地区，南部属于周家口的商业范围、东部属于商丘的商业范围，北部则因为距离较远而非开封引力所及。开封商业的辐射力也就基本局限在此线内。另外，对于两类不同的行业来说，开封对周边地区农产集散的引力要大于开封作为周边地区商品批发中心的引力，对于其中原因尚不能明了，只好暂且存疑。

第三节　郑州的商业发展

一、商业功能与商业性质

据前文导论所述，郑州在清代时期，仅为一州之治所所在，城市规模在晚清以前与开封和朱仙镇相比要小得多，城市人口也少得多，其商业发展也就可想而知。在城市内部作为人们物资交流的街道和集市直到乾隆年间都屈指可数，并且形成于明朝嘉靖年间的四条主要街道的分布格局也一直延续下来而从未发生大的改变。到晚清时期，从大市口往东直通城墙东门的东大街虽然名为街道，其实所住的都是农户，平时只有少数出售粮食和豆类的小摊贩。而由大市口直通北门的北大街也只有一家售卖脂粉的店铺较为出名。南大街所居则多为有功名与做官的人。在所有街道当中，只有从大市口直通西门的西大街稍为繁盛。各种商业中，经营布匹绸缎的有景文洲汴绸庄和协大、泉兴长布匹庄；鞋店有庆福宅；经营水烟杂货的有同茂祥、广德厚及广茂烟坊；瓜子、大米行有信义成、祥太长；估衣铺有广魁、广舜、纯兴等，除此以外，还有一家天芝堂中药铺和几家饭铺、客栈等。①整体而言，城内商业发展相当有限。

---

① 郑州市工商业联合会：《郑州工商业变迁史概况（1904—1948）》（征求意见稿），1983年。

但在晚清末期,较大的变动开始发生,其直接动力即来自京汉铁路和汴洛铁路的修通。

京汉铁路于1906年4月全线通车后,从北京正阳门南下,一路所经有河北之保定、正定、石家庄、顺德;河南之安阳、新乡、荥泽、郑州、许昌、郾城、确山、信阳;湖北之应山、孝感、黄陂而至汉口,贯通于中国华北平原、黄淮平原以及江汉平原三大经济区域之间。南端的汉口,为我国中部地区最大的商业中心,由汉口通过长江水道及长江中下游的各条支流而与中国的东南部、南部以及西南各省相连接;北部则通过平绥、北宁等铁路与中国的北部以及东北部相连接。在这三大经济区域的内部,通过其各条支线及其他交通方式,而把其商业的影响力深入到沿线所经经济区域的腹地。在三大经济区域的中部,陇海铁路则横穿而过,与京汉铁路相交,中国的东西南北各地多可以由此而连接起来,极大地加强了郑州与各地区之间的经济联系。故张之洞认为京汉铁路为我国"铁路之枢纽、干路之始基,而中国大利之所萃也。盖豫鄂居天下之腹,中原绾毂胥出其途",铁路修通后,"则三晋之辙下于井陉,关陇之骖交于洛口,西北声息刻期可通,自河以南则由郑、许、信阳驿路以抵汉口,东引淮吴、南通湘蜀,万里奔凑如川赴壑"[1]。

处于京汉、陇海两大铁路干线之交点的郑州也就自然而然成为各大区域之间经济交换的中心及周边腹地的物资交换中心。对此,日本人林重治郎即曾做过很好的分析:"郑州北面有北京、天津,南有汉口,东有浦口、山东等地,西有陕西、甘肃、新疆,交通四通八达,雄踞要地。通达四方的两大铁路在此交汇",且"恰好处于汉口、天津两个商业圈的分水岭……把当地的商业权力优势向四面八方推开,将会是何等的竞争优势",因而"不要说本省的物资,就连远至甘肃、新疆、陕西、山西各省的丰富物产也都要汇集郑州"[2]。这种强大的集散功能深深地影响了近代以来郑州的商业发展,决定了郑州作为商业中心

---

① [清]张之洞:《张文襄公全集》,卷十七,《请造津通铁路改建腹省干路折》,光绪十五年三月三日。

② [日]林重治郎:《河南省郑州事情》,日本青岛守备军民政部、铁路部《调查资料》,第29辑,1922年5月出版。转引自徐有礼编著:《郑州日本领事馆史事总录》,香港:天马出版有限公司2005年版,第67~68页。

的性质和所具有的商业功能会与开封有较大的不同。通过前文的分析已知，开封的商业在清代基本上是以服务城市自身为主要功能，与城市周边地区的商业联系并不是很强，因而作为周边地区商业中心的功能相当有限，也不具有大区域之间经济交换中心的功能。陇海铁路修通之后，在便利的现代远距离交通的影响之下，逐渐发生转变，开始具有作为周边地区物资交换的商业中心的功能，而作为大区域商品交换中心的功能却并不强。而郑州作为两大铁路干线的交点，是各大经济区域在中原地区的交汇点，就具有了作为各大经济区域之间商品交换中心的功能，同时又因为其便利的交通条件，对周边地区所产生的辐射力与引力，使其成为周边地区的商品交换中心，因而一经成为便利的近代远距离交通运输干线的相交节点，便决定了郑州会作为一个商业中心城市而深深地嵌入周边的腹地当中。

故在京汉铁路全线通车之前①，河南巡抚早已认识到京汉铁路即将带来巨大的商业发展机遇，申请把郑州开为商埠。而到京汉铁路、汴洛铁路完全通车之后，郑州的商业自此也开始较快发展。仅仅10年有余，到1913年时，在郑州的各业行会中，有盐商、当商、钱行、京货、杂货、绸缎、南货、瓜子、转运、煤炭、酱菜、药材、估衣、丝行、靴帽、首饰、铁货等业，而到1916年，又增加了花行、杂粮、烟茶、煤油、旅馆、饭馆等业，②在这些行业中，除了当商、钱商、酱菜、旅馆、饭馆等业为服务于本城商业及市民以外，盐商、京货、杂货、绸缎、南货、丝行、靴帽、首饰、煤炭、煤油等业为从各大商埠或其他经济区域运入的外来商品然后再由此转卖，瓜子、药材、花行、杂粮等业则为本地农产在郑州集中交易后，转销外运，城市商业为周边腹地服务的功能要大于为城市自身消费服务的功能，其作为商业中心应具有的商业结构已基本形成。在随后的历史发展中，各种行业虽然会在不同时期有不同的变动，但整体而言，直到新中国成立初，其整体性质和功能都没有发生本质变化，在民国初期，郑州"人口稀少，物资需

---

① 京汉铁路黄河大桥于光绪三十一年（1905）建成，光绪三十二年三月二十二日（1906年4月1日）举行全路通车典礼。此前在比利时公司及八国联军的要求下，京汉铁路前身卢汉铁路之终点已由卢沟桥延伸至北京城，1900年测量线路，1901年3月竣工，因此卢汉铁路改称京汉铁路。

② 周秉彝修、刘瑞璘纂：《郑县志》，1916年刻本，卷八，《自治志》。

要亦就不大，这里的集散物大部分是发往各地的中转品，店铺也大都是些经营运输批发的商店"①，"本站出口货物以各处到此转口者为多，而联运包件亦殊发达，如本路大埔之淮盐运赴豫南者，许昌烟叶运赴上海者，余如南北之杂粮，陕西之棉花、药材、皮毛等均到郑集合分转，而本县土产之输出殊属无多"②，到1937年抗战爆发前尽管城市人口已有较大增长，但仍是"其市面之荣衰系于外来之行庄，而不在当地之消耗"③。

而据郑州军事管理委员会调查，到1948年，郑州工商业各种行业中，除了机器业属于生产行业外，属于外来商品或郑州周边地区的农产品经郑州转运集散和转运销售的行业有盐业、药栈业、国布业、粮业、颜料业、衣业、干果业、白米业、棉业、茶业、酒业、中药业、西药业、绸缎业、鞋业、纸烟业、图书业、五金电料业、钟表眼镜业、时货业、骡马业、油业、煤炭业、皮毛业等；属于服务本城商业发展及城市居民生活需要的行业有酱业、饭馆业、浴业、银行业、摄影业、银楼业、屠业、石灰业、运输业、印刷业、钱业、旅馆业、汽车业、估衣业、戏剧业，其中运输业、汽车业、银行业、钱业以及旅栈业多是主要为商业发展服务的，同时兼具为本地居民服务的功能。④在前一大类行业中，郑州所起作用主要是作为大区域之间或周边地区商品物资集散中心的作用，故在下文中，笔者将对第一大类的各行业进行详细分析，以此考察郑州作为商业中心功能的强弱、腹地的大小、城市与腹地之间的关系以及历史变迁等。

在第一大类的各行业中，棉花业是郑州城市最大的集散行业，郑州之商业，亦"以棉业为最巨"⑤，在当时甚至还被认为是郑州"唯一大宗贸易，其营业

①　[日]林重治郎：《河南省郑州事情》，日本青岛守备军民政部、铁路部《调查资料》，第29辑，1922年5月出版。转引自徐有礼编著：《郑州日本领事馆史事总录》，香港：天马出版有限公司2005年版，第64~65页。

②　陇海铁路车务处：《陇海全线调查》，1933年。

③　《汴洛纪行》，《大公报》1937年1月21日。

④　《郑州工商业情况》，郑州市委档案，《郑州市军管会关于郑州解放前一般情况调查》，全宗号1，卷5。

⑤　陇海铁路车务处：《陇海全线调查》，1933年，第160页。

之盛衰，足以影响全市之金融，及全省之农村经济"①。据陇海铁路车务处调查，在1932年，由郑州转运输出的棉花约有6000吨，小麦约600吨，大米约600吨，瓜子、红枣等400余吨，其他共3000余吨。（所占比率如下图②）

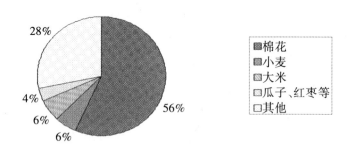

图4.2　1932年郑州集散外运商品示意图

　　总数合计，棉花是其他所有输出商品重量的1.3倍。而据《中国通邮地方物产志》中所作的调查，1935年一年中，由郑州输往各地的各项商品（包括农产品和制造品），其最高价值如下：棉花3810.24万元、药材63.6万元、瓜子32万元、红枣14万元、花生1.4万元、畜产6.34万元、柿饼3.6万元、铜丝布5万元、草帽辫40万元、棉纱732.24万元。（所占比率如下图③）

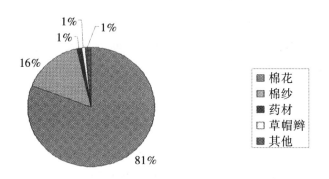

图4.3　1935年郑州集散外运商品示意图

---

①　《郑州二十三年份银行业棉业概况》，《河南统计月报》，第1卷第2、3期合刊，1935年。

②　陇海铁路车务处：《陇海全线调查》，1933年，第160页。

③　交通部邮政总局辑：《中国通邮地方物产志》，商务印书馆1937年版。

其中，棉花一项是其他所有各项相加总价值的四倍还多，其在郑州商业中所占地位之重要诚非虚言。因为棉花贸易对郑州而言是如此重要，同时也为了能够更深入地探讨城市腹地农村农业发展与城市发展之间的关系，因而在下文中，就首先分析郑州棉花业的发展。

二、郑州棉花市场区位的形成

郑州是民国时期河南最大的棉花交易中心和中转市场，主要得益于其优越的地理空间位置和交通条件。它介于河南西部、陕西关中、山西晋南三个棉花产地与各大终点市场之间，所拥有的铁路运输系统又构成一个交通网络，在每条线路的终端，都连着或接近着一个终点市场。在没有实行铁路联运及铁机打包厂在其他中转市场建立以前，以上三棉区的棉花要想东运到任何一个终点市场都须经郑州转运。整个河南除了豫南棉区因地理位置及交通条件的原因受郑州影响较小外，豫北地区的安阳棉、小冀棉，豫东地区的太康棉也都部分或全部以郑州为中转市场，郑州对它们的辐射影响只是存在着强弱差别而已。

在京汉汴洛铁路贯通以前[①]，郑州并没有棉花市场，这不单纯是交通的原因，也因为当时中国近代棉纺工业尚不发达，还没有形成大规模消费棉花的终点市场，作为商品性作物的棉花，其消费量、流通量也就很小，直到1919至1920年度，全国纱厂总消费量才260万担。[②]因而，以中转功能为主的郑州棉花市场在1910年以前即使有，也是微乎其微的。

1916年郑州花行同业公会成立，说明郑州棉花市场已有较大发展，该年郑州集散的棉花已达20余万担，1919年则达35万担。[③]

欧战以后，全国棉纺业用棉量激增，1922至1923年度已达540万担，至1930

---

① 京汉铁路于1906年4月1日由北京正阳门至汉口全线通车，汴洛铁路1907年3月21日开封至郑州段通车，1908年底开封至洛阳全线通车。

② 严中平：《中国棉业之发展》，上海：商务印书馆1942年版。

③ 冯次行：《中国棉业论》，上海：北新书局1929年版，第127页。

年、1931年则近乎880万担,①这对棉花的种植和商品化以及各转运市场的发展所产生的推动作用都是很强的,因而郑州棉花市场于1919、1920以后渐有较大规模,据《郑州棉花调查》一文所载,在1922年至1925年间交易比较兴盛时期,每日交易额常在数千或万余包不等,每年约在40万担之上,②《河南省郑州事情》则认为其"一年的集散量……大致上为60万担"③,《郑州之棉花业》一文所记每年交易额有70万担左右,④《本年陕西棉花运销郑州概况》一文中所记则为"近年来到郑之货,最多时约50万担"⑤,综合分析,估计此段时期郑州市场每年集散的棉花应该远远超过40万担以上。

1926年有所减少,1929年至1930年,因受战乱及豫西地区旱灾的影响,棉花交易量更有较大降低,根据郑州日信洋行的调查,在1927年10月至1930年10月三年之间,郑州集散的灵宝、洛阳、陕西、山西棉花在1929年10月至1930年10月之间最少,为102 296担,而在前两个年份则分别为416 844担和414 050担。⑥

1931年后又转趋升高,可能于1932年、1933年时达到高峰,据《郑州棉花集散数量统计》一文所载,在1931年11月至1932年5月之间,郑州市场的存栈棉花、未上市棉花、上市棉花及1932年1至5月之间新集散的棉花一共为92.9万担,已快接近百万担。⑦但达到高峰的同时,也是下降的开始。

其主要影响因素为陇海铁路的西延、铁路联运的施行⑧以及各地机器打包

---

① 严中平:《中国棉业之发展》,上海:商务印书馆1942年版,第280页。

② 《郑州棉花调查》,《国际贸易导报》,第2卷第12号,1931年12月。

③ [日]林重治郎:《河南省郑州事情》,日本青岛守备军民政部、铁路部《调查资料》,第29辑,1922年5月出版。转引自徐有礼编著:《郑州日本领事馆史事总录》,香港:天马出版有限公司2005年版,第22页。

④ 《郑州之棉花业》,《中外经济周刊》,第137期,1925年11月。

⑤ 《本年陕西棉花运销郑州概况》,《天津棉鉴》,第1卷第2期,1930年8月。

⑥ 《郑州棉花市场概况》,《中行月刊》,第2卷第10期,1931年4月。

⑦ 《郑州棉花集散数量统计》,《中行月刊》,第5卷第1期,1932年7月。

⑧ 陇海铁路与京汉铁路于1925年8月1日施行联运,但其后因时局影响而停顿。至1931年,时局渐平,京汉铁路方又重新与津浦、陇海、道清洽商整列车货物联运办法,订立四路联运协定及附约,于是年4月1日施行,至1934年以后"始臻盛景",豫西各市场集中的棉花亦无需在郑州中转而直运各终点市场。见《陇海铁路联络运输之过去、现在与将来》、《平汉铁路联络运输之过去、现在与将来》、《道清铁路联络运输之过去、现在与将来》,《交通杂志》,第3卷第7、8期合刊,1935年6月。

厂的建立。

在没有实行铁路联运之前,灵宝(包括陕县)、陕西关中、山西晋南三棉区的棉花要想东运至任何一个终点市场都必须在两条或两条以上的铁路线之间实施转运,如运天津和汉口,就必须在陇海平汉交轨点郑州转运,若运销上海、济南和青岛,则必须首先在陇海津浦交轨点徐州转运,并且往往一次转运还不能抵达目的地,这样就会造成运输成本较高,不符合商品运输的经济规律。铁路联运实行之后,即使由西安输出之棉花,已可无需在郑州转车而直达上海,各种成本都将大大减少,郑州花市从而受到较大的影响。

其次是陇海铁路的西延。

陇海铁路西延,使陕西棉花的中转市场亦随之西移。在陕县未通火车之前,陕西棉花自黄河水运至郑州黄河铁路桥南站,直接由郑州外运。1921年后陕县通车,陕西棉花自黄河由陕县转运,及至1933年,火车通至潼关,东运的陕西棉花,皆由潼关装车,甚至永乐合作社的棉花竟然不再在陕县或郑州打包,而直接从潼关运至上海。1934年,火车通至渭南,潼关市场又大受影响。而等到火车通至西安,则更有多数由西安起运,渭南市场又大受影响。西移的关键原因是"火车距棉花起运地愈近,则起运费愈减少"[1]。其原因则在于中转市场介于产地和终点消费市场之间,其运输成本包含两部分,第一部分为由产地运至中转市场的费用(运入费用),第二部分为由中转市场运至终点消费市场的费用(运出费用),而这两种费用之间存在着差别,这种差别由不同运输方式造成,如运入郑州的棉花尚需借助人力、畜力、大车等,费用较高,而由郑州运出的棉花则由铁路运输,费用较低,因而当火车运输的线路有条件得以延伸并渐趋接近棉花产地后,就必然会使原有中转市场的重要性大为降低。

最后是各地打包厂的建立。

由于棉花的特殊性,质轻而体积较大,在装车之前,尚需压轧成包,一来运费减少,二来运输安全。在陕县建立打包厂之前,郑州以西陇海线上的棉花尚需运送郑州打包后再行外运,而陕县、灵宝、渭南等地打包厂的建立则使陕

---

① 铁道部业务司商务科:《陇海铁路西兰线陕西段经济调查报告书》,1935年4月至12月调查。

西、晋南及灵宝棉区的棉花直接在陕县及其以西的灵宝和渭南打包外运，而不必再行转运郑州。

以上三点因素都使陇海线上的棉花中转市场偏离郑州向西渐移而逐渐接近棉花的产地，并最终实现中转次数最少化。因为依据区位理论中的装卸费用效应来分析，商品中转的次数越多，支付的运输成本就越高，因而流通于产地和市场(终点市场或消费市场)之间的商品，天生具有一种减少中转次数的倾向。当有多层次的中转市场存在时，这种存在是因为客观情况必须如此，是不得不如此。那么当出现能够减低中转次数的可能时，多层次的中转市场就要面临失去中转功能的命运。①

因此"去年陇海路西段路线延长后，陕省之花，多在渭南、潼关一带设市交易，而打包厂在陇海路西段沿线，如灵宝、潼关、渭南等处均次第成立，一般商人为运输便利计，豫西及陕省之棉花，多集中于灵宝、渭南等处……故去年灵宝、陕州等之棉市，一日千里，进步之速，郑市商民，视之大有今昔之感"②。

如《陕鄂豫三省观棉记》一文所言："照棉商眼光估计，战前年常可在郑州集散的棉花，将近100万担，今年因战乱影响，郑州棉花集散的外围线，大为缩小。大致西到洛阳，北至新乡，东及归德。这个区域里可能收集到的棉花不过三十万担，能集中郑州的数量最高约为二十万担，实在太有限了。"③

以上种种对郑州棉花市场的影响是巨大的。据有关资料显示，即使加上豫北和豫东棉区的棉花数量，在整个郑州棉花市场所能集散的数额中，灵宝(包括陕县)、陕西关中、山西晋南三棉区的棉花亦几占一半甚至一半以上的比例。若依照《本年陕西花运销郑州概况》一文中所说的陕省"近年来到郑之货，最多时约五十万担，普通已三十万担，本年则因去岁迭遭兵灾旱灾，产额大减，到郑不满十万担"④来看，其所占比例就更为巨大。因此，受以上因素影响，

---

① [美]瓦尔特·艾萨德：《区域科学导论》，陈宗兴、尹怀庭、陈为民译，陆卓明校，高等教育出版社1990年版，第111页。

② 《二十三年郑州银行业棉业概况》，《河南统计月报》，第1卷第2、3期合刊，1935年3月。

③ 《陕鄂豫三省观棉记》，《纺织周刊》，第8卷第28期，1947年12月。

④ 《本年陕西棉花运销郑州概况》，《天津棉鉴》，第1卷第2期，1930年8月。

灵宝(包括陕县)、陕西关中、山西晋南三棉区的棉花不再在郑州转运、打包和交易,对郑州棉花市场是一个非常大的损失。另外,再加上其他因素的影响,使曾经喧盛一时的郑州棉花市场到1936年就已相当地衰落了。[1]

至此,我们应当明白,在分析一个交通枢纽所具有的中转功能时就不能给予无限的夸大,而应放置于一定的条件下来作多种因素分析。

郑州棉花市场集散的棉花除了供本省纱厂自用外,大部分销于各终点市场。依据郑州日信洋行的调查,1927年10月至1930年10月三年之间,郑州集散的灵宝、洛阳、陕西、山西棉花销往各大终点市场的分配比中,上海最多(48%),其他依次为青岛与日本(12%)、汉口(9%)、天津(4%),剩余则为他埠及本地所消费(27%)。[2]统计中虽然没有豫北、豫东地区的棉花数字,但基本上还是可以确定由郑州转运至各大市场棉花的比例,这个比例虽与本书其他地方的相关数据略有出入,但其基本比例关系则大体上没有矛盾之处。

作为河南最大的棉花交易中心和中转市场,棉花在郑州的大规模集散首先带动了郑州城市商业的发展,"郑州站,每年棉花用款约三千万元,在国产棉花五大集中市场之中——汉口、上海、郑州、天津、济南——郑州约介居第二位、第三位之间,至于其他经济活动,则殊不足观矣"[3]。文中对各大棉花市场的排序固然有着可商榷之处,但郑州棉花业在郑州整个城市商业中地位之重要则是确切无疑的。

棉花在郑州大规模集散之前,郑州的棉花贸易只有一些邻县和近郊的农民在城内零星贩卖或经营规模很小的花店而已。汴洛铁路通车以后,始值中国近代棉纺工业开始兴起,棉花也作为一种重要的商品开始在产地与消费市场之间流转。在火车站附近出售棉花的棉商日渐增多,小型花行亦随之成立,郑州棉花市场逐渐形成,其标志性事件即为1916年郑州花行同业公会的成立。以后在市场规模扩大的同时,也使与棉花贸易相关的行业得到了发展,并与棉花集散形成一种相互促进、互动共生的关系。

---

① 《郑州棉花业的兴衰》,见《郑州文史资料》,第五辑。

② 《郑州棉花市场概况》,《中行月刊》,第2卷第10期,1931年4月。

③ 第二历史档案馆:《陇海路货运调查报告》,档案号28-13866。

花行为棉花市场组织中的核心部分，对棉花交易起着桥梁的作用，它联结于棉花商人、花店、购花洋行、银行银号、打包厂、转运公司等各种与棉花贸易和转运有关的市场参与者之间，使构成市场组织的各个部分形成一个整体，而更有利于棉花交易的进行，从而促进棉花市场规模的扩大。市场规模扩大后，亦会造成花行业的繁荣。郑州棉花市场兴盛时期，业务最好的花行有36户，规模较大的有玉庆长、慎昌、利兴长三家，其他的还有祥阜、太升、玉兴成、仁义、中和兴、德盛祥、宏运长、福信、德昌、庆丰等。①

在棉花交易中，外来客商因为交易额的巨大而需要支付数量较多的款项，但携带现款的危险性较高，因而金融业的介入就势为必要，况且每年数千万元的棉花交易不论是做押汇还是汇票对金融业来说也都是有利可图的事情，这推动了郑州银行业的发展，诚如《郑州二十三年份银行业棉业概况》一文所言，"郑市贸易，因交通便利关系，首以棉业为大宗，每年由各棉产区集中于本市销售者，约三十万包，价值数千万金。沪汉青济等埠经营棉业者，多派专人坐庄收买，故各大银行，亦纷纷于郑市开设分行"②，从1896年郑州第一家现代银行豫泉官钱局郑州分局的设立直到1920年郑州棉花市场大规模兴起之前一共24年间，只开设了3家银行，而从1921年郑州棉花业开始兴盛之后，到1936年郑州棉花业衰落之前共开设银行16家，平均每年一家还多，其中如创设于1929年的上海商业储蓄银行郑州分行，甚至专门从事以棉花业为主的运销、仓库和抵押贷款等业务。③当然，郑州银行业的较大发展并不仅仅只是受棉花业发展的影响，可是我们若依据《抗战前郑州银行业及其同业公会》一文中关于1933、1935年郑州所有银行交易总额的统计数目来看，④就会知道棉花交易在郑州银行业中所占的比重是多么的大。

这些银行在办理棉花押汇、押款之时，为保证押品安全，中国银行首于1931年在郑州设立仓库，此后兴业、上海、中国农民、河南农工等银行亦相继在

① 《郑州棉花业的兴衰》，见《郑州文史资料》，第5辑。

② 《二十三年郑州银行业棉业概况》，《河南统计月报》，第1卷第2、3期合刊，1935年3月。

③ 《民国时期郑州的银行机构》，见《郑州文史资料》，第13辑。

④ 《抗战前郑州银行业及其同业公会》，见《管城文史资料》，第2辑。

郑州设立仓库、货栈,当时郑县计有银行仓库5家、商办货栈6家。①棉花堆栈则有通成、惠元、豫安、公济、新丰、公兴、永丰、古宏、豫茂、豫西等10家,其中金城银行创办的通成规模最大。②

以上各行业是随着郑州棉花业的发展而发展起来的,对郑州城市产生了深远的影响,使之有了一些对现代商业中心发展至为关键的事物,如银行、仓库、货栈等,它们也有力地推动了郑州棉花业的发展,使郑州在1930年以前即在城市内部空间中形成了棉花业市场的专业区域,以饮马池为中心,花行、仓库、货栈主要集中在二马路、兴隆街、苑陵街西段、福寿街北段到西陈庄豫中打包厂这一地区,"每日从早到晚,送棉花的车辆,一辆接一辆,所用的车子都是独轮手推车,不下数百辆,人员川流不息,像赶会一般",街旁以拾花为生的亦不下千余人,③城市面貌也随之发生了变化。

三、其他行业的发展与城市商业的腹地范围

瓜子行是郑州商业中出现较早的行业,1913年前即已产生,在《大中华河南省地理志》的记载中,也是输出较早的大宗土产之一。④其每年在郑州的交易输出量,1932年约400吨,⑤1933年约700吨,⑥据《中国通邮地方物产志》记载,1935年约2000吨,总的来看估计每年在郑州交易贩运的瓜子数量最低应为400吨以上,高者应当超过2000吨以上。在《郑州商业初步调查报告》中所记,东至中牟,西至汜水,南至新郑、尉氏,北至阳武、原武,包括郑州及其附近的荥泽、荥阳等县在内,每年种瓜30万余亩,年产瓜子200万斤,出口500万斤,其他

---

① 《抗战前郑州银行业及其同业公会》,见《管城文史资料》,第2辑。

② 《郑州棉花市场概况》,《中行月刊》,第2卷第10期,1931年4月。

③ 郑州市工商业联合会:《郑州市工商业变迁史概况·自公元1904年至1948年10月的概况》,征求意见稿,1983年。

④ 林传甲:《大中华河南省地理志》,1920年,第八十六章,《郑县》。

⑤ 陇海铁路车务处:《陇海全线调查》,1933年,第160页。

⑥ 铁道部联运处编印:《中华民国全国铁路沿线各站物产一览》,1933年1月,第82页。

销往湖南、上海、南京、芜湖、汉口等地，①再加上黄河以北的长垣县输出天津、上海等地的黑瓜子也多在郑州交易，②在郑州交易转运的瓜子数量应该为数不少。

药材行也是郑州商业中产生较早的行业，但直到1933年以前，尚无较大发展。1933年时，由当地较有影响的几个商人发起组织"郑州药材、骡马大会"，每年起两次会。春季会址在东大街的塔湾，在原有老庙会的基础上，每年农历三月初一至三十为会期；秋季会址在南大街，每年农历十月初一至三十为会期。会上交易内容有百货布匹、金银首饰、农具杂货、骡马猪羊、药材丸散等。交易会后，前来赶会的禹州药材行因为郑州交通便利，便多在郑州城内南大街开铺设行，集散各地所来药材。③因为一下聚集于此的药行有20余家，生意较好，使原本商业并不是很发达的南大街"在形势上大有日盛一日之势，房租地皮，亦遂加增数倍"④。此后到1936年，药材也已成为郑州销售商品的大宗货之一。⑤依据上文《中国通邮地方物产志》中的记载也可看出，在1935年一年中，由郑州输出的药材商品价值，在所有输出商品中，仅次于棉花和棉纱。而据《郑州工商业变迁史概况（1904—1948）》所作的调查，自1934年至1937年，平均每年进货量为600万斤、外销450万斤。在日本占领郑州后，因为战乱地的药材无法运至，因而数量大减，经营药材的行户只有5户，日本投降后到新中国成立时增至30户。⑥新中国成立初增加到53户，仍然主要分布在南大街，每年出口约20万捆、每捆50斤重。⑦药材种类较多，来源地与销

168

---

① 《郑州商业初步调查报告》，1949年6月，郑州市委档案，全宗号1，卷42，《郑州市委关于郑州市经济情况、生产状况和少数民族调查》，1950年4月—1950年10月22日。

② 中国土产公司编印：《中国土产总览》，1950年。

③ 《郑州药材骡马大会的兴起》，见《郑州文史资料》，第一辑。

④ 《日趋繁荣之郑县》，《河南政治月刊》，第2卷第5期，1932年5月。

⑤ 《郑县、通许调查》，《河南统计月报》，第1卷第1期，1935年1月。

⑥ 《商业调查组调查总结》，郑州市委档案，全宗号1，卷42，《郑州市委关于郑州市经济情况、生产状况和少数民族调查》，1950年4月—1950年10月22日。

⑦ 《郑州市工商业初步调查及今后恢复发展的意见》，1949年6月，郑州市委档案，卷17，《郑州市委政研室关于郑州市各种情况调查研究总结与今后意见》。

售地各异,郑州所起作用即为大区域之间的货物交易集散中心的作用,如川广货类,藿香、陈皮等货,多由汉口转运郑州,在郑州交易后,由陇海路分向东西转运;西货,当归、大黄、甘草等多由西安运郑州,交易后再由京汉铁路向南北转运;关外货,鹿茸、人参、高丽参,多由北京、天津运郑,交易后再销往西南;本省所产红花来自延津、鄢陵等处;金银花来自密县等处,柴胡、黄芩、防风来自氾水等处,在郑州药行交易后,向外转运。①可以看出,在药材行业,郑州兼具大区域经济交换中心和作为周边腹地交换中心的功能。

粮行业早在民国初年即有,最初是为了满足郑州本地人口的消费需要,后来随着粮食交易量的提高,方逐渐作为粮食集散中心而进行较大规模的粮食转口贸易。1921年时,已有大米行(只经营大米)数十家、粮行数家。②到抗战前,达到第一个交易兴盛时期,大米来自信阳、汉口、广水、花园等地,甚至湖南、上海、无锡的大米都有输入,销于洛阳、西安;小麦来自洛阳、渭南、漯河等地,销于开封、北平、天津及平汉沿线;杂粮来自徐州南北及西平、遂平等地,销于荥阳、氾水等地。③抗战爆发后,所受影响较大。日本投降后,到1946年、1947年又达到第二个高峰,有粮行16家、白米行16家。④在这两个高峰期内,郑州每天进粮均在2000包以上,一半供本市消费,一半外销各地。新中国成立初期,因为各地交通受到较大破坏,运输不便,商人对共产党的商业政策不明了,不敢放手经营,以及复杂的政治形势,都影响了粮业的发展,因而尽管粮行虽曾一度增加到50家,但营业量很小,粮食来源范围仅限于商丘、砀山及黄泛区一带,运输方式多是人力、畜力及汽车、马车等,运量很小,且多是杂粮。

---

① 郑州市工商业联合会:《郑州工商业变迁史概况(1904—1948)》(未刊稿)。

② [日]林重治郎:《河南省郑州事情》,日本青岛守备军民政部、铁路部《调查资料》,第29辑,1922年5月出版。转引自徐有礼编著:《郑州日本领事馆史事总录》,香港:天马出版有限公司2005年版,第71~72页。

③ 《郑州商业初步调查·关于粮业考察材料的报告》,郑州市委档案,全宗号1,卷42,《郑州市委关于郑州市经济情况、生产状况和少数民族调查》,1950年4月—1950年10月22日。

④ 《〈中报〉刊登的小资料》,见《郑州文史资料》,第九辑。

销售区域也大为缩小，为荥阳、汜水及密县等地。[①]

　　皮毛行业在1920年以前，即是"牛皮羊毛输出日多，兽油牛骨亦盛"[②]，加上此段时期也是郑州商业发展较好的一个阶段，原本在汉口经商的很多商人都转至郑州开设各类行店从事棉花、牛羊皮和土产杂货的买卖活动，其中经营牛羊皮集散的有两家。[③]但整体而言，此时的畜产集散数量并不是很多，据《京汉汴洛路沿线物产之需给集散运输情形》一文统计，每年羊毛有5万斤，其他牛皮、牛骨之类则无具体统计数字。[④]其后发展较快，据河南农工银行调查室统计，到抗战前，郑州各皮行1936年集散牛皮503 000斤、羊皮274 000斤；1937年集散牛皮460 000斤、羊皮196 000斤；1938年集散牛皮290 000斤、羊皮61 000斤，来源地主要为郑州本地及其附近的新郑、密县、广武、荥阳、汜水、中牟等县。运销地点最初因为铁路交通原因，牛皮仅运销于汉口一埠，1924年以后，渐销于天津、上海两地，羊皮则以运销天津为多。[⑤]据《中国土产总览》调查，在抗战前，郑州牛皮最高年集散数量为250 000张，抗战时期最高年集散数量为70 000张，1950年为158 756张，为全省最大的牛皮集散地，来源地有禹县、密县、汜水、中牟、尉氏、新乡、长葛、登封等县；羊皮抗战前年集散数量最多为800 000张、抗战时期100 000万张、1950年235 820张，不论哪个时期都次于周家口，因为周家口位于河南羊皮最佳产地的中心，其来源面积要比郑州大，具体有淮阳、沈丘、鹿邑、新蔡、宝丰、临汝、汝南、遂平、上蔡、舞阳、泌阳、郏县、商城、固始等县，郑州羊皮的集散范围则仅有登封、密县、禹县、新郑、汜水、偃师、洛阳等县。其他皮毛之类尚有兔皮，抗战前3 000 000张，抗战后100 000张；骡马皮，抗战前3万张，抗战后5000张；羊毛抗战前100万斤，抗战时20万斤，

　　① 《郑州商业初步调查·关于粮业考察材料的报告》，郑州市委档案，全宗号1，卷42，《郑州市委关于郑州市经济情况、生产状况和少数民族调查》，1950年4月—1950年10月22日。

　　② 林传甲：《大中华河南省地理志》，1920年，第八十六章，《郑县》。

　　③ [日]林重治郎：《河南省郑州事情》，日本青岛守备军民政部、铁路部《调查资料》，第29辑，1922年5月出版。转引自徐有礼编著：《郑州日本领事馆史事总录》，香港：天马出版有限公司2005年版，第57页。

　　④ 《京汉汴洛路沿线物产之需给集散运输情形》，《银行月刊》，第1卷第6期，1921年6月。

　　⑤ 河南省农工银行调查室编：《河南之牛羊皮》，1943年。

1950年将近40万斤。郑州均为全省集散皮毛最多的交易市场。①

盐为人们生活中之必需品，但却是一种地域性很强的产品，因而也是一种流动量较大的商品。在郑州各种商业中，从清末民初开始，盐业即占着重要地位。郑州也凭借其便利的交通条件成为长芦、两淮盐业的重要集散地之一。在抗战以前，基本上每月平均都能销售2400万斤，经营盐业的各种商户也有80户，销售范围西至洛阳，南至南阳、漯河，北至新乡、焦作，东至开封等地。新中国成立初则因为交通遭到破坏，营业范围因为受到军区限制等原因(营业范围受限制，物资不能自由往来，使贸易不能自由，例如盐商想去那里运盐，必须呈请政府批准，否则就不能去)，营业量有较大降低，经营盐业的行户也减少到17户，销售范围也随之缩小。②

五金器材也是郑州商业中的大宗商品之一。抗战前汽车、自行车零件多来自上海；轧花机、织袜机多来自汉口；螺丝钉、电话机多来自天津，运郑后再分销洛阳、许昌、焦作等地。新中国成立后，也如同盐业一样，在各种因素的影响下，有较大的衰落。③

商行业是一种比较特殊的行业，与前边所述的各种专业化行业不同，其经营的主要是各种杂货、日用品之类，与杂货行、时货行的功能比较接近。但成为一种专门的行业却比较晚。1938年后方才兴起，最初只有八九家，规模也很小，到1941年，增至20余户，到1943年增加到40余家，日本袭郑以后，业务萧条，有不少行业歇业。1945年以后逐渐恢复，1947年发展到兴盛时期。商行业是行店性质，以批发为主，代客买卖货物，抽取一定比例的佣金。货物种类有纸张、糖类、煤油、纱布、颜料、碱、火柴、西药、铁货、碎货、布匹等类。其中布匹、颜料多来自上海，碱、颜料主要来自天津，火柴多来自青岛、济南，煤油来自汉口，青岛以铁货为主，各路来货都集中在商行，然后再由商行转销西安、宝鸡一带

---

① 中国土产公司编印：《中国土产总览》，1950年。

② 《郑州市盐业考察材料报告》，郑州市委档案，全宗号1，卷42，《郑州市委关于郑州市经济情况、生产状况和少数民族调查》，1950年4月—1950年10月22日。

③ 《郑州市工商业初步调查及今后恢复发展的意见》，1949年6月，郑州市委档案，全宗号1，卷17，《郑州市委政研室关于郑州市各种情况调查研究总结与今后意见》。

及郑州邻近各县。①

除了以上各行外，在郑州与周边地区及其他商埠之间较大宗的买卖尚有布行业、煤炭业等。据布业公会与京货业公会估计，在抗战前，郑州每年进口绸缎、布匹160余万元，来源为上海、青岛、潍县、高阳、石家庄、汉口等地，本地消费绸缎20余万元、布匹60万元，其他则全数销往邻县。②进口所来布匹主要为机制布匹，土布则为由郑州出口之物，数量很少而不能成行。③煤业的发展则是因为民国时期陇海路沿线观音堂之烟煤，荥阳、巩县、黑石关、义马之柴煤，煤质都比较差，因而陇海沿线各地所需质量较好的煤多为由郑州经平汉铁路转购而来的焦作煤、井陉煤、六河沟煤等，④因而在郑州也形成了煤业市场，早在民国初年，郑州已有福中公司、井陉通益公司、福豫公司、荔丰煤厂、荔玉煤厂等数家较大的煤业经销商。⑤

通过以上对各行业的分析，可以看出，郑州在近代凭借其优越的交通和区位条件，而成为大区域之间的物资交换中心以及周边地区的商品集散中心，这极大带动了郑州城市的发展，使一个人口原本不足五千的县城成为中原地区最为重要的商业都会，故《申报》早在1922年2月20日即曾言之："豫省居天下之中，而郑县尤扼豫省之喉。京汉陇海各路，纵横交错，百货骈臻，相形度势，实为汴洛间一大都会。⑥城市商业的发展对城市工业的发展、城市空间结构及社会结构的变动都产生了很大的影响，在以后的章节中将对之进行详细分析。

① 郑州市工商业联合会：《郑州工商业变迁史概况（1904—1948）》（未刊稿）。

② 国民经济研究所具拟：《河南地方概况报告》，1936年。

③ 《郑州工商业情况》，郑州市委档案，《郑州市军管会关于郑州解放前一般情况调查》，全宗号1，卷5。

④ 第二历史档案馆：《陇海铁路货运调查报告》，全宗号28、案卷号13866。

⑤ [日]林重治郎：《河南省郑州事情》，日本青岛守备军民政部、铁路部《调查资料》，第29辑，1922年5月出版。转引自徐有礼编著：《郑州日本领事馆史事总录》，香港：天马出版有限公司2005年版，第57页。

⑥ 《赵倜、张凤台催辟郑埠电》，《申报》1922年2月20日。

小　结

　　经前文分析可知,在长时段地理结构因素发生变动的影响下,朱仙镇由大区域之间的商品集散中心和周边地区的商品集散中心颓变为周边数个乡村的商品集散中心;开封因为新的环境条件的作用,商业功能和性质与清时期相比也发生了较大转变,但因为其周边腹地农业生产不能提供更多的农业剩余,也还因为较弱的交通优势,致使它的商业腹地范围受到较大限制,不能从更为广阔的区域中吸纳资源,从而使其商业发展的动力受到较大限制,而郑州却在新的优势因素的影响下,商业获得了飞跃性发展,成为中原地区最为重要的大区域之间的商品集散中心和周边地区的商品集散中心。不同的商业变迁,在对城市发展产生不同推力的同时,对于三者工业的发展也产生了不同的影响下,因为"商业活动促进和传播一切活动,其中包括工业活动的胚芽,就像风把种子吹到远方一样……但是,这些种子并不总是能找到一块适合发育成长的土地"[①],郑州棉花市场区位的形成,为棉纺工业在郑州的较大发展提供了非常重要的原材料成本优势和区位前提,花生大规模集散也促进了榨油工业在开封的发展,而朱仙镇则因为商业的绝对衰落,曾经名闻天下的手工业生产也随之萎缩而只能遗名于后世。

---

　　① [法]费尔南·布罗代尔:《菲利普二世时代的地中海和地中海世界》,唐家龙、曾培耿等译,商务印书馆1998年版,上卷第464页。

第五章 CHAPTER FIVE

工业发展的差别

　　近代工业发展是推动近代城市发展的重要动力之一，近代社会经济的工业化进程与近代社会的城市化进程息息相关，这已成为人们普遍的认识。著名的制度经济学家道格拉斯·C.诺斯在其代表作《经济史上的结构与变革》一书中曾说，"现代经济史学家普遍认为，工业革命是把人类历史分开的分水岭"，经过工业革命后，西方的社会发生了重大的变化：1.人口前所未有地增长；2.西方社会达到的生活水平是以往不可比拟的；3.农业不再是主导的经济活动，在经济中，工业和服务部门在重要性上取代了它；4.结果，西方世界变成了一个城市社会，其含义为专业化、扩大、分工、相互依赖和不可避免的外在效应。①可以说，工业革命推动了近代

---

　　① [美]道格拉斯·C.诺斯：《经济史上的结构与变革》，厉以平译，商务印书馆2007年版，第180~181页。

人类社会的文明转型,工业生产的集聚点——工业区位所形成的"人口大规模集聚的本体"①,也推动了近代城市的发展,极大地促进了人类社会的城市化进程,构成工业的工厂甚至成为"新的城市有机体的核心"②。本书所研究的三个城市也因为工业的不同发展而拉开了更大的差距。故在本章中,对在长时段地理结构因素及中时段社会经济运动影响下,三个城市在工业方面的不同发展做一详细分析。

---

① [德]阿尔弗雷德·韦伯:《工业区位论》,李刚剑等译,商务印书馆1997年版,第23页。

② [美]刘易斯·芒福德:《城市发展史起源、演变和前景》,宋俊岭、倪文彦译,中国建筑工业出版社2005年版,第472页。

第一节　发展现代工业的区位优势

ERSHI SHIJI ZHI ZHONGGUO

近代大工业作为一种新的支撑人类生存发展的经济方式，在向全世界扩散的过程中，其在各地的发展也如同农业经济一样，自有其适宜性和选择性，并非每个地理空间点上都成功地产生了新型的工业城市，也并非每个地理空间点上的传统城市都成功地实现了近代工业建设和城市文明转型。那么，是什么原因造成工业生产只在某些地理空间点上得到了发展，而在其他点上则没有出现相同或相类似的现象？也就是说决定工业发展具有地理位置选择性的关键原因是什么？

一、影响现代工业发展的区位因素

一般而言，根据经济学的原理，工业生产作为一种经济方式，若非出于特殊的目的和原因，把某种工业生产布局在某个地理空间点上，一定是在这个地理空间点上具有某种经济优势，即在这个点上生产一定产品比其他地方生产的成本要低，或在销售产品方面所能获得的利润较高。正是这种经济优势决定了工业生产的选址，从而造成工业生产只在某些具有这种优势的地理空间点上得到发展。

在构成某一地理空间点上发展工业所具有的所有经济优势中，对运输成本的节省，是其中比较重要的一种，运输成本是构成影响工业生产区位分布的三个一般区位要素之一。①对于此点，陆大道先生也认为，生产力地区布局的基本原则是合理的产销计划，保证产品从生产、运输一直到消费者手中的总支出达到最小，而"最低运输费用原则仍然起主导作用"，在考察生产力的地区布局是否合理时，也仍是"最主要反映在地区间的运输联系上，一般地说，如产生大量的对流运输、过远运输、迂回运输等不合理运输，生产力布局就应当加以调整"②。

在工业生产从选择厂址开始直至产品售出的整个流程中，运输成本主要包括三方面，即原材料的运输成本、燃料的运输成本以及产品售往市场的运输成本。在没有其他因素的干扰下，工业生产的区位选择就取决于三者运输费用高低的比值。当一项工业生产所需用的原材料在生产过程中失重较大时，原材料产地的拉力会比较大，会使工业生产的区位接近原材料产地；而当原材料在生产的过程中失重较小时，市场的拉力会比较大，工业生产的区位会接近市场；而当一项工业生产需要耗费较多的燃料时，其区位就会接近燃料产地。总而言之，为了节省运输费用，使其达到最小值，就要使企业在原料产地、燃料产地和产品销售地三者之间寻找最小运费点。

而据《区位论及区域研究方法》一书研究，在棉花、羊毛、亚麻的初级加工工业中，原材料的运输成本远远超出生产所需的燃料的运输成本和产品的运输成本，加工后的废料较多、失重较大，因而若其加工厂址距离原材料产地较远的话，会支出很多不必要的原材料运输成本，因而这些工业一般应该接近原料产地；而花生作为榨油工业的一种主要原料，在由花生转化为花生油的过程中同样失重较大，榨一吨花生油一般需要3.5吨花生，榨油之后，所产生废渣的重量远在花生油之上，也就是说原材料的重量远超过产品的重量，前者的运输成本也就会大于后者的运输成本，因而花生榨油工业也应当接近原料产地。③这样就会明白，郑州所形成的棉花市场区位和开封所形成的花生市场

178

---

① [德]阿尔弗雷德·韦伯：《工业区位论》，李刚剑等译，商务印书馆1997年版。

② 陆大道：《区位论及区域研究方法》，科学出版社1988年版，第51、52页。

③ 陆大道：《区位论及区域研究方法》，科学出版社1988年版，第54、55页。

区位与二者分别发展棉纺工业和榨油工业之间所存在的必然关系。

二、原材料区位优势

对于郑州形成棉花市场区位对郑州发展棉纺工业所提供的经济优势,早在1920年,豫丰纱厂的筹建者穆藕初先生曾进行过分析,认为"郑州地当中枢,陕西、山西两省所产棉花之由彼东下者,为数甚巨;且其地介于京汉、陇海两路线之间,东西南北四路畅运,交通便利,销场甚广;煤金、劳力色色较廉,苟于此设厂制造,不但能就近供给,诸多便宜,且申、郑二厂联为一气,原料金融互相调剂,利赖孔多"[①]。

作为豫丰纱厂的投资人和创办者,不论穆藕初先生建厂是为了民族利益,还是为了国计民生,最能牵动其神经的仍是纱厂的实际总收益。在这段话中,他围绕着生产成本和产品利润考虑了设厂于郑的四个优势,首先是原料来源较丰,其次产品销路较广,另外燃料和劳动力成本也较低廉。这四者影响到生产成本的高低和产品效益的多少,但产品的效益并不仅仅取决于产品自身,因而难以把握。[②]所以生产成本的降低是提高总收益的更为有效的途径,而在豫丰纱厂的生产成本中,原料成本则占据着核心地位,依据1927年北伐军三十六军政治部所作的调查,生产10支纱的每包(重约370斤)成本包括棉花原料130至150元、工薪7元、煤3元半、其他物料约7元、杂项用费约14元;生产16支纱的每包成本包括棉花原料150至160元、工薪13元、煤约3元、其他物料约9元、杂项用费约16或17元;生产20支纱的每包成本包括棉花原料150至165元、工薪14

①　穆藕初:《藕初五十自述》,见《民国丛书》第一编,上海书店1989年版,第48页。

②　如《郑州豫丰纱厂最近调查》中所记:"利益,因销路不一、售时不同,价格亦不一致,大致平均每包可获利益二十元以下,全锭开齐,如不发生特殊障碍,每天至少可获两千余元,每年可获七十万元,若遇事局不宁,销路梗塞,机会错过,则每月负担银行利息至少约一万两千余(如堆积棉花一万五十石,值洋六十万元,积纱三千六百包,值洋六十万元,共计占流通资本约一百二十余万元,约以一分行息)。所以积货愈多,需成本愈厚,吃利息亦愈重。如遇纱价转体,尚可获利,万一纱价低落,则亏本未可限量。"(《郑州豫丰纱厂最近调查》,汉口《民国日报》1927年8月9日)

元、煤约3元、其他物料约10元、杂项用费约20元，原料成本所占比例最低为76%、最高为83%，[①]因而原料成本的节省是降低整个生产成本的关键。

而设厂于郑也正是通过对原料运输成本的降低而在减省原料成本方面起了重要作用，关于此点就连以掠夺我国财富为目的的日本人也有同样的发现："现在郑州棉运往上海（一担运费是2元，一包350斤，一包运费7元），在上海纺织后再运回郑州（一包运费7元）。因此，郑州豫丰纱厂比上海等其他制品少14元，或14元廉价贩卖，相互竞争，从中占取有利地位。"[②]

这种巨大的优势甚至不需要通过贸易，只通过简单的物物交换，即可赢得巨大的利润：

"招聘优秀的工程师来郑州开办纱厂，购入原料，售出日本制品，通过物品交换逆结算的方法，不送货只靠结算差额也获利不少，现在可谓机不可失。"[③]

何况，当时除运输费用之外，沿途还有众多的捐税，据《中国棉产改进统计会议专刊》中所载，在1933年，棉花运往上海支付的各种捐税有六七种之多，其中包捐（每包150斤）1元、厘金每百斤7角、经纪捐每百元1元、火车捐每百斤2角9分4厘、保险费每20吨20元。[④]

至此，可以明白每年消费棉花在10万担以上[⑤]的豫丰纱厂处在中部地区棉花集散中心——郑州所具有的区位经济优势是多么的大，这构成郑州发展棉纺工业的主要成本优势，并为后来郑州成为全国六大棉纺工业基地提供了重要前提。

---

① 《郑州豫丰纱厂最近调查》，汉口《民国日报》1927年8月9日。

② [日]林重治郎：《河南省郑州事情》，日本青岛守备军民政部、铁路部《调查资料》，第29辑，1922年5月出版。转引自徐有礼编著：《郑州日本领事馆史事总录》，香港：天马出版有限公司2005年版，第23页。

③ [日]林重治郎：《河南省郑州事情》，日本青岛守备军民政部、铁路部《调查资料》，第29辑，1922年5月出版。转引自徐有礼编著：《郑州日本领事馆史事总录》，香港：天马出版有限公司2005年版，第23页。

④ 中国棉产改进会：《中国棉产改进统计会议专刊》，1933年，第31页。

⑤ 据河南省实业厅1923年冬季调查，豫丰纱厂年消费棉花数量为32.4万担（河南省实业厅：《河南全省棉业调查报告书》，1925年1月，第100页），而到1936年，豫丰年用棉量仍有112 175市担（河南省棉产改进所：《河南棉业》，1936年12月编辑发行，第108页）。

花生对开封发展榨油工业所起的作用与棉花对郑州发展纺织工业所起的作用性质完全相同，都是体现在对原材料运输成本的节约方面。在1928年以前，集中于开封的花生向外转运销售时，以上海最多，其他依次为汉口、青岛、济南等地。[①]运销上海等埠的花生除了部分直接出口外，多数在上海等地用作榨油。因花生榨油后失重较多，故从开封运送花生到各大港口榨油会支付很多额外的运输成本，因而"少数花生米商人感觉运费过重，乃有变生为熟之法，买花生米后，就地榨油，卖其糟粕，而独运油以去，所省运费不止一半。开封之花生类出品遂有花生米与花生油之分"[②]。这样，对原材料运输成本的节省，促使榨油业也趋于选择接近原材料产地，并构成在原材料产地发展榨油工业的主要成本优势。

三、矿产分布区位的影响

现代工业的发展除了产生大规模的对原材料的需求外，对能够提供动力的燃料的需求也达到惊人的程度，燃料成本（包括其运输费用）在工业生产的各种支出中也占着重要的地位。根据国家统计局20世纪80年代所作的统计，在五大主要物质生产部门中，工业耗能还位居最高，为81.2%，其他依次为农业、交通、建筑业、商业，分别占10.9%、5.4%、2.0%、0.5%，[③]因而在工业生产的各种成本支出中，对燃料成本的考虑也就不可忽视。又因为为工业生产提供动力的燃料是一种完全失重的物品，其运输费用也就成为各种成本中的突出因素，所以一般而言，耗能较多的工业往往倾向分布于距离大型煤矿较近的地方，因而煤矿资源的分布也成为影响工业布局的重要因素之一，成为影响各个城市发展现代工业的新资源之一，与煤矿资源距离的远近一定程度上也决定着发展工业所具有的成本优势的大小。

在前文导论中，笔者曾提到本书所讲的中原地区是以今河南省为主，兼有

① 《豫东花生业发达》，《中行月刊》，第9卷第6期，1934年12月。

② 《开封小记》，《禹贡半月刊》，第4卷第1期，1935年9月。

③ 陆大道：《区位论及区域研究方法》，科学出版社1988年版，第55页。

周边其他相邻省份的部分地区在内，如河北的南部、山东的西部及江苏、安徽的西北角等，因为这些地区与河南的东部地区同属于黄河下游冲积平原，尽管在行政区域的划分中存在着界线，但从自然地理的角度来看却并无明显的地理分界。在这个区域内，京广线以西地区山脉较多，而东部则是广袤的黄淮平原，矿产资源主要分布于西部和西北部多山地区，从北部的安阳开始，由北而南在西北部和西部的山区中形成了一系列较大的煤田，分布在太行山大背斜层东翼及南翼的有安阳煤田（包括安阳、武安、汤阴、林县、汲县、淇县、辉县等）、修博煤田（包括修武、博爱、沁阳三县）、新渑煤田（包括新安、渑池、陕县、济源等县）、宜洛煤田（包括宜阳、洛阳、偃师、汜水、巩县、荥阳、登封等县）；分布于熊耳山伏牛山东麓的有禹密煤田（分布于禹县、密县、郏县等县境内）、汝宝煤田（分布于临汝、宝丰、鲁山等三县境内）、南召煤田（分布在南召县西南及东南境）等；分布在西北部、西部山区之外的唯一大煤田只有位于大别山北麓的商固煤田（位于商城、固始交界处）。在这些煤田中，依据《河南省二十二年度矿业概况》一文中的分析来看，在民国时期，产量最高的县份为安阳（著名的六河沟煤矿所在地）、修武和博爱（中福公司所在地），此三县所产煤量恒占全省总产额的二分之一以上，其他产煤较多的县份则依次为禹县、巩县、密县、汤阴、陕县、武安、宜阳、新安等，[①]总的看来，豫西和豫北是煤炭分布和产量较高的地区。这种分布格局在新中国成立以后随着全省矿产勘探事业的发展虽略有改变，如在缺煤的豫东地区发现了永夏煤田，但整体而言，全省煤矿的分布和出产重心依然是在豫西和豫北地区，勘探较晚的永夏煤田不仅产量较低，而且大规模的开发直到20世纪80年代后期才开始。[②]因而在新中国成立初大规模的工业规划和建设中，就难以为开封带来一种资源优势。况且即使位于豫东地区的永夏煤田距离开封稍近一些，也还是无法和郑州与豫西、豫北各大煤矿的距离优势相比。这种优势差别也可通过郑州、开封两地煤炭价格的对比而体现出来。在《河南地方概况报告》一书的记载中，在抗战前，开封

---

① 《河南省22年度矿业概况》。转引自河南省煤炭工业厅煤炭志总编室：《河南煤矿史志资料民国时期专辑》。

② 《中国煤炭志》编纂委员会：《中国煤炭志·河南卷》，煤炭工业出版社1996年版。

工业用煤有烟煤和焦炭两种,年消费烟煤约一万二三千吨、焦炭约一千吨上下,烟煤每吨八元七角、焦炭十四五元,由产地至本地用火车装运,每吨运费五元四角二分。郑州工业用煤与开封相同、来源地相同(豫北安阳六合沟煤矿、马头镇煤矿等),消费数量也差不多,每顿烟煤价格为七元半至八元,运费最高为三元一角八分,煤价与运价相加,开封每吨烟煤的市价即比郑州高出三分之一左右。[①]这对于发展耗能较高的工业来说,毫无疑问,郑州在燃料成本方面占有很大优势。与开封相比,朱仙镇所用之煤尚需从开封转购,然后用两套或三套马车装运,其运输费用自然又比开封高。

对于郑州在发展工业所具有的燃料成本优势方面,在民国初年的《河南郑州事情》一书中也已作过分析,认为"郑州位于河南大平原的西南部,除西部外,三面均是一望无际的中原大平原,西部有若干山地,地下埋有矿藏,特别是煤炭较多。将来人口增加的话,煤炭工业前景可观。无论是从原料、燃料上来看,还是从工钱来讲,都有无限的潜力"[②]。穆藕初在郑州兴办豫丰纱厂之时也曾认为郑州"煤金、劳力色色较廉"。新中国成立后,经过社会主义工商业改造,全国实行计划经济,大规模的工业建设都按照国家规划进行。国家在规划工业发展的布局时,同样没有忽略对矿产资源分布区位的考虑,在国家的"一五"计划中,尽量接近燃料产地也是决定工业建设地区分布的重要原则,[③]因而安排在河南的由苏联援建的156项重点工程中的10项,全部分布在京广线上及其以西的郑州、洛阳、焦作、鹤壁、平顶山、三门峡等地,这些地区要么本身即为大矿区所在,要么距离大矿区较近,而在缺乏煤矿资源的豫东、豫东南、豫南地区则没有大型工业建设。

除了煤矿之外,铁矿的分布也是影响现代工业区位分布的重要因素。因为

---

① 国民经济研究所具拟:《河南地方概况报告》,1934年。

② [日]林重治郎:《河南省郑州事情》,日本青岛守备军民政部、铁路部《调查资料》,第29辑,1922年5月出版。转引自徐有礼编著:《郑州日本领事馆史事总录》,香港:天马出版有限公司2005年版,第73页。

③ 《中华人民共和国发展国民经济的第一个五年计划(1953—1957)》。转引自中央文献研究室:《建国以来重要文献选编》,第6册。

铁矿石是生产钢铁的原材料，而钢铁则是制造各种生产资料的重要原材料。所以法国著名的经济史学家保尔·芒图认为"冶金工业在现代的大工业中占着一个特殊的位置，可以说它占着中心的位置，因为它对大工业提供设备。应用机械学的各部门都在它那里寻找不可或缺的援助"，"机械化的开端，属于纺织工业的历史，它的最后胜利和普遍发展，只有通过冶金工业的发展才能实现"，而"所谓冶金工业，首先应当指的是钢铁工业"①。作为钢铁工业原材料的铁矿石则是一种失重较高的材料，同时又因为冶金工业耗能较多，所以一般而言冶金工业会接近铁矿的分布地或煤矿的分布地。经过冶炼程序后所得到的产品——钢铁，尽管是失重并不大的材料，但却是重量较大的材料，在运输途中同样需要花费较高的成本，这样一来就会加大铁矿分布地对机械工业及各种以钢铁为原材料的生产资料工业的拉力，而影响到机械工业的分布区位，并通过机械工业再影响到各种大工业的分布，于是铁矿的分布就构成另一种重要的影响现代工业分布的区位因素。

　　而中原地区的铁矿分布同样以豫北为重，并且与煤矿资源一起，形成了我国为数不多的区域性矿产资源合理配套组合区域之一，即冀南—豫北煤铁及辅助原料组合区。②与这个组合区域距离较近的郑州与开封相比，在发展现代工业方面以及成为现代大都市方面毫无疑问仍然是占着优势的。对此郑州市政府在新中国成立初期也曾认为郑州"居于全省棉麦产区的中心，运输方便，气候适宜，作为棉纺织和农产品加工的中心，是颇合理想的；又因介乎豫西矿区和黄淮大平原之间，所以也具有发展机器制造业的可能"③。

　　中原地区这种矿产资源分布格局不仅对郑州、开封和朱仙镇三者在近代的工业及城市发展产生了重大影响，而且对当代整个河南省工业及城市的发展与分布格局都起了关键作用。在明清时期，河南最为重要的城市和规模较大的市镇多数确实如同施坚雅先生所言都分布在河流谷地内，如开封、洛阳、朱仙镇、道口镇、周口镇、社旗镇、荆紫关镇等。晚清民国后，因为京汉陇海铁

①　[法]保尔·芒图：《十八世纪产业革命》，杨人楩等译，商务印书馆1997年版，第216页。

②　赵济、陈传康：《中国地理》，高等教育出版社1999版，第82页。

③　《郑州市总体规划说明书初稿》，郑州市市政府档案，全宗号2，卷168。

路的修建,遂使主要城市的分布格局有所改变,河运城市多趋衰落,在铁路沿线新兴起了一些商业城市,如郑州、新乡、安阳、许昌、漯河、驻马店、信阳等。新中国成立后,随着矿产资源的开发和大规模现代工业建设的推进,全省经济生产及城市分布的重心又发生了变动,到1957年,全省最重要的工业城市依据该年工业总产值来看,依次为郑州、新乡、安阳、开封、焦作、平顶山、三门峡、鹤壁等,①除了开封属于豫东地区之外,其他城市均分布在豫西和豫西北的矿区内或矿区附近,整体构成河南城市分布的重心区域,矿产分布很少的豫东、豫东南及豫西南地区则成为边缘,从而形成新的核心—边缘结构,并且一直持续到今天,豫西北地区都依然是河南现代工业经济生产的重心和城市分布的重心。这与明清时期河南城市的空间分布结构是大不相同的。从此点来看,自然也就难以认同施坚雅先生的关于现代化进程并没有改变中国区域或区域内部原有核心—边缘结构的看法。②

四、市场与交通

产品运往市场所花费的成本是构成工业生产运输成本因素之一,因而工业生产的区位距离市场较近或二者之间拥有较为便捷的运输条件都会构成一种能够节约产品运输成本的生产优势,使产品能够以较低价格参与市场竞争,并获得较高收益。不唯如此,产品拥有市场范围的大小,也决定着工业生产赢利的高低,而在影响产品市场大小的各种因素中,交通条件的优劣起着关键作用。工业生产通过与市场的联系获得各种生产要素,而在交通线上(或附近)齐备生产要素的难度最小、成本最低。交通线越长,聚集生产要素的完备性概率越大,可聚集的生产要素总量、信息量也越大,这个地区的生产就越容易得到进步发展。而聚集到地域中最长两条正交或近似正交交通线上(或附近)的生产要素会再次聚集到两线的交点上(附近)来。生产力在交点附近将

---

① 河南省统计局:《河南省国民经济统计提要:1949—1957》,1958年5月,第24~25页。

② 关于施坚雅的这个观点,参阅其《中华帝国晚期的城市》一书"绪论"部分。叶光庭等译,中华书局2000年版。

快速发展,形成经济中心。①从此点分析我们即可知道位于京汉陇海铁路交点的郑州在发展现代工业时所具有的优势是多么的大,凭借其交通优势,不仅能够以较低成本把产品运往市场,而且能够极大地扩展其产品的市场范围,这在民国初年郑州刚刚兴起之际即为人所知:"然而就其交通运输问题来说,平原东南临近河南大平原的西南,近有山西,远有陕西、甘肃、新疆三省,可以说需求量很大。所以日本与其说把郑州作为商业地,倒不如说把郑州作为工业地更为合适,作为工业地有纺织、火柴、干果、袜子、铁工厂等均是有发展前景的工业"②。而郑州"其地介于京汉、陇海两路线之间,东西南北四路畅运,交通便利,销场甚广",同样也是促使穆藕初先生在郑州开设豫丰纱厂的重要因素之一。③到新中国成立后中央鉴于中国纺织工业大部分集中在沿海的上海、青岛、天津、大连等地及其附近城市,远离原料产地和内地销售市场,地区分布不合理,而重新规划六大棉纺基地,郑州作为其中之一,也是因为具有原材料优势和接近内地广大消费市场的优势。这样,在各种优势资源的作用下,郑州成为新中国成立初期全国性重点建设的工业城市之一。

与郑州相比,开封所具有的交通优势就相对要差一些,只有一条铁路干线通过,其市场范围也就大受限制,这在前文关于开封商业腹地的分析中即可看出。再加上其他因素的影响,其工业建设在河南整个工业建设规划中,就处于相对边缘的地位。而朱仙镇则在近代中原地区区域环境的变动下,不仅不能具有新的交通优势,甚至连原有的交通优势也失去了,因而更加难以聚集起推动城市发展的资源,这样在近代的发展中,本身所具有的传统工业生产也不可避免地衰落下去,呈现出与前两者完全不同的态势。对此,民国时期即有论者做过分析:"开封古有梁苑之目,朱仙镇曾列吾国有名四大镇之一……繁华情形,可见一斑。以开朱两地为惠济贾鲁两河所流通,又与由开封至许

---

① 管楚度:《交通区位论及其应用》,人民交通出版社2000年版,第4页。

② [日]林重治郎:《河南省郑州事情》,日本青岛守备军民政部、铁路部《调查资料》,第29辑,1922年5月出版。转引自徐有礼编著:《郑州日本领事馆史事总录》,香港:天马出版有限公司2005年版,第73页。

③ 穆藕初:《藕初五十自述》,见《民国丛书》第一编,上海书店1989年版,第48页。

昌南北大道呈交叉,水陆贯穿,为各省与中原交通所必经也。自黄河挟沙入汴,一变荒凉,而惠济贾鲁两河淤塞,实为开封与朱仙镇不能恢复旧观之主要原因,及平汉路完成,而南北大道复改由郑州通过,致豫东工商业逐渐衰颓。"[①]

最终,在长时段地理结构因素和中时段社会经济形势(包括社会环境和自然环境)变动的影响下,朱仙镇甚至连发展传统手工业的优势也失去了,开封也在中原地区新的工业建设体系中处于边缘位置。而郑州则在区域环境变迁中获得新的发展现代工业的动力,成为中原地区新的现代工业生产中心。

---

① 《豫省建设现以水利为中心工作而豫东运河网又为水利事业最重要计划,此项工程完成后与地方有何意义试详言之》,《河南政治月刊》,第6卷第6期,1936年6月。

188

第二节　朱仙镇——传统工业的衰落

ERSHI SHIJI ZHI ZHONGGUO

　　依据乾隆时期的碑刻资料《重修关帝庙碑记》和《本庙全图》来看，在朱仙镇商业的兴盛时期，镇内比较重要的手工业应为皮毛制造业、版画业、毡帽作坊、缨帽铺、鞭炮制造业等。因为据许檀老师统计，全镇共有羊毛字号31家、皮房251家、毡帽作坊8家。[①]但到民国时期，均已不见任何记载，估计已消失殆尽。与皮毛业相比，朱仙镇的木版年画生产要重要得多，在年画生产的兴盛时期，朱仙镇一度成为清代全国最为重要的四大年画产地之一。其艺术特色也曾得到鲁迅先生的赞美："河南朱仙镇的年画，绍兴称为'花纸'，我看是好的，刻线粗健有力，不似有些地方印刷那样纤巧。这些木版年画，不染脂粉，人物色彩浓重，很有乡土味，具有北方木版年画的独有特色。"[②]现在一般认为朱仙镇木版年画是从北宋开封年画传承而来，但关于其早期的发展历史，迄今为止并没有发掘出可以确证的资料。冯骥才先生认为中国真正形成张贴年画风俗的时期是明末清初，而直到康乾时期，才使得"这五彩缤纷的风习得以普及到九州广大的乡野"[③]。据此判断，朱仙镇木版年画兴起与朱仙镇商业兴起的

　　① 　许檀：《清代河南朱仙镇的商业——以山陕会馆碑刻资料为中心的考察》，《史学月刊》，2005年第6期。

　　② 　刘岘：《鲁迅谈朱仙镇木版年画》，《豫苑》，1985年第1期。

　　③ 　冯骥才：《中国木版年画的价值及普查的意义》，《民间文化论坛》，2005年第1期。

时间应该基本上是同步关系。到乾隆年间,在乾隆三十三年(1768)《重修关帝庙碑记》及其他一些碑刻资料中,记载有朱仙镇门神作坊及年画制作工匠的捐资情况。据许檀老师的调查统计,参与捐资的年画作坊家数并不多,一共只有14家,抽厘金额为100两,加上工匠捐银的60两,总数却超过251家皮房的捐资总额(147两)。从这些分析来看,说明单个门神作坊的规模、产量与营业额远远超过皮坊业,当然也就能够反映当时年画经营之兴盛。但对于整个朱仙镇门神作坊的数量而言,估计在年画经营盛期,其总数应当远在14家之上,因为参与关帝庙重修捐资的商户多为山西籍,而依据《中国木版年画集成·朱仙镇卷》一书的调查,在朱仙镇经营年画制作的商人及工匠,兼有陕西、安徽、福建、河南本省及朱仙镇本地人。朱仙镇年画生产除了镇中各作坊以外,该镇四周大小村庄皆有当地人单户或合伙经营开设作坊生产年画,如龙王庙、老尹口、肖庄、赵庄、南北脑店、桃园、营口、瓦灰郭、李午庄、薛店、腰铺、外赵、葛寨、水坡、陈口、南马庄、小刚凹、佛堂王、姜寨、大李旺、西姜寨、东辛店、仙人庄、牛头山、马家、张寨、肖窑、何湾李、潘店胡等等,几乎遍布全镇各村。据《中国木版年画集成》中所作的调查,在民国时期,朱仙镇周边各村多还有年画技工存在。各村年画生产户多为外地画商加工订货,整批兑给镇中商号,规模相对要小。而设在镇中的较大年画商号,如山西人所开的德源长,门面有五六间、后作坊百余间,常年雇刻印工匠达一百四五十人;本地人所开的天义德所雇工匠也在百余人以上;其他如老天成、二天成、二合、天盛德、万通等门神老店,雇工也都有五六十人。镇内各年画商号及周边各村所产年画,在年画生产的高峰时期,每年可达300万至400万之间,销售区域除本省以外,还远销到山东菏泽、江苏徐州、安徽界首以及湖北、甘肃、宁夏等地。故在民国时期的《岳飞与朱仙镇》一书中也曾记载,"红纸门神系旧习过新年之消用物,为镇中最著名之特产。往昔盛时,业此者三百余家,出品盛销于临近各省,大有独占市场之势"[1],总的看来并非夸张的说法。

但随着朱仙镇商业的衰落,作为朱仙镇最重要的手工业生产,木版年画也随之趋于消沉,到民国时期全镇"仅红纸商店二十余家、门神商店四十余家而

---

① 李步青等编著:《岳飞与朱仙镇》,开封教育实验区教材部1934年版,第126页。

已。且多秋后开作，出品甚少，而从事此种业务之技师及制版者，因生活压迫，又多改就他业，故镇中之红纸门神业，不仅难于恢复昔日之盛誉，即现今营业情形，亦难长此保持矣"①。到抗战爆发前夕，又有多家迁往开封，朱仙镇年画更趋衰落。

一般说来，与流动性较强的商业不同，工业生产的稳定性相对要强。朱仙镇木版年画尽管只是作为一种传统手工业生产，却是一种大宗的手工业生产。在朱仙镇的商业衰落之后，它对朱仙镇的发展应当会起到一定的支撑作用。因为我们知道，在江南市镇当中，有很多专业性市镇的兴起和发展并非依靠商业作支撑，而只是建立在某一种或数种手工业生产的基础上，如在樊树志先生的《江南市镇传统的变革》一书中所列举的那些丝绸业市镇、棉布业市镇、榨油业市镇、笔业市镇、窑业市镇、编织业市镇、刺绣业市镇、制车业市镇、造船业市镇等等。②但是根据历史发展的事实来看，朱仙镇的木版年画生产却并没有起到如同江南地区各种手工业对不同市镇所起的作用，相反，而是随着朱仙镇商业的衰落而同步衰落了，并最终由一种普及面非常广泛的生活用品转化为一种文化遗产物和工艺美术品，其主要功能也发生了本质变化。

关于朱仙镇木版年画衰落的原因，在以往的研究中，要么笼统地认为是因为"朱仙镇繁荣每况愈下，市镇的败落，导致工商业萎缩"③，然后影响到木版年画业的衰落；要么认为"民国初年以来，因国内军阀混战，农村经济破产，加之石印和胶印洋画出现并相继进入市场，木版年画遂显颓势"④，还有一些则认为除了以上两种原因外，农村经济破产，农民购买力下降也产生了重要影响。⑤

在这三种解释中，第一种解释不仅比较笼统，而且本末倒置，因为是工商业的萎缩才造成"朱仙镇繁荣每况愈下"，而不是"市镇的败落，导致工商业萎

① 李步青等编著：《岳飞与朱仙镇》，开封教育实验区教材部1934年版，第126页。
② 樊树志：《江南市镇传统的变革》，复旦大学出版社2005年版，第203~204页。
③ 李万卿：《气息奄奄的文化瑰宝》，《中州今古》，2001年第2期。
④ 冯骥才：《中国木版年画集成·朱仙镇卷》，中华书局2006年版。
⑤ 袁汝波：《朱仙镇木版年画的兴衰》，《史学月刊》，2003年第6期。

缩"。而关于那种认为民国时期农村经济衰落、农民购买力低下而影响年画销量的看法，也不太符合事实。因为年画并非是一种农民日常生活中经常消费的大宗物品，而是只在过年时购买一次的商品，其费用在农民所有生活费用中所占份额微乎其微，但这种花费并不多的商品在逢年过节之时，却寄托着人们消灾、祈福、纳祥的心理，其意义可想而知。如年画中的灶爷能够"保佑米、保佑面，保佑锅里掉剩饭。保佑囤里有余粮，保佑骡马拴成行。保佑门楼高盖起，辈辈都出状元郎"；财神为"众神都在当院坐，财神进了俺家门。门外一棵摇钱树，门里一个聚宝盆，聚宝盆里出财宝，摇钱树上结金银"；门神则是"门神爷，骑大马，又看门来又看家。门神门神扛大刀，大鬼小鬼进不了"。因此，像这样一种花费极少而潜在寓意又非常重大的商品，即使对于购买力较低的农民来说，恐怕在辞旧迎新、昭示来年的新春之际，也仍然会是一种不可或缺的重要物品。再者，朱仙镇木版年画的较大衰落在清末民初以前即已发生，民国以后因为战争、天灾、人祸所造成的农村衰落则是发生其后的事。

至于那种认为是新的现代石印、胶印洋画造成传统手工木版年画衰落的观点，若用以分析今天的情况，应该说是比较合乎事实的。因为在今天，在现代工业的影响下，传统手工业生产受到的冲击是非常大的。但我们不能以现在的事实去推演民国初年以前发生的事，尽管中国早在光绪二年（1876）即已引入石印技术，但彩色印刷技术直到清末方才投入使用。①而早期所用印刷机的效率也比较低，直到光绪三十四年（1908），商务印书馆引入铅版印刷机后，速率提高，每小时才能印刷1500张。②另外，在民国初年之前，所印物品最初为西方基督教宣传品，而后以中国书籍、画报、商业广告以及钱钞为主，直到1902年文明书局创立，方才有各种彩图、地图、月份报的印刷，而这些产品的大量普及更是民国以后较晚的时期才有可能的事。③因而，在清末民初即已有较大

① 净雨：《清代印刷史小记》。转引自张静庐辑注：《中国近代出版史料二编》，上海群联出版社1954年版，第339页。

② 何圣鼐：《三十五年来中国之印刷术》，1931年。转引自张静庐辑注：《中国近代出版史料初编》，上海群联出版社1954年版，第257页。

③ 王念航：《彩印业创建史话》，1951年。转引自张静庐辑注：《中国现代出版史料丙编》，中华书局1956年版，第449~451页。

衰落的朱仙镇木版年画之衰落并非是受其影响所致。

对于以上分析，我们也可以从山东潍坊杨家埠木版年画在近代的变迁和兴衰历程中得到佐证。山东潍坊杨家埠也是清代比较著名的年画产地之一，清末民初是其发展的兴盛时期，在年画创作上还推出一些能反映时政的新作品，如《八里皇城街》、《慈禧太后逃长安》、《自觉体面光》、《义和团》、《红灯照》等。在每年腊月年画经销旺季，从外地来杨家埠村的画商高达5000多人（次）。每年年画生产用纸两万令，印画5000万张。并且这种年画生产盛况甚至持续到五四运动之后，然后因为一系列的战乱而遭到较大破坏，才开始走下坡路。抗日战争初期，年画生产曾一度回升。但是由于以后又受到日军的破坏及国共内战的影响方才最终衰落。[1]从其在近代的兴衰变迁过程来看，看不到现代西方印刷技术在清末民初时对其产生的消极影响，也不能发现民国时期农民购买力低而影响年画产品销路的问题。

最后，关于朱仙镇年画在近代衰落的问题可能还是需要从朱仙镇商业衰落及年画生产与贸易本身来作解释。

第一种原因也许是随着朱仙镇商业影响力的萎缩、商业辐射区域的减小，木版年画的销路也同时缩小，然后影响到生产规模的缩小。而与贸易相关的也许还有木版年画业独特的营销方式。与一般商业全年经营不同，朱仙镇年画的营销是从每年农历的九月初九开始，当地所传谚语"九月九门神会，打马子，赶缰会。南来客商两肩担，东来客商推碾碾"，从九月九到腊月三十，全年中，年画营销仅为数月时间，并且真正的营业旺季也只是农历十一月中旬以后，在这段时间内，资本可以流转，年画商户可以获得收入，而在大部分非营销时间内，则全为支出，包括工人的工资、原料成本等都需垫支，即使只雇用30人的年画作坊，其所需资本也会比较惊人。因此没有较大资本，经营年画业务似乎难有可能。那么，随着朱仙镇商业的衰落，随着资本雄厚的大商人的离去，以及金融业的衰退，镇中年画生产也就难以为继。至于周边农村，尽管多在秋后农闲时间从事年画生产，并非完全以经营年画为生，相对易于维持，但

---

① 谭家正：《杨家埠年画发展的历史道路》。转引自郑金兰主编：《潍坊年画研究》，上海学林出版社1991年版。

是因为所产产品尚需经由镇中各大年画商号外销，因而镇中年画商号的衰落也最终会影响到周边农村的年画生产，从而造成朱仙镇年画生产的整体衰落。

第二种原因则需要从木版年画生产的特殊性入手来进行分析。与一般手工业生产不同，年画生产兼具两方面属性，第一方面是与其他手工业生产相同的工艺技术属性，而第二方面则是其独特的艺术属性，并且优秀的年画制作还需要二者的完美结合。在年画生产的工艺流程中，第一步为绘稿。绘稿是年画制作过程中，与美术创作活动联系最为密切的一个环节，要求较高的绘画造型能力、表现能力。并且与一般美术创作不同的是，还要求绘稿者能够熟知一般民众的接受心理、在限定的二度空间内安排画面的能力及通盘考虑以后刻版、印刷的能力。因而可以说年画绘稿是一种复杂性相对较高的绘画创作活动，能够很好掌握绘稿技巧的工匠也就不会很多。在绘稿之后雕版虽然主要为一种工艺技术性的劳动，但一块年画刻版的制成也非一日之功，并且因为年画多为套色印刷，一张年画除了墨版之外，尚需数种套印色彩的配套刻版，这样一张年画的制成，仅刻版也往往耗费数月之功，已经刻出的画版更会弥足珍贵。

在道光二十三年（1843）河决中牟后，黄水沿贾鲁河南下，"大溜正冲镇北，直射关庙春秋阁后"，朱仙镇西镇因地势较高，受黄水破坏较轻，而商业原胜于西镇的东镇因地势较低则是"民舍市廛已沉溺大半"[1]，洪水退后，"淤沙深七八尺，甚者或至逾丈。房舍既遭淤没，商品全被侵毁，朱仙镇之精华，至此损毁殆尽"[2]。想必此次水灾不仅对朱仙镇的商业造成较大破坏，年画生产也受损较重，那些由历代积累下来的年画雕版的破坏流失并非在短时期内所能恢复，年画作坊受此打击，其生产力亦就随之大为下降，再加上朱仙镇整个商业金融业的衰落和经营年画作坊所需资本的巨大，受到较大破坏的大型年画作坊在水灾之后难以恢复旧观，朱仙镇年画生产也随之衰落，以后再随着优秀工匠的流失和故去，年画生产也就愈加无恢复之望。最终，作为一种艺

① ［清］宋继郊：《东京志略》，王晟、李景文、刘璞玉点校，河南大学出版社1999年版，第635页。

② 李步青等编著：《岳飞与朱仙镇》，开封教育实验区教材部1934年出版，第131页。

术性较强的大规模手工业生产，蜕变为今天的传统文化载体和艺术欣赏品，其对朱仙镇的意义与昔时相比亦有本质之别。

　　朱仙镇的手工业生产除了木版年画以外，见诸资料的还有鞭炮生产、豆腐干生产、竹竿青酒生产等，规模都比较小。鞭炮业在乾隆年间，参与朱仙镇关帝庙重修捐款的一共只有五家，共捐款18两，平均每家3.6两，数量与规模都比年画生产要小。到民国时期，除了在朱仙镇留下一条"炮房街"的名称外，亦无任何生产爆竹的痕迹了。竹竿青酒与豆腐干生产在乾隆年间的捐资碑记中没有任何记载，在民国时期，从事生产的也不过一两家手工作坊，规模更小。除此外，1927年，冯玉祥驻豫时，曾购置机器在朱仙镇关岳庙建"九一七工厂"，但为时不久即被改为国民党军政部驻汴残废军人教养院，因而对朱仙镇的发展亦没有产生多大的影响力。新中国成立初期，国家着力建设重点城市的方针政策，甚至使开封都处在国家规划的边缘位置，已没有任何环境资源的朱仙镇就更没有发展现代大工业的机会。

　　至此，既失去了商业功能又没有工业发展的朱仙镇，在中原地区区域城市体系中的地位也就可想而知。

第三节 郑州——现代工业的迅猛发展

ERSHI SHIJI ZHI ZHONGGUO

一、发动型工业：棉纺工业

在前文我们对郑州发展现代工业的环境资源优势进行了分析。从民国时期开始，郑州现代工业的发展即紧紧与其资源优势联系在一起，在随后的历史发展中，形成对郑州城市变动影响极大的工业推动力，这个推动力即为现代棉纺工业。

郑州最早开始的现代工业并不是棉纺工业。在1906年，京汉铁路通车后，分别在北段设长辛店铁路机务修理厂，在南段设江岸铁路机务修理厂，其后因为火车于京汉路中途受损时，需转运南北两端修理，花费时间较多，因而于光绪三十三年(1907)又在郑州创设规模要小得多的机务修理厂，使用的主要为25马力的瓦斯机，煅工厂内设煅炉四具，机工厂内设大小机床41具，1916年增设烟管除垢机一具、镟床两具和50马力的汽机一台。该厂对于郑州城市的发展除了昭示郑州具有第一家现代工业之外，对郑州城市的实际发展所产生的影响并不大。首先因为其主要服务对象为铁路交通，与地方城市联系不大，其次其规模也比较小，全厂面积仅114平方米，所有职工在宣统元年(1909)时仅61人，1912年有84人，其后规模有所扩大，但到1925年也还只有190人，因而其对郑州城市的影响也就比较小。[①]以后虽又有郑州铁路电务修理厂的建立，主要从事铁路电报、电话、电灯的修理业务等，也只有工人100余人，对郑州城市的影响又较前者为小。

其后，随着郑州交通的日趋便利和商业规模的逐渐扩大，各种工业也随之得到一定程度的发展。到1921年时，已经具有能够为城市提供少量电力的发电厂、生产蛋粉的打蛋工厂、生产面粉的面粉工厂、生产胰皂的小型肥皂厂以及与郑州发展现代工业优势资源——棉花联系最为紧密的纺织工业、打包工业等。在各种工业中，棉纺工业与打包工业的地位最为重要，是构成民国时期郑州现代机器大工业的主体。

棉纺工业中的豫丰纱厂建于1920年，当时正值中国民族资本纺织业的迅速扩大时期（1914—1922），仅1920年至1922年三年间由民族资本新建的纺织工厂即有39家，超过此前20余年全国纺织厂的总数。[②]穆藕初先生也鉴于在郑州发展棉纺工业所具有的资源优势（这在前文中已作过分析），并与在上海创办棉纺工厂的优劣情势进行对比后，决定在郑州筹建一大型的棉纺厂。[③]具体筹建始于1914年4月，至10月，一万锭之厂屋及电力厂均告完竣，至阴历年底，纱机完全装竣，第二年阴历二月十七日生火试机，所出产品16支、20支宝塔牌纱，纱质较上海各厂还好，拉力犹强，上市的产品很快即销售一空。[④]因为效益较好，其后规模渐趋扩大，1921年增加两万锭、13年复增加两万锭，还有织布机300架。资本也由最初的50万增加到300万，再加上厂屋、地皮等可值500余万元。流通资本约120万元。职员110余人，工人5000名。原料由陕西、彰德府、山西、陕州等地购来，如5万锭开足，每24小时共需粗细绒500担左右。燃料由丰乐镇之六河沟来，每24小时共需50吨。[⑤]所产产品因为占着资源成本优势，除了销于当地外，还能够远销陕西、山西、甘肃、新疆等省，具有很强的市场竞

---

① 国民党交通部《交通史》编纂委员会：《交通史路政编》第八册，1935年，第1108~1114页。

② 《中国近代纺织史》编委会：《中国近代纺织史》，中国纺织出版社1996年版，上卷第23页。

③ 穆藕初：《藕初五十自述》，见《民国丛书》第一编，上海书店1989年版，第48页。

④ 《豫丰纱厂之沪闻》，上海《民国日报》1920年6月11日。

⑤ 《郑州豫丰纱厂最近调查》，汉口《民国日报》1927年8月9日。

争力,①其中细纱甚至还能够销于上海、汉口等棉纺业中心地区。②到20世纪20年代末因屡遭军阀剥削亏累日剧,及民国19年后又因劳资纠纷迭起,营业为之衰落,至1934年春不得不宣告歇业,由天津中国银行团筹资120万元于当年5月1日接办,将原有机件加以修理和改良,之后工人数目有所减少,共有职工3300余人,但生产日增,营业还较发达。③只是为时不久抗战爆发,不得不把重要机器迁往西部地区,所剩设施、厂房等在抗战中又遭到战火破坏,所留部分,新中国成立后尚有厂房3400余间、纺纱技工500名以上,构成郑州国棉二厂的基础。④

伴随郑州棉花贸易同时发展起来的还有打包工业。

棉花打包业依附于棉花贸易业。棉花质轻松软,占用空间较大。而近代远距离运输工具火车、轮船等,则对货物重量与占用空间的比例有严格规定,棉花若不能压缩至最小体积,其运费之浩大则远非其重量所能相比。且棉花蓬松易燃,而经过打包压轧之后的棉花包,则不宜发生火灾。另外,经过打包的棉花,费用较低,装运与存栈也都比较方便。因而打包机一经发明,便迅速被各地采用。在1924年以前,郑州所用为木制打包机,所打之包体积仍然较大,便于1924年筹建豫中铁机打包厂。该厂设于郑州西陈庄,所用机器为英国生产,投入资本35万元,有职员40余人,管理机器工人10名。1925年后投入使用,每日能打400多包,赢利颇多。故自其建立后数年,虽政局紊乱、交通阻碍,犹营业不衰。

1933年,郑州又建大中打包厂;1934年,建协和打包厂。大中打包厂规模较大,每日可打300余包;协和打包厂规模较小,只有一台打包机,固定职工20余人,每日可打一两百包。

---

① [日]林重治郎:《河南省郑州事情》,日本青岛守备军民政部、铁路部《调查资料》,第29辑,1922年5月出版。转引自徐有礼编著:《郑州日本领事馆史事总录》,香港:天马出版有限公司2005年版,第75页。

② 河南省棉产改进所:《河南棉业》,1936年12月,第108页。

③ 《郑州纺织与机器工业概况》,《工商半月刊》,七卷二十一号,1935年。

④ 郑州市档案馆:《郑州市可以恢复的几种工业调查》,郑州市委档案,全宗号1,案卷号42。

郑州的打包厂和豫丰纱厂虽然因为抗战的影响而存在时间较短,但对郑州城市的发展却产生了相当大的影响。从民国初年开始直到抗战前夕,棉纺工业和打包工业不仅构成民国时期郑州现代机器大工业的主体,而且在整个河南的现代机器大工业中都举足轻重。

据河南省政府建设厅调查统计,在1930年,郑州市所有合乎《工厂法》第一条的具有工厂资格(用马达且工人在30人以上为工厂)的现代工厂仅仅只有豫丰纱厂和豫中打包厂两家,全省有19家,但豫丰纱厂和豫中打包厂两厂的资本额即占全省所有工厂(包括豫丰纱厂和豫中打包厂的数额在内)的近1/2,工人数则远远超过1/2。[①]到1934年,郑州所有合乎《工厂法》第一条的工厂有豫丰纱厂、豫中打包厂和大中打包厂三家,全省则共有24家,三厂资本额仍然占全省所有工厂的近1/2,工人数超过1/2稍多。[②]

郑州棉纺工业在河南全省工业中所占比重既如此之高,其在郑州一市所有工业中所占份额就更为巨大。在中国国民党陇海铁路特别党部的调查统计中,1936年,豫丰纱厂的资本额为500万元、工人有3000余人,豫中打包厂资本为百万元以上,大中打包厂有30万元,协和打包厂有20万元,其他制革厂、机器制造厂、成料器厂等全部加在一起尚不能超过50万元,只及棉纺工业的1/13。[③]而据国民党军事委员会委托机关经济统计研究所调查,到1937年,郑州较为重要的工业有棉纺业、棉花打包业、翻砂铁工业、玻璃制造业、肥皂生产业、制革业、印刷业等,前两者的资本额占所有工业总数的90%,工人数所占比例则更高,达到93%以上。[④]

因棉纺工业是构成民国时期郑州城市近代大工业的主体,它对郑州城市的发展也就具有相当强的影响作用。它增大了郑州城市的规模,推动了城市文明性质发生转化,并影响到城市社会结构的变动,甚至构成郑州城市的发动

---

① 河南省政府建设厅编印:《民国十九年度河南建设概况》,第222~223页。

② 实业部中央工厂检查处:《中国工厂检查年报》,1934年。

③ 中国国民党陇海铁路特别党部编:《陇海铁路调查报告》,1935年,第84页。

④ 刘大钧主编:《中国工业调查报告》,军事委员会、资源委员会参考资料第二十号,经济统计研究所1937年版,下册第93页。

型工业。

在棉花打包工业中,郑州的三个棉花打包厂的正规职员并不多,一共尚不足100名,数量微小。但棉花在打包之前,必须去籽、筛检、挑选、分类等,却需要较多的人力进行劳作, 从而能够吸纳较多的劳动力。在郑州棉花业兴盛时期,豫中打包厂有此类工人四五千人,大中打包厂和协和打包厂虽然规模较小,也都有六七百人。①

豫丰纱厂在兴盛时期,则共有职工4400余人, 其中男工601人、女工3049人、童工761人。②这些人口数目若再加上其他从事棉花工业的人数以及那些为这些工人提供生活服务的人数, 使郑州在抗战前与棉花工业相关的人数接近或超过一万人,而在1916年,据警察厅户籍统计调查所调查,整个郑州城市户数才500户,人口才3300人。③棉纺工业对近代郑州城市规模扩大所产生的影响也就不言而喻。

在推动郑州城市规模发生变动的同时, 打包工业和棉纺工业在郑州的发展也使郑州有了第一批近代机器大工业,轰鸣着的机器在创造出更多的物质产品,促使郑州由传统政治型、消费型城市转向近代工业生产型城市,实现城市文明性质转化的同时, 也为郑州城市创造出一个新的社会阶层——依附于机器的近代产业工人,他们的命运和生活与棉花机器息息相关,为了一点微薄的收入而在寒冷的冬天"一个个袖手缩颈,寒颤频频,强抖精神,守候数小时,俟厂门开后, 即争先恐后,恳求发给工作签"④。机器的稍微停止对他们也将是极为恐怖的事情,"最近纱厂已停工……乃群起惊慌, 推出工人代表数人向协理毕运程、纺纱主任童吕青要求三则",首要即为"规定开工日期,俾工人等有恢复做工之希望,即工人等极愿自食其力"。在厂方当局拒绝之后,全厂工人"无可如何,均告生计绝望,多数女工,遂致沿门求乞云"⑤。而机器生产对工人其他方面的影响则一如马克思在其《资本论》中所作的分析,如工时的延长、

---

① 《郑州棉花打包》,《河南统计月报》,第1卷第7期,1935年7月。

② 河南省棉产改进所:《河南棉业》,1936年12月。

③ 白眉初:《中华民国省区全志·鲁豫晋三省志》,北京:求知学社1925年版。

④ 《郑州棉花打包》,《河南统计月报》,第1卷第7期,1935年7月。

⑤ 《郑州豫丰纱厂停工》,上海《民国日报》1927年5月5日。

妇女和儿童对工业生产的参与以及劳动强度的增加等等。[1]

在此之外，民国时期棉纺工业在郑州的发展所具有的经济意义也比较大，具有构成推动郑州城市经济发展的"发动型工业"的可能。"发动型工业"的概念是法国经济学家佩鲁1955年在其《略论增长极概念》一文中所提出的，是指那些规模较大、增长速度较快、有充足的物资供应、与其他产业及区域经济联系紧密、产品具有全国性或世界性市场、产品增值效果好、市场对该产品需求的弹性大、具有高度的空间集中倾向、创新精神较强并对城市及区域经济推动作用较大的主导产业，这种产业是构成影响区域经济发展的"增长极"的核心和关键。在"发动型工业"的影响下，其所在城市的经济会高速发展而形成区域经济中心。[2]但因为新中国成立以前社会秩序的混乱和战争的频繁破坏，棉纺工业对于郑州城市并没有起到相应的作用。新中国成立之后，在国家的宏观规划下，大规模棉纺工业的建设以及郑州作为国家六大棉纺工业基地的定位，使棉纺工业成为推动郑州城市在新中国成立初期直到上个世纪八九十年代经济发展的主要动力，而具有佩鲁所言的"发动型工业"的功能。

对于郑州发展棉纺工业所具有的原材料成本优势及能源优势，新中国成立不久，郑州市委经过调查，即认为"郑州有大量的棉花、皮毛、煤炭等工业原料和勇敢勤劳的人民，要把消费的城市改变为近代化的生产城市是有条件的"，而恢复发展棉纺工业的有利条件也较多：（1）离棉花产地近，且为陕晋棉花出口之要道，而且质量好；（2）现有豫丰纱厂旧址，略加修理即可装置四万锭子；（3）现有500名以上的纺纱技工，均盼恢复纱厂，且政治觉悟较高，可做领导骨干；（4）销路好，过去仅许昌一地即销豫丰纱厂总产量的6/10，不用远道运输，利润很大（棉纱可得40%，布匹约可得30%），若再推行至陕甘、西北各省发展前途更加广阔。[3]在这四条优势中，第1条和第4条分别构成郑

① 马克思：《资本论》，中央马恩列斯著作编译局译，人民出版社2004年1月第2版，第1卷第453~480页。

② 许学强等编著：《城市地理学》，高等教育出版社1997年版，第180页；李培祥：《城市与区域相互作用的理论与实践》，经济管理出版社2006年版，第61页。

③ 《郑州市工商业初步调查及今后恢复发展的意见》，1949年6月，郑州市委档案，全宗号1，卷17，《郑州市委政研室关于郑州市各种情况调查研究总结与今后意见》。

州发展棉纺工业的原材料优势和市场优势，这在前文中曾作过分析，第2条和第3条则构成影响新中国成立后棉纺工业发展的历史因素。因为以上优势的存在，棉纺业又成为新中国成立后郑州市首要恢复的工业门类。而郑州市则在国家第一个五年计划尚未开始之前，甚至在开封市委关于全省各大城市未来工业的发展规划中即已被定位为河南省的纺织业中心，只是其规划规模仍然只有五万个纱锭，①与以后国家进行第一个五年计划时所规划的规模相比要小得多。

为了给以后大规模棉纺工业建设作准备，便由河南省投资于1949年11月首先动工兴建了郑州纺织机械厂，1951年正式投产，成为全省经济恢复时期最大的一家工厂，生产多种纺织机械、为纺织企业提供配套设备，首开新中国成立后郑州纺织工业系统建设的先河。

1951年在豫丰纱厂的原址上由国家投资建成拥有3万枚纱锭的郑州棉纺织厂，即郑州国棉二厂，其规模与豫丰纱厂相比相对要小，1953年9月投产。

国家在1952年底结束三年的国民经济恢复阶段后，于1953年制订的第一个国民经济五年计划，把重工业的基本建设作为其重点，首先集中力量进行苏联帮助我国设计的156个工业单位的建设。在地方建设中，要求地方计划同中央各部的计划结合起来，在中央统一领导下，也要首先保证分布在各个地方的国家重点工程的建设。②而在重工业之外，在第一个五年计划时期，为人们提供生活资料的轻工业建设则以棉纺业为主，国家对其分布也做了比较合理的新部署，部分地改变了轻工业过去集中在沿海的现象，而移于接近原料产区和消费地区的内地。③在国家的宏观规划之下，洛阳和郑州便成为全省两个重要工业基地，除了三门峡水利枢纽工程、焦作中马村煤矿、平顶山二号矿井之外，分布在洛阳的国家156项重点项目有洛阳有色金属加工厂、洛阳第一拖拉

---

① 《开封市委关于河南工业建设的初步意见》，1949年3月31日，开封市委档案，全宗号1，卷11，《市委关于工业、建设、工运等工作计划的报告意见》。

② 《中华人民共和国发展国民经济的第一个五年计划（1953—1957）》。转引自中央文献研究室：《建国以来重要文献选编》，第6册，第407、408页。

③ 《中华人民共和国发展国民经济的第一个五年计划（1953—1957）》。转引自中央文献研究室：《建国以来重要文献选编》，第6册，第425页。

机厂、洛阳滚珠轴承厂、洛阳矿山机器厂、洛阳热电厂等五家,分布在郑州的只有郑州热电厂,但郑州却是全国六大棉纺工业基地之一,郑州国棉一厂、国棉三厂、国棉四厂、国棉五厂、国棉六厂以及郑州电厂、郑州热电厂、郑州肉类联合加工厂、郑州面粉厂等均属于国家"一五"时期全国限额以上的694个大型企业。因而二者是"一五"建设时期河南全省重点建设的新兴工业城市。这从下文"一五"时期河南省各市、各专区基本建设投资额统计图中的数据即可看出其重要性①:

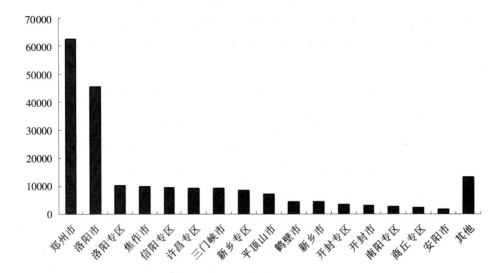

图5.1　"一五"时期河南省各市、各专区基本建设投资额(单位:万元)

　　而在郑州市的投资额中,"一五"期间郑州所建的五个大中型棉纺厂的投资总额即达17 635万元,②占郑州市各种建设(包括工业、农林、交通、文化、教育、卫生、住房等)总投资额的28.1%。若仅仅从工业方面来衡量,所占比例就更高,因为当时郑州的经济建设和城市建设、生产设施和生活设施,是统一规

①　河南省统计局:《河南省国民经济统计提要(1949—1957)》,1958年5月版,第45页,具体数据可参阅本书附录部分附表(九):河南省"一五"建设基本投资额分配表。

②　中共河南省委党史研究室:《河南省"一五"计划和国家重点工程建设》,河南人民出版社1999年版,第291~293页。

划、统一进行的,每年的非生产性投资,一般都占总投资的40%左右。①另据郑
州市统计局档案《郑州市城市建设概况》记载,国家第一个五年计划在前三年
用在郑州工业建设中的投资额占国家在郑州全部投资的59.15%。②这样算来,
五大棉纺厂的投资总额就占郑州市"一五"期间生产性投资总额的47%左右,
其重要性可想而知(五大棉纺厂的具体情况可参阅下表③)。

表5.1 五大棉纺厂概况统计表(单位:投资额:万元;纱锭:个;布机:台)

	筹建日期	投产日期	投资额	纱锭	布机	产额
国棉一厂	1953.5.1	1954.7.1	3169	50560	1584	年产棉纱 6924.94 吨、棉布 3666.67 万米。
国棉三厂	1953.2	1955.8.1	5265	129200	2436	1957 年纱 48751 件、布 5774.3 万米。1959 年增加到纱 81063 件、布 7655 万米,达到设计标准。
国棉四厂	1954.8	1957.5	3638	85000	3696	1957 年纱 20438 件、布 2176 万米。1959 年增加到纱 87102 件、布 10415 万米,达到设计标准。
国棉五厂	1956	1957.11.1	3042	83400	3696	1957 年纱 7207 件、布 883 万米。1959 年增加到纱 88425 件、布 10716 万米,达到设计生产水平。
国棉六厂	1956.4	1958.10.1	2531	85500	3696	1958 年纱 4097 吨、布 2617.31 万米。1959 年增加到 13257 吨、布 9384 万米,达到设计生产水平。

随着各大棉纺厂的建成和投产,纺织工业的产值也飞速增长,其在郑州经
济生产中所占的份额也越来越重。在1953年国棉二厂投产之前增长相对缓慢,

① 河南省城乡建设环境保护厅《城建志》编辑办公室:《当代河南城市建设》,河南教育出版社1989年版,第146页。

② 《郑州市城市建设概况》,郑州市统计局档案,全宗号39,卷27,《郑州市经济文化基本情况和十年(1949—1958)经济建设成绩提要》。

③ 该表依据《河南省"一五"计划和国家重点工程建设》一书中资料绘制。中共河南省委党史研究室:《河南省"一五"计划和国家重点工程建设》,河南人民出版社1999年版,第291~293页。

1948年时为51万元，经过四年发展，到1952年增长了6倍，也只达到333万元，而1953年国棉二厂投产后，仅一年时间即增长五倍，达到1565万元，到1957年第一个五年计划结束时，尽管完全投产的只有国棉一厂、国棉二厂和国棉三厂，其他如国棉四厂1957年5月正式投产、国棉五厂1957年11月1日正式投产、国棉六厂1958年10月1日方才正式投产，但仅此一年各大棉纺厂产值已有14 210万元，为1953年的近乎10倍，占郑州市该年工业总产值的40.3%，[①]并在以后的发展中，所占份额还有较大增长。到1983年，郑州市工业总产值为44.3亿元，而轻纺工业甚至占到61.7%，[②]极大地带动了郑州城市的经济发展，当之无愧为"发动型工业"，体现了郑州作为全国六大棉纺织工业中心的功能和性质。

二、其他工业的发展

除棉纺工业之外，郑州还因为距离豫西煤炭和铁矿矿区都比较近，另外距离豫中产烟区也不远，这二者也构成郑州发展机械工业、卷烟工业的区位优势因素。在新中国成立初期国家对郑州进行长远规划时，对城市发展的经济依据即曾作出如下分析："（1）全省矿产蕴藏量是相当丰富的，根据河南省工业厅1950年不完全的统计资料，各种煤499 000万吨、铁近20 000万吨、铅67 000万吨，上述资源大部分产地离本市很近，冶炼后在本市加工是较为经济的，所以本市发展机器制造业和有色金属加工业也有一定条件；（2）全省的农业技术作物产量也是相当丰富，根据省财委1954年的统计资料，棉花253.2千吨、烤烟910 840千吨、油料作物384千吨，上述作物都临近本市，运输方便，又有其他工业可以配合，所以对发展棉纺织、榨油、卷烟等轻工业也有一定的优越条件。"[③]因而机械工业、卷烟工业不仅是"一五"时期郑州市仅次于棉纺工业的工业门类，而且在后来的发展中，与纺织工业一起构成现当代郑州的

---

① 郑州市档案馆：《郑州市工业基础数字汇编（1948—1974）》，1994年12月，第11~15页。

② 《河南省城乡建设志》编辑办公室：《河南省城建志参考资料之七》，1985年10月15日，第8页。

③ 郑州市城市建设委员会：《郑州市总体规划说明书初稿》，1955年，郑州市人民政府档案，全宗号2，卷168。

三大支柱产业。[1]

　　在"一五"期间，位居棉纺工业之后的工业则为食品工业和金属加工工业（机械制造工业），分别为10 637万元、3400万元，除此之外，其他各种工业总和才只有6999万元，尚不及纺织工业的二分之一。

　　食品工业是"一五"期间郑州各种工业中仅次于纺织工业的一种工业，在食品工业中，卷烟工业占有重要地位。1954年，卷烟工业的总产值占全市食品工业各大国营、地方国营工厂包括植物油厂、郑州酒厂、解放面粉厂、郑州烟厂、南阳面粉厂、合作面粉厂、郑州食品工厂总产值的60%以上，[2]职工数则占到51%。[3]甚至到1990年以后，卷烟工业仍占食品工业总产值的60%以上。[4]而卷烟工业的发展同样是因为郑州占有区位优势，距离豫中产烟地区较近，且有便利的交通相联结所致。

　　而在机械制造工业中，纺织机械的生产占有重要地位。1954年，郑州大型的国营及地方国营机械制造厂和铁工厂中，共有郑州纺织机械厂、郑州机械厂、郑州铁工厂、新民铁工厂等四家，而郑州纺织机械厂的产值即占总的机械制造工业的93.4%，[5]职工数则占到70%左右。[6]纺织机械厂则属于纺织工业的前向关联工业，是在纺织工业的带动下而发展起来的，电力工业与其相似。

　　电力工业中热电厂的分布都是根据工业生产的分布，按照靠近负荷中心或燃料基地的原则进行建设的。热电站的建设不仅可以保证工厂得到足够的电力供应，并且可以集中地供应各工厂和附近居民所需的大量蒸汽和热水，

　　① 张来友：《郑州地理环境与经济发展》，农村读物出版社1994年版，143页。

　　② 《郑州市国营、地方国营工厂1954年12月份总产值计划完成情况统计表》，郑州市委档案，全宗号1，卷264，《工业部五四年度工作报告、安排报告及重点厂推行一专制的总结经验》。

　　③ 《郑州市的基本情况与目前几个问题的调查统计资料》，郑州市委档案，全宗号1，卷289，《郑州市基本情况历史资料》。

　　④ 张来友：《郑州地理环境与经济发展》，农村读物出版社1994年版，155页。

　　⑤ 《郑州市国营、地方国营工厂1954年12月份总产值计划完成情况统计表》，郑州市委档案，全宗号1，卷264，《工业部五四年度工作报告、安排报告及重点厂推行一专制的总结经验》。

　　⑥ 《郑州市的基本情况与目前几个问题的调查统计资料》，郑州市委档案，全宗号1，卷289，《郑州市基本情况历史资料》。

它既能够减少企业自备锅炉车间的建设投资,又能够大大地节省经营管理费和燃料的消耗。①而郑州纺织工业在需要较多电力供应的同时,尚需大量的蒸汽,因而已经具有建设火电厂的需求,况且郑州接近煤矿资源以及便利的交通优势也为大型火电站的建立提供了区位因素,因为一般而言,大型燃煤电厂,年耗煤量相当于装机千瓦总数的2.5至4.0倍,即100万千瓦的火电站,年耗一般动力原煤250万吨,耗中泥煤400万吨,所以在我国包括运费在内的煤炭费用一般占火电成本的50%左右。②这样,在郑州建大型热电厂既有其产品需求又具有成本优势。出于以上考虑,在1954年建成由苏联援建的重点工程之一的郑州火电厂之后,中央决定于1955年又在郑州筹建由民主德国援建我国七大电站之一的郑州热电厂。其位于郑州西郊的纺织工业区附近,1957年开始投入运营后,为"郑州市工农业特别是轻纺工业的发展提供了强有力的动力保证"③。

因为纺织工业和其他工业的发展,到"一五"计划结束时,郑州市已稳居中原地区现代工业生产中心的地位。

---

① 《中华人民共和国发展国民经济的第一个五年计划（1953—1957）》。转引自中央文献研究室:《建国以来重要文献选编》,第6册,第441页。

② 陆大道:《区位论及区域研究方法》,科学出版社1988年版,第54页。

③ 中共河南省委党史研究室:《河南省"一五"计划和国家重点工程建设》,河南人民出版社1999年版,第431~434页。

第四节　开封——现代工业的有限发展

ERSHI SHIJI ZHI ZHONGGUO

一、榨油工业

在前文中曾分析过，郑州因为是重要的棉花集中地而具有发展棉纺工业的优势，并且也确实成为重要的棉纺工业中心；开封作为重要的花生集散地，也具有发展榨油工业的优势。那么，具有资源和区位优势的榨油工业是否会成为开封城市的"发动型工业"？

开封花生出产始于光绪年间，不过在民国纪元之前，因仅在内地销售，生产数量比较少。自民国之后，随着交通条件的改善和对外贸易联系的加强，外销渐增，再加上黄河决口淤废田地，多又播种花生，以及意大利花生种的传入，都使产量有较大增长，外庄交易渐次发达，而被黄河曾经淤没的农村，在经济上也能获得比别种作物较高的收入，因而以后逐年进步，在开封集散出口的花生数量，与年俱增，1916年至1923年，已是开封花生贸易业的兴盛时期。集中于开封的花生的销路，分为内销和外销，内销以省内各县为主，外销则上海最多，其他依次为汉口、青岛、济南等地。[1]运销上海等外埠的花生除了部分

---

① 《豫东花生业发达》，《中行月刊》，第9卷第6期，1934年12月。

直接出口外，多数尚在上海等地用作榨油。

上海为我国最早兴办机器榨油业的地区，早在光绪二年（1876）前后，盛宣怀在上海开办大德油厂，光绪十九年（1893）又有大有油厂。[1]其后较大规模的机器榨油厂，1915年有生和隆油厂、1920年有茂和昌花生油厂、1925年有业安隆油厂、其他规模较小的厂尚有数家。青岛尽管机器榨油业兴办时间比上海晚，但因为青岛是更为重要的花生集散中心，因而花生榨油工业比上海发达，大规模的机器榨油厂就有20多家，三井洋行等鉴于花生油对外贸易之发达，甚至特备轮船多艘，由青岛专运花生油出洋。[2]汉口也早在光绪末年即有近代榨油厂，以后到1927年前亦有将近10家榨油工厂，只是多数以豆油为主，河南花生销往汉口用以榨油的较少。[3]因为花生在榨油的过程中，失重较多（3.5吨花生出1吨花生油），所以开封花生在运往以上各地榨油时，同样要支付较多的额外运输成本，因而花生榨油业也如同纺织业一样，具有接近原料产地的倾向。故到1928、1929年时，在开封经营花生的一些商人感觉运费过重后，将所收购的花生在开封就地榨油，然后仅运花生油销往各大商埠，以降低运输成本，此应为开封花生榨油业之开始。

此后周边乡村也"竞做榨油事业，以夺取过去食用必赖麻油市场"。在其影响下，尉氏、通许、兰封、中牟等地，"不论乡村集镇、城郭附近，亦复渐盛行，以造成今日遍地林立之局面"，花生油作为一种工业产品遂成为开封的主要出口货品之一。兴盛时期，每年外销多在100车以上。[4]在国民党统治时期的1930年，榨油生意比较好，全年约产300万斤花生油，运销上海、汉口、平津、西安等地。日军占领开封后，对花生进行绝对统制，定价很低，不准私人买卖，因而不仅榨油业有较大衰落，而且种植花生的农民也大受损失。日军只好于1943年起，取消绝对统制，而另立三井、三会商行，变相统制，允许自由买卖，

① 刘大钧：《中国工业调查报告》，军事委员会、资源委员会参考资料第二十号，上册，1937年，第94页。

② 《中国花生与花生油之调查》，《工商半月刊》，第4卷第8期，1932年4月。

③ 刘大钧：《中国工业调查报告》，军事委员会、资源委员会参考资料第二十号，上册，1937年，第94页。

④ 《豫东花生业发达》，《中行月刊》，第9卷第6期，1934年12月。

但却以高价收购花生,垄断市场,私人榨油业竞争不过,因而也没有较大恢复。①抗战结束后,1947年以前生意还好,据开封市工商局调查,开封一市在1946年,300家榨油户,年输出油250万斤、饼600万斤。②后来又因为解放战争,造成外销阻滞,榨油行业日趋萧条。至新中国成立初期,仍然不振,136户中除1/3歇业改业外,多半处于停工状态。之后在政府的扶持下,尽管榨油业有一定程度的发展,但与棉纺工业对郑州城市所起的作用相比,花生榨油工业并没有构成开封城市近代工业的主体。因为开封的榨油工业多属于家庭手工业或工场手工业的性质,据开封市政府工商局调查,在民国时期,一个中等榨油户的规模为小木榨一、磨一、锅一、牲口二、劳动力五人,③小型的榨油户规模则更小。因而即使是在开封榨油业比较兴盛的1946年,传统手工业或工场手工业榨油的经济产值与劳动力数量规模都比较有限,对近代开封城市发展的推动力也就比较微小,更谈不上构成开封近代工业的主体了。传统榨油业如此,近代机器榨油工业又是否能够构成开封工业的发展主体或"发动型工业"呢?

近代机器榨油工业在开封城市发展得比较晚,直到1933年12月,才有信昌机器榨油厂的建立,是开封市为数不多的合于《工厂法》第一条(用马达且工人数在30人以上)的近代机器工厂,其他几家分别为天丰面粉厂、益丰面粉厂、德丰面粉厂、河南农工器械厂及普临电气厂,④到抗战前1935年时,信昌榨油厂的资本额为5000元、职工数为99人,分别占开封所有近代机器工业资本额及职工数的0.6%和16.1%,所榨之油销往汉口、上海和本省,年产值占开封所有近代工业的15%左右。⑤从其各方面所占的比值来看,榨油工业不能构成民国时期开封近代工业的主体。

抗战爆发后信昌榨油厂遭到较大破坏,紧接其后的解放战争又使其难以

① 开封市人民政府工商局编印:《开封市私人工商业调查资料》,1950年。

② 《开封市花生油与花生油行的调查和几个问题的研究》,开封市人民政府档案,全宗号23,卷21,《省府调研室、市粮食公司、工商局对本市解放前后工商业经济调查材料(1949.6—1950.10)》。

③ 开封市人民政府工商局编印:《开封市私人工商业调查资料》,1950年。

④ 实业部中央工厂检查处:《中国工厂检查年报》,1934年。

⑤ 《开封社会调查》,《河南统计月报》,第1卷第11期,1935年。

恢复。直到开封解放后,开封市委鉴于开封市所具有的花生资源,在恢复工业建设的规划中,第一项即为在开封建设较大规模的榨油厂,机器榨油厂为一家,属于公营性质,"电动加人工,有榨3具,每日产花生油500斤至2000斤,拟增置榨油机至10具,容工人(增)30人,连原有工人共35人,每日可产油至5000斤",手工榨油则恢复100户以上,每户以一榨记,每榨每日出150斤油记,每日可出油15 000斤,每月可产450 000斤油,每榨以三工人记,计有300名工人就业。[1]二者都考虑在内,榨油业规模也仍为有限。

其后在三年经济恢复时期及第一个五年计划建设时期,榨油工业的产值与工人数在开封工业中所占比率如下表[2]:

表5.2　1949—1957年开封市所有工业总产值及榨油工业总产值、工人数统计表

年份	1949	1950	1951	1952	1953	1954	1955	1956	1957
工业总产值	1488459	5421492	10239198	19481757	28810723	41486330	59662270	99976000	92942000
榨油业产值	84140	499242	667522	2414423	3029531	4135500	4557000	6029000	8917000
比率	5.7%	9.2%	6.5%	12.4%	10.5%	9.97%	7.64%	6.03%	9.59%
职工总数	1292	1620	2521	4197	4832	5007	5938	9626	10066
榨油职工数	104	126	259	338	292	258	257	325	305
比率	8.04%	7.78%	10.27%	8.05%	6.04%	5.15%	4.33%	3.37%	3.03%

注:所有产值依据1952年不变价格为标准。产值单位:元;职工数单位:人。

从上表中可以看出,榨油工业的产值和规模在开封所有工业中所占份额

---

① 《开封市委关于河南工业建设的初步意见》、《开封市恢复发展工业初步计划纲要》,1949年3月31日,开封市委档案,全宗号1,卷11,《市委关于工业、建设、工运等工作计划的报告意见》。

② 本表中的资料来自《开封市统计资料(1949—1955)》、《1956年度开封市经济计划执行情况》、《1957年度开封市经济计划执行情况》中的统计数据。(开封市人民委员会统计科:《开封市统计资料(1949—1955)》,1956年12月;开封市人民委员会:《1956年度开封市经济计划执行情况》,1957年12月;《1957年度开封市经济计划执行情况》,1958年12月)

远远无法与棉纺工业在郑州工业中所占的份额相比，产值只在1952年和1953年超过10%，工人数只在1951年超过10%，其后随着开封各种工业的发展，榨油业的增长趋势反而缓慢，所占比例更是日趋下降。（参阅以下两图）因而与开封城市资源联系紧密的榨油工业从近代直至第一个五年计划完成都没有构成城市工业的主体，其对开封城市变迁所产生的推动作用就较为有限。

那么是什么原因造成榨油工业不能在具有原材料资源优势的开封获得大规模的发展，从而构成推动城市发展的工业主体或"发动型工业"？

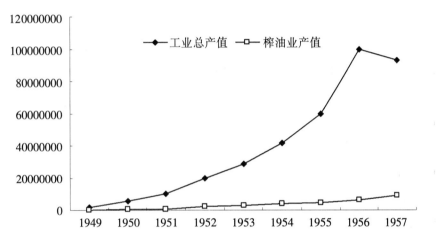

图5.2 1949—1957年开封市全部工业总产值及榨油工业总产值增长示意图（单位：元）

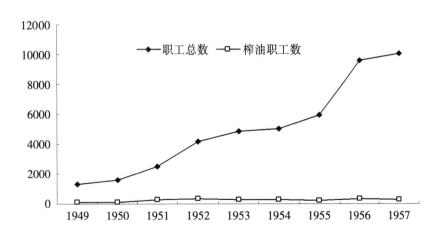

图5.3 1949—1957年开封市全部工业职工数及榨油工业职工数增长示意图（单位：人）

在各种因素中，榨油工业特有的生产特性也许是造成其难以构成开封城市主体工业最为重要的影响因素。

花生榨油工业分为手工榨油和机器榨油两种。手工榨油有四个基本程序，第一步先将花生焙熟，第二步将焙熟的花生碾碎，第三步将碾碎的花生进行炊蒸，第四步即为榨油；机器榨油第一步先将花生放入磙子机中碾碎，第二步将碾碎的花生放入蒸机中炊蒸，第三步则进行榨油，基本程序又较前者为少。[1]因为程序较少，每家小型企业都可独立分散生产，无需发生地理空间中的集中，从而难以产生各种物质及人力资源的集聚，也就难以形成规模较大的现代企业以构成城市工业的主体或"发动型工业"，对城市发展所能产生的推动作用也就相对有限。再者，又因为榨油工业的最终产品——植物油一经产生，在被最终消费之前，基本已没有再进行深加工的必要，所以榨油工业也难以产生关联工业，因而即使是现代机器榨油工业，其集聚与规模效应都比较小。所以，新中国成立后在开封市从事榨油工业的职工数都还比较少，规模最大的现代榨油工厂到1957年也不过只有323人。[2]

在此方面，郑州的棉纺织工业恰恰与其形成鲜明对比。

棉纺织生产程序较多，相互关联又比较紧密，生产每一件最终产品都需要不同的生产程序在地理空间中进行集中，而不同程序在地理空间中集中时，即会造成人力和物力资源产生积聚，形成规模较大的生产企业。所以在郑州所有大型机器棉纺工厂中，不论是民国时期的豫丰纱厂，还是新中国成立后的六大棉纺织厂，即使是其中规模最小的，所具有的职工数也近乎是开封最大榨油工厂的十倍而所能集聚的资源之规模也远非开封的榨油工业所能相比。

况且与榨油工业的最终产品不同，棉纺工业的最终产品棉纱在被消费者最终消费之前，尚需经过其他工业生产程序，从而在棉纺工业的基础上所能发展的关联工业也就比较多，如织布工业、印染工业、服装工业等，并在棉纺织工业的带动下，还容易发展其他毛、麻、丝、针织复制、色织等各种类型的纺织工业企业等，其中每一种工业的生产程序都要比榨油工业复杂，而产生较强的

① 《中国花生与花生油之调查》，《工商半月刊》，第4卷第8期，1932年4月。

② 开封市人民委员会：《1957年度开封市经济计划执行情况》，1958年12月。

集聚和规模效应。所以在各种工业门类当中,依据保罗·克鲁格曼对美国产业分布的研究, 发现大部分高度集中的产业并不是尖端高技术部门, 而是与纺织相关的行业。[①]在我国也同样因为纺织工业具有高度集聚特性,而能够形成数个较大的纺织工业中心, 发展了现代纺织工业的郑州随之崛起成为新的工业生产中心城市。与之相比,榨油工业对现代城市的作用就要小得多,故榨油工业在同样具有发展优势的开封也就没有起到相应的作用。

二、面粉及其他工业

通过上文的分析可以知道,开封发展近代工业的起始点与郑州不同,不是建立在自身资源优势的基础上。那么在下文的分析中,我们将可以看出,开封发展近代工业的起始点是和开封城市的消费型性质紧密联结着的。

与新兴的郑州和衰落的朱仙镇不同,开封在宋亡之后尽管有较大的衰落,但直到民国时期依然还是中原地区的区域政治中心,有着较多的消费人口。因为面粉是一种人们日常生活中消费量较大、运量较重的必需物品,所以比较集中的、庞大的消费群体的存在即成为建设面粉工厂的较大诱因,民国时期,面粉工业在开封的近代工业中也首先得到较大发展,并占有重要地位。在1914年,民国刚成立不久,开封第一家近代机器面粉工厂(永丰面粉股份有限公司)即已建立,是开封建设最早的近代机器大工业。当时开封城市的总人口量应在20万左右, 每人每日消耗面粉按一斤四两计, 每日开封市民即需要面粉28万斤,每月按30天计,则需要840万斤。考虑到当时开封市生活较苦的贫苦人民至少占半数以上, 其中一部分人完全依靠杂粮及其他副食品生活,另一部分是白面掺杂面为食,所以每月实际消耗白面的数量要少。但即使按一半折算, 每月也还有四五百万斤的需求量。而永丰面粉厂每月最大生产量不过50余万斤, 即使加上各种小规模生产的土磨和小型机磨的产量, 也不能满足开封市的面粉需求,所以在1918年继永丰面粉股份有限公司建立之后,又有规

① [美]保罗·克鲁格曼:《地理和贸易》,张兆杰译,北京大学出版社、中国人民大学出版社2000年版,第57页。

模较大的天丰和德丰两个面粉公司的建立，①此后，面粉工业开始在民国时期开封的近代机器工业中占据重要地位。

到1930年度，开封市合于《工厂法》第一条的工厂（使用马达、机器且工人数在30人以上）只有四家，为益丰面粉厂、德丰面粉厂、天丰面粉厂和普临电气厂，面粉工业的工人总数与资本额占全部工业的比率分别为83.4%和45.2%，②到1933年10月至12月实业部中央工厂检查处进行调查统计时，开封市合于《工厂法》第一条的工厂又增加了河南农工器械厂与信昌榨油厂，面粉工业的工人总数与资本额占全部工业的比率分别为48.12%和48.14%，③到1935年，据河南省政府秘书处统计室调查统计，面粉工业的工人总数与资本额所占全部工业的比率分别为63.7%和51%，④与1933年相比还有较大增长。总体看来，到抗战以前，面粉工业在开封近代机器大工业中都占有较为重要的地位。

但尽管如此，面粉工业对开封城市所产生的影响意义却并没有棉纺工业大。面粉的生产程序甚至比榨油工业还要少，因而所能集聚的人力物力资源也更少，即使开封三个面粉工厂的投资额及工人数全部算在一起，最高投资额为42.14万元、工人数为206人，与郑州豫丰纱厂的规模相比差之甚远，而不能形成规模较大的生产企业。

况且，小麦在中国的北部及中部地区基本上是一种遍在性原料，小麦在被生产为面粉时失重较少，面粉之外的麸皮也同样具有经济价值。但不论是作为原料的小麦以及作为产品的面粉，其产生的运量却都比较大，所以面粉的生产也很难只在某一城市或数个城市集中而形成面粉工业生产中心，而是倾向于分散在各个人口集中的城市中。这样，当开封城市所具有的面粉生产工业在满足自身的消费需要后，也就难以再获得较大发展，反而还随着其他工业的发展，在整个工业经济中所占比重越来越低。1948年开封面粉工业的产值在开封市所有国营、地方国营、公私合营、合作社工业总产值中所占的比例最高，达

---

① 开封市人民政府工商局编印：《开封市工商业调查统计汇编》，1951年。

② 河南省政府建设厅编印：《民国十九年度河南建设概况》。

③ 实业部中央工厂检查处：《中国工厂检查年报》，1934年。

④ 河南省政府秘书处：《河南统计月报》，第1卷第11期，1935年11月。

86.4%,[①]但到1951年时,开封的面粉工业已存在着生产过剩的问题,在满足本市居民消费后,每月尚有300余万斤的剩余,这对于输出很少而只以本市为市场的开封面粉工业来说,无疑其发展余地已很小了。[②]其后又因为第一个五年计划的实行及其他工业的发展,其所占比率便逐年下降,到1955年,已只占14.7%。[③]之后随着城市人口的增多、人们生活水平的提高及面粉消费量的增多,又有所增高,但到1957年也只有18.3%,而工人数所占比率则更低,只有2%,共276人。[④]从这些数据可以看出,面粉工业在民国时期以及新中国成立初期开封的工业发展中尽管也曾具有相当强的重要性,但对于开封城市发展所能产生的影响却比较有限,而未能形成推动城市发展的"发动型工业"或主导产业。

新中国成立后到第一个五年计划完成时,在开封的所有工业门类的产值中,食品工业所占比重最高,达48.9%,若单从这个数据来作分析的话,似乎可以说食品工业应是开封在"一五"期间的主导产业。但是食品行业却是多种工业的一个合体,包括面粉、卷烟、榨油、肉类加工、白酒、浆果、甜食等多种不相互关联的行业。在食品行业中,尽管面粉工业、卷烟工业、榨油工业所占比例都比较高(分别占食品工业的37.5%、24.3%和19.7%),规模却都比较小。面粉工业生产程序最少,只有276人;榨油工业程序稍多,有456人;卷烟工业生产程序最多,因而其产值没有面粉工业多,工人数却是面粉工业的三倍多,有991人。但整体而言,整个食品工业加在一起,规模也不大,所有职工数只有2410人,[⑤]还没有郑州六大国棉厂中最小的工厂的职工数多,所以其规模效应与集聚效应也比较小,对城市的发展也就不能产生很强的推动力。

在食品工业之外,所占份额较多的还有化学工业、金属加工工业和纺织工业,所占工业总产值的份额分别为16.3%、15.5%、10.1%,均不能超过面粉业所占的份额(18.3%),工人数也分别只有1341人、2640人、1970人。总的来看,同样难以构成能够对城市发展产生较强推动力的"发动型工业"。

---

① 开封市人民委员会统计科:《开封市统计资料(1949—1955)》,1956年12月。

② 开封市人民政府工商局编印:《开封市工商业调查统计汇编》,1951年。

③ 开封市人民委员会统计科:《开封市统计资料(1949—1955)》,1956年12月。

④ 开封市人民委员会统计科:《1957年度开封市经济计划执行情况》,1958年12月。

⑤ 开封市人民委员会统计科:《1957年度开封市经济计划执行情况》,1958年12月。

二十世纪之中国——乡村与城市社会的历史变迁

216

　　在开始发展近代机器大工业之前,清前期开封城市的手工业种类繁多,有绸缎、布、染、熟皮、瓷器、木器、纸、制酒、制药、玻璃砖瓦、制铜、铁器等。最发达的为丝绸业,建于明末清初的景文洲汴绫庄,乾隆时期即有织机99张、雇工200多人,以后又建立五座分号,[①]为开封规模最大的手工业行业。其后因整个社会经济的衰败和近代工业的冲击,手工业生产有较大的衰落,规模最大的丝绸业,已唯有丝行一家、绸庄八家,所有工人数也只有60余人。[②]

　　即使开封的手工业生产没有较大衰落,对于现代城市而言,传统手工业生产所能起的影响作用也比较有限。根据开封市统计局的统计,开封市在1952年、1953年、1954年、1955年、1956年、1957年从事手工业生产的工人数分别为14 534人、14 004人、13 373人、10 042人、10 751人、10 085人,占开封市总人口的比率分别为5.495%、5.204%、5.021%、3.779%、4.067%、3.632%,基本趋势为逐年下降,而手工业产值与现代工业产值的比率也存在同样趋势(参阅下图)[③]。

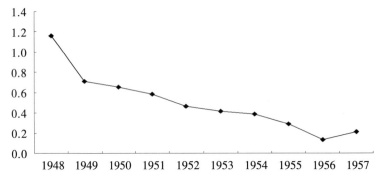

图5.4　1948—1957年开封市手工业所占全部工业总产值比率变动示意图

　　以上情况说明,随着现代机器工业的发展,手工业生产对城市发展所能起的作用日趋降低。因而尽管在清朝及其以前开封有着发达的手工业生产,但

---

　　① 邓亦兵:《清前期开封经济初探》,《史学月刊》,1986年第2期。

　　② 《开封汴绸业》,《河南政治月刊》,第2卷第11期,1932年11月。

　　③ 开封市人民委员会统计科:《开封市统计资料(1949—1955)》,1956年12月;《1956年度开封市经济计划执行情况》,1957年12月;《1957年度开封市经济计划执行情况》,1958年12月。具体数据可参阅本书附录部分附表(十):新中国成立初期开封市手工业产值与现代工业产值比率表。

中国社会文明在近代开始逐渐实现转型之后，亦就难以支撑开封城市继续作为新的工业生产中心而存在。而到1957年第一个五年计划完成为止，对现代城市发展起关键作用的现代工业在开封却也没有得到较好发展，从而就使开封城市在中原地区区域城市体系的工业建设中处于边缘地位。

三、开封现代工业的边缘地位

在民国19年河南省建设厅的调查中，河南全省设有符合工厂法的现代机器工厂的县份有郑州、安阳、开封、陕县、新乡、汲县、许昌等7个县市，开封市所有工人数为241人，占全省总数的2.6%，只比许昌稍多一点；资本额为73万元，次于郑州和汲县而位居第三，占全省总资本额的10.5%，[①]所占比例稍高。

到1933年，依据实业部中央工厂检查处的调查，河南全省设有符合工厂法的现代机器工厂的城市有郑州、开封、新乡、安阳、许昌、汲县、陕县、武陟、郾城等9个县市。在工人数方面，开封同样位居倒数第二位，只有399人，占全省的2.7%；资本额为77万元，次于以棉纺织工业为主的郑州、安阳和汲县三县而位居第四，占全省总额的8.5%，比例同样不高。郑州则与之形成鲜明对比，工人数占全省的51%，资本额占全省的38.8%，要比开封高得多。[②]这样可以说明在抗战以前，尽管开封的现代工业有所发展，但并不能居于中心位置。而到新中国成立初期，在国家的宏观规划中，开封的工业建设以及城市建设都被置于边缘地位，形成制约开封城市发展的新的不利因素。

在第一个五年计划时期，由苏联援建的156项重点工程安排在河南的有10项。其中第一拖拉机厂、滚珠轴承厂、矿山机器厂、有色金属加工厂、柴油机厂、洛阳热电厂均分布于洛阳市；属于郑州的尽管只有郑州热电厂，但郑州同时却被规划为全国六大棉纺织工业基地之一，"一五"期间尚有国家六大棉纺织厂和郑州火电厂的建设，因而郑州和洛阳成为"一五"期间河南最为重要的两个工业基地，构成河南工业建设的中心。其他几项则为焦作中马村煤矿、平

---

① 河南省政府建设厅：《民国十九年度河南建设概况》，1931年。

② 实业部中央工厂检查处：《中国工厂检查年报》，1934年。

顶山二号矿井、三门峡水利枢纽工程等。这些大型工业工程建设是"一五"期间国家工业建设的中心和重心所在,深刻地影响到各工程所在地城市的发展。因为"一五"时期的城市建设为了与经济建设相适应,是本着"城市建设与工业建设同步规划、同步实施"的原则,1954年第一次全国城市建设工作会议也明确确定,"一五"时期的城市建设必须集中力量于156项工程所在的城市,因而被确定为工业建设中心的郑州和洛阳则成为国家级的重点建设城市,其他几项重点工程所在地焦作、平顶山、三门峡、义马、鹤壁、宜洛等,则成为全省重点建设城市。

在这些城市之外,新乡市因为在"一五"之初尚为平原省的省会,同时大规模地发展了轻纺工业和机械工业,因而也是省重点建设城市之一。以上大型工程和重点建设城市主要分布在豫西和豫北地区,位居豫东的开封尽管在"一五"之初还仍是河南省的省会所在,但不论是在工业建设中,还是城市建设中,都已被置于边缘的位置,其在"一五"期间河南全省各个城市和地区的基本建设投资总额中,所占份额只有1.5%,而同时期的郑州和洛阳所占份额则分别为30.2%和21.9%,与郑州相比差20倍,与洛阳相比相差也在10倍以上。1957年的工业总产值占全省8.0%,只占位居第一的郑州的四分之一稍多,[①]其在经济方面的边缘地位已明确形成。

开封城市在民国时期及新中国成立初期的现代机器大工业发展,既没有形成郑州那样的中心地位,但也不像朱仙镇那样全然没有。因而在一定程度上,它虽然为开封城市的变迁也提供了动力,但这种动力之强度却无法与郑州的工业发展所能产生的动力相比,可是与朱仙镇的完全没有动力又大不相同,因而它推动开封城市形态发生变动的状态也与二者有较大差别,而体现出第三种形态。

小　结

近代以来三个城市的不同工业发展,不仅对三个城市的发展产生了不同

---

① 河南省统计局:《河南省国民经济统计提要(1949—1957)》,1958年5月。

的推动力，更为重要的是，还构成三者沿着各自的趋势更进一步累积循环的前提诱因。因为与商业相比，工业是一种更为有力的中时段经济社会运动"潜流"，在这股强而有力的"潜流"的直接激荡之下，再加上前文所分析的各种长时段地理结构因素的影响，中原地区持续千年都未发生变动的区域政治中心最终不得不发生更替，而使中原地区区域城市体系的结构关系发生本质性改变，体现出布罗代尔所言的长时段地理结构因素和中时段经济社会运动对短时段政治事件所起的支配作用。

第六章 CHAPTER SIX

政治因素的影响与
政治中心的变动

　　政治权力作为一种社会构成因素,具有决策自主权和执行决策的能力,并掌控着社会资源分配的权力,因而对社会的方方面面都有着较强的影响。一个城市政治地位的高低往往决定着它在区域空间系统中所拥有政治权力的大小,故政治地位的高低也就直接影响着具体城市在区域空间体系中具有决策自主权的多少和执行这些决策的能力的大小,以及在分配资源时话语权的大小,从而对城市的发展打上深浅不一的印痕。

　　但城市政治地位的高低却并非自来如此,在布罗代尔的视野中,长时段地理结构因素和中时段经济社会运动对短时段政治事件也具有潜流的作用,那么,前两者在历史中的波澜起伏自然会影响城市政治地位的高低变迁。

第一节 朱仙镇

ERSHI SHIJI ZHI ZHONGGUO

一、"市"的兴起对"城"的带动作用

朱仙镇作为拱卫开封的军镇之一,其最初的来历无疑与军事有关,也符合着"镇,博压也"的军事性质。但作为清时期的天下四大名镇之一,其兴起之由却与作为买卖之所的"市"有关,在商业力量的推动下,由最初较小的"市"渐致兴起,而最终成为居民稠密、商贾辐辏的大都会。

在前文导论及第三章的相关部分里,已对朱仙镇兴起的大致过程作过分析,认为随着明中期贾鲁河(即孙家渡河)的开通,朱仙镇开始兴起,但此时尚无任何商业上的重要性可言,因为从李梦阳(1475—1531)描写朱仙镇岳飞庙的诗"水店回岗抱,春湍滚白沙。战场犹傍柳,遗庙只栖鸦。万古关河泪,孤村日暮笳。向来戎马志,辛苦为中华"①来看,明晚期的朱仙镇尚为一般性的农村村落,可能略有数家小商店,其后虽有发展,但明末清初的战乱和水灾又造成较大破坏,因而在清初顺治年间,户口还只有"一里",在商业贸易方面亦无任何可言之处。此后随着全国经济的普遍恢复,到康熙中期,朱仙镇的商业贸易

---

① [清]管竭忠修、张沐纂:《开封府志》,康熙三十四年刻本,《古迹》。

在贾鲁河的带动下已卓然成市,在开封府所有的关市、镇店当中已居于"商贾贸易最盛"的地位了。在时人的诗文当中,也有"闾阎栉比,清波极目,舟楫充盈。北控陈桥,南通尉氏,仿佛当年古汴京"①的描写,估计康熙末期的朱仙镇已有相当规模。其后又经过雍正和乾隆年间的发展,到乾隆中叶时,已是"镇为大都会,居民稠密、商贾辐辏"②,而被视为天下四大名镇之一。

因"市"兴起而成大都会的朱仙镇,与"王者体国经野,于是乎有城邑"中的"城"自然有着本质差别,后者作为人为设定的某一行政管辖区域内的统治和管理中心,政治军事职能要远远大于只在经济力量作用下自然形成的前者,而在近代以前,毫无疑问后者占据着中国城市的主流地位。基于此点,牟复礼认为清代的四大名镇,尽管规模与重要性都迥非异常,却未取得政治职能,并非是有"城"的县治,仍不过是"镇"而已,作为一个"城"所应当有的其他多种职能如政治、宗教、教育等,也就只能有较低限度的发展。③就朱仙镇而言,这些只得到较低限度发展的职能也还是在其经济职能的带动下而发展起来的。

二、朱仙镇的行政设置与影响

因为明末清初大规模战乱的破坏以及黄河水患的影响,祥符县市集凋敝残破,朱仙镇直到顺治末期时居民户口尚只是明末万历时期的八分之一,只有一"里",甚至不能被视为一个繁盛的村落,只是因为其地处南北往来的官道上,祥符县在此设有一家级别较低的急递铺,出开封南薰门经侯婆店、好草陂至朱仙镇,再经刘店、闹店可达尉氏县。除此之外,朱仙镇所有的公共设施还有三座义仓,集谷以备荒歉。④此时,朱仙镇尚没有商业喧嚣之声,而难以引起不远处开封府内所驻高官的注意。

---

① 陈维崧:《迦陵词全集》卷二十四《过朱仙镇》。转引自[清]宋继郊:《东京志略》,王晟、李景文、刘璞玉点校,河南大学出版社1999年版,第635页。

② 朱仙镇山陕会馆碑刻资料:《移修舞楼碑记》,乾隆四十年。

③ [美]施坚雅:《中华帝国晚期的城市》,叶光庭等译,陈桥驿校,中华书局2000年版,第120页。

④ [清]李同亨修、马士骘纂:《祥符县志》,顺治十八年刻本,卷二。

到康熙年间，尽管朱仙镇经济已有较大规模的发展，但在行政建制上却没有丝毫的突破。到雍正时期，朱仙镇繁盛的商业贸易终于引起了开封府内所驻高官的重视，先于雍正六年（1728）在朱仙镇设巡检司，隶属于祥符县知县之下，①巡检司衙署的规模为"门一楹、厅事二楹、内廨八楹"②，巡检之下有皂隶两名、弓兵四名、总铺司兵13名、伍门陆路铺司兵60名，③共80余名公务人员对朱仙镇各方面的社会事务进行管理，但从这些公务人员的名称来看，似乎其主要功能更侧重于治安方面，因为文吏很少，而各种兵员所占比例却很高。巡检司的设立，在处理朱仙镇地方事务时并不是很理想，因为朱仙镇的规模、重要性以及各方面所产生的复杂事务，都使品级只为从九品的巡检难以应付。于是到雍正十一年（1733），开封府又委派了一员府级次官清军同知来加强对朱仙镇的管理。清军同知的级别要比隶属于祥符县知县的朱仙镇巡检高得多，但奇怪的是，其后所委派的历任同知实际上都未曾在朱仙镇设衙办公，因为他们对朱仙镇地方事务的兴趣似乎也并非很强，所建的衙署在最初尚未修葺完整时，即已渐就倾圮，直到乾隆十一年（1746），新的同知陈锡辂将旧的衙署连同地皮一起变卖又捐资创建新的衙署后，在朱仙镇太平桥东才有了一座朱仙镇最高级别的衙署建筑。④尽管如此，这个朱仙镇级别最高的行政长官对地方事务所产生的影响还是相当有限，在日后朱仙镇所发生的历史大事中很难找到他的影子。

因为雍正时期的朱仙镇已为较大规模的商业市镇，众多的人口集中在一起，出于对安全的考虑，开封府在乾隆初年又委派经制把总一员驻防朱仙镇，到嘉庆年间，又升格为地位较高的千总。与巡检和同知相比，把总、千总对朱仙镇所能产生的影响更为有限，因为作为军事性的设置，除了发生较大的社会动乱或自然灾害之外，他和他手下的兵员并不能经常地干预地方的社会事务。

① [清]田文静等修、孙灏等纂：《河南通志》，雍正十三年刻本，卷四十，《公署》。

② [清]张淑载修、鲁曾煜纂：《祥符县志》，乾隆四年刻本，卷六，《建置》。

③ [清]沈传义、俞纪瑞修，黄舒昺纂：《祥符县志》，光绪二十四年刻本，卷八，《存留》。

④ [清]阿斯哈、嵩贵修纂：《续河南通志》，乾隆三十六年刻本，卷十二，《公署》。

经以上分析,已基本上对朱仙镇的行政建制有所明了。不论是级别较高的清军同知(高于祥符县知县)还是级别较低的朱仙镇巡检,都是随机性较强、变动性较大、稳定程度较低的临时性管理机构,并且这些管理机构的权限也仅限于管理城市自身,不能像一般县城一样,管辖范围不仅包括县治所在的"城"自身,而且还延伸到周边的乡村,直至达到本县的边界。在光绪《祥符县志》的记载中,与其他营、铺、所或集所管之下皆为"庄村"不同,朱仙镇所管则只为"街巷","自大板桥至草堂共三十八处"①。所以尽管朱仙镇在兴盛时期也如同汉口镇、佛山镇、景德镇一样达到惊人的规模,但却因为不是县级及县级以上行政区的首府而从未被看作一个城市(城)。政治职能的滞弱不仅影响了朱仙镇的建设、发展以及城市空间结构形态特点的形成,而且在朱仙镇失去重要的经济职能后,也难以运用政治力量从一个较大的区域内集聚资源以支撑城市的建设和发展,这一点直接从一些大的公共事务上体现出来。

对于道光二十三年(1843)以后的历次河决,在朱仙镇所有的相关资料中根本看不到有城市的行政机构出面组织居民抗洪救灾的记载,而在面临战乱之时,组织朱仙镇市民进行防卫自保的也皆是地方的士绅民商。朱仙镇地处中原要冲,在清咸丰三年(1853),太平天国的北伐军在北上途中即曾在此驻屯两日,后北进克中牟、郑州,由汜水口渡河北上。至咸丰八、九年,兴起于皖北的捻军因为距离朱仙镇所在的豫东地区较近而屡屡至此危及镇的安全。在没有官方出面组织的情况下,辛酉年春天,镇上"居民因议团练,始谋筑寨"②。总其事者为当地武解元杨启元的儿子杨书堂,尽管其人并未像其父亲一样能够取得一个功名,但史料还是记载其"乐善好义、严于修省,有日记功过录",似乎完全是一名很有德行的绅士,此次修寨,也使其获得了较高的声誉,朱仙镇没有毁于捻军之手的功劳甚至完全归功于他,"咸丰间,捻匪猖獗,书堂倡众修寨,为公忘私,朱仙镇赖以保全",他也因此而跻身于镇上为数不多的名人行列之内,位次仅次于战国时期的朱亥。除杨书堂外,参与朱仙镇筑寨的其他骨干则由镇之"四门各推一人",以协助此事,而地方行政机关根本没有起任

---

① [清]沈传义、俞纪瑞修,黄舒昺纂:《祥符县志》,光绪二十四年刻本,卷九,《建置·庄村》。

② [清]宋继郊:《东京志略》,王晟、李景文、刘璞玉点校,河南大学出版社1999年版,第635页。

何作用。但地方行政机关在如此重大事件中的缺位还不是最不幸的事，因为政治职能的滞弱，在修寨之时，所需材料完全不能运用政治力量从镇外的其他地区来获取，而只能从镇内的公共建筑如庙宇之类上拆取，似乎是更让人痛心而无奈的事情。由西门所推选的参与筑寨的为一个名叫路德纯的人，其人"于拆庙修寨事，主持尤力"，但其对公益事业的热心似乎并没有换来镇中居民的尊敬，因为破坏神像、拆掉庙宇在他们看来毕竟是大不敬的事，于是讽刺他的流言也因而流传下来，"西门有个路德纯，先拆庙宇后埋神"，"路德纯进庙，鬼神吓一跳。不是来埋神，就是来拆庙"①。

在与朱仙镇生存或公共安全紧相关联的大事中，除了修筑寨墙之外，便是对朱仙镇的生命之河——贾鲁河河道的疏通。与修筑寨墙相比，疏通数十里甚至上百里淤满泥沙的河道更是一件费力的事情。且从道光二十三年（1843）河决中牟后至光绪十三年（1887）短短的近50年间，黄河即有三次大的决口，每次决口都会引起贾鲁河淤塞，而每次淤塞，以朱仙镇自身所具有的政治职能都不足以调动和组织起足够的人力物力资源以进行河道疏通工程。在这些大的工程中，是省级政府扮演着主要角色，甚至连中央政府也投入了很大的支持，在道光二十三年贾鲁河淤塞之后，对河道疏通所花费的钱财即来自中央政府的拨款。但其后随着朱仙镇商业的衰退和影响力的下降，对河道进行治理的重担则完全落到了省级行政长官——巡抚的肩上，不过与朱仙镇的最高行政长官相比，其能量还是要大得多，在光绪八年（1882）的一次治理当中，时任河南巡抚的李鹤年运用自己所掌握的权力，"檄北东二镇练军，暨毅军健卒，合力并作"，并"以书告之司道诸君，益大治修具，增犒赏以期集事"，动用全省的资源来进行工程的实施，另外还委派级别较高的行政官员进行督导，"董其事者，记名提督蒋东才，与其事者，布政使觉罗成孚、按察使豫山粮台候补道黄振，署开封同知英惠"②。这其中的任何一项都远非朱仙镇的行政官员所能掌握，因而在朱仙镇的商业影响逐渐下降而不能引起高级行政官员的注意之后，行政职能较低的朱仙镇对于与自己生死攸关的事也就只好听天由命了。

---

① 李步青等编著：《岳飞与朱仙镇》，开封教育试验区教材部1934年版，第148、121页。

② 李鹤年：《朱仙镇新河碑记》，光绪壬午年八月。

三、朱仙镇城市空间结构与"寨"的建设

　　根据《中华帝国晚期的城市》一书中所作的研究,我国在近代以前政治职能较强的城市在结构形态上往往呈正朝四方的正方形或长方形(偶或呈弧形或圆形,但不常有),大街也同样形成正朝四方的网格形,纵街与横街成直角相交,城门上有城楼,环城常有城壕。其形成过程则是先有城墙和城门的格局(即先有城墙和城门的规划与建设),然后才有城内的空间格局,或者是城市的形态结构特征首先决定于城墙的布局和城门的格局。[①]而在经济力量作用下自然形成的朱仙镇则因为其政治职能的滞弱,不论是其城市空间结构的形成过程还是其城市空间的形态特征,都与前一类型的城市有着较大的不同。对其城市空间具有决定性影响的并非是事先规划好的城墙和城门,而是穿镇而过的贾鲁河河道,或者更确切地说,朱仙镇城市空间结构是以贾鲁河河道为轴线和主要结构线而形成的。

　　在朱仙镇的商业并未得到发展以前,朱仙镇也只为一荒疏寥落的小村,在临近贾鲁河河道旁边的地方可能略有数家依水而建的小店铺,尚无任何街道可言,这从前文所引明代李梦阳(1475—1531)关于朱仙镇的诗中即可看出。之后到清代顺治年间,估计也还没有任何街市形成。但到康熙中晚期以后,随着全国经济的普遍恢复和朱仙镇商业经济的快速发展,因为靠近河道的地方占据商业上的优势,如来往装卸货物便利、更加接近各种信息和物资交汇的中心等,沿河道两岸的街道便首先形成,日后也逐渐成为朱仙镇镇内最长的两条街道,整个城市空间也因为依据河道南北延伸而呈现出南北长、东西窄的格局,故清康熙年间的李来章描写其"万家繁生聚,一水隔西东"[②]。

　　依据民国时期对其遗留痕迹的考查,朱仙镇城市空间规模在最大时期,镇

---

　　① 　[清]施坚雅:《中华帝国晚期的城市》,叶光庭等译,陈桥驿校,中华书局2000年版,第119、109页。

　　② 　李来章:《礼山园诗集》,卷八。转引自[清]宋继郊:《东京志略》,王晟、李景文、刘璞玉点校,河南大学出版社1999年版,第635页。

内市街,北至约今离镇2公里的小店王(今在)、南至4公里许之腰铺(今在)、东至1.5公里许之宋寨(今在)、西至1公里许之豆腐店(已无),南北宽度为东西宽度的两倍有余。但这种比例关系并不说明朱仙镇的城市空间形态为规则的长方形,因为在朱仙镇城市空间规模扩大的过程中,并没有任何统一的规划,也没有城墙的限制,而是完全在商业力量作用下的一种自然扩展,因而整体呈现为一种不规则的长椭圆形态,城市空间的边缘地带也因为没有城墙的分隔而逐渐和周边的乡村连接在一起。这与有城墙的政治职能型城市是完全不同的。

镇内街道因为贾鲁河水道的关系,在河岸两边形成两条顺河街道后,为了沟通两岸的往来,又建了四座平行的石桥,沿着各座石桥向东西两边延伸,自然形成镇内呈东西走向的各条主干街道。同时随着城市规模的扩大又形成了一些与顺河街道相平行的大街,因为流经此段的贾鲁河河道平直而没有弯曲,建于其上的各座石桥又多与其成直角相交状态,因而朱仙镇内的街道多作平行或直交状分布,布局整齐。这与牟复礼在其《元末明初时期南京的变迁》一文中所言的那些没有筑城的镇所特有的街道格局也有很大不同,因为一般而言,那些在经济力量作用下而形成的大镇的街道,多是沿着某条水道或陆路屈曲不整地展开,整体呈现为一种没有规划的散乱延伸状态。①

作为天下四大名镇之一,朱仙镇早在乾隆四十年时即被世人视为"居民稠密、商贾辐辏"的大都会,即使以今天的标准来衡量,亦足以称得上是有一定规模的商业城市了,用牟复礼先生的话来说,则是其"规模与重要性都迥非异常",但因为其行政职能的滞弱性,而不具有"城"的资格,因而也就没有作为行政职能城市资格和地位象征的城墙的先期规划与建设,相反而是在城市的空间形态已经形成之后,因为实际需要才有了一座"寨"的修建。所以与有城墙的行政职能城市不同,其城市形态结构特征不是首先决定于城墙的布局和城门的格局,而是城市的空间形态格局决定了朱仙镇"寨"的布局和寨门的格局。

<hr />

① [清]施坚雅:《中华帝国晚期的城市》,叶光庭等译,陈桥驿校,中华书局2000年版,第119~120页。

因为咸丰年间修寨之时的朱仙镇已有较大程度的衰落，城市空间呈萎缩状态，城市所能集中的资源也比较有限，所修之寨只能紧紧围绕着镇中心还比较繁盛的部分而呈一种不规则的形状，规模也大为减小。其南北约有2公里长、东西约有1公里宽，辟有四门以供出入，在贾鲁河道上还修有两座水门，而象征城市地位的城楼和护城河都完全没有。当朱仙镇进一步衰落下去后，蜿蜒而立的寨墙也最终随着朱仙镇商业的日渐衰颓而倾圮在黄沙尘土之中。

四、政治、商业与朱仙镇之"神"

我国传统政治职能型城市，不仅以建造宏伟的城墙为标志，而且服务于官方信仰的建筑物如城隍庙、露天祭坛、孔庙、学宫等也是标志其政治地位高低的重要象征物，因而斯蒂芬·福伊希特旺在其《学宫与城隍》一文中认为"行政城市的建立以建造城墙为标志，其他标志还有城墙内的一座城隍庙、一所学宫和城墙外的至少一座官方露天祭坛，这似乎是县这个行政级别的最低标准"[①]。作为因商业而兴起的朱仙镇尽管其城市规模远远超过一个县级行政中心的规模，但因为其行政职能的滞弱，不仅在"城"的建设方面有较大的不同，而且在构成城市宗教信仰机构的庙宇方面，也与行政职能型城市有较大的差别。

依据民国时期的调查，朱仙镇在兴盛时期，镇内庙宇有一百多座，"其建筑宏大者，亦六十余处"[②]。但不论是与县衙相对应的城隍庙还是宣扬教化的孔庙，朱仙镇都没有修建和祭祀的政治资格，其他县级行政中心所必有的庙宇、祭坛等也并没有因为朱仙镇经济的繁盛而降格屈就于此，但这并不等于朱仙镇完全没有能够列于官方祀典的"神"。

岳飞为宋代抗金名将，以忠心报国而名垂后世，成为我国自宋代以后的道德楷模之一，并逐渐演化为神，不仅在民间有着广大的影响力，而且也得到宋及宋以后历代王朝官方的崇祀。朱仙镇岳飞庙为明成化十四年（1478）河南布政使

① [清]施坚雅：《中华帝国晚期的城市》，叶光庭等译，陈桥驿校，中华书局2000年版，第701页。

② 李步青等编著：《岳飞与朱仙镇》，开封教育试验区教材部1934年版，第137页。

和开封府知府所建，建成不久即被列入官方祀典，"每遇春二月秋八月各十五日，行令祥符县支给无碍官钱，买办猪羊酒礼币帛果品各项祭物，至期开封府委派佐贰官一员，率同礼生，亲诣岳武穆王祠内行三献礼，务在诚敬丰洁……及开封府儒学定拟仪注，永为遵守"①，得到官方较高规格的祭祀。岳飞成为朱仙镇唯一能够在政治方面为其增光添彩的神灵，甚至被视为维系全镇安全和繁荣的守护神。在道光二十三年（1843）黄河泛滥的大水灾中，朱仙镇没有完全遭到灭顶之灾即被时人归功于岳飞神灵的保护，而赞美岳飞"英灵自宜千古不泯"②。

岳飞庙之外，在以利相尚的朱仙镇，就很难再有纯粹褒崇道德、宣扬教化的官方庙宇，道德地位不亚于岳飞的关羽的庙宇也只为山陕两地商人所建，并且在关圣人辉煌壮观的庙宇中也已闪耀着金钱的色彩，修建关庙的重要目的之一也不过是遮掩一下传统商人处在中国古代重义不重利文化背景下的虚弱心理，为其牟利趋利之心罩上一层神圣的道德光辉，对此，当时之人即已深明此理，"我朝尤所重者，宣圣而外，惟关帝君……故既载诸祀典，以崇其德，而报其功。而又推其磊落光明之概，以风示商贾，使熙熙攘攘，竞刀锥子母者，日夕祗承于帝君之旁，庶其触目警心，不致见利忘义，角寿张而尚狙诈也……秦晋所集会馆尤多，其祗祀帝君尤勤，以至而究其所以事之之意，不过借物以为求媚之具。至以义为利之说，恒略而弗讲焉"③。这样，原本高居圣人之堂的关羽实质上已蜕变为山陕二地商人的商业保护神。

与关庙相比，朱仙镇其他庙宇的世俗性、商业性更强。在我们所能看到的调查资料中，与朱仙镇各行业相关的行业保护神庙为数很多，如染坊敬的葛仙庙、优伶敬的郎神庙、木匠敬的鲁班庙、药店敬的药王庙、铁匠敬的老君庙、钱庄敬的财神庙、饭馆敬的灶爷庙、妓院敬的嫣后祠等等，而地方性较强的商业保护神庙则有山陕二省商人所建的大小关帝庙、福建商人所建的天后宫等，世

---

① 《呈请官祀岳庙碑记》，明正德十六年。转引自李步青等编著：《岳飞与朱仙镇》，开封教育试验区教材部1934年版，第137页。

② 张昀：《琐事闲录续编》卷上。转引自[清]宋继郊：《东京志略》，王晟、李景文、刘璞玉点校，河南大学出版社1999年版，第635页。

③ 《洛阳山西会馆关圣帝君仪仗记》。转引自王兴亚：《明清河南集市庙会会馆志》，中州古籍出版社1998年版，第250页。

俗性的庙宇有救苦庙、九仙庙、瘟神庙、三皇庙、吕祖阁、财神殿、三官庙、火神庙、泰山庙等。①在这些庙宇中,各行业的商业保护神直接与各种商业和手工业紧密联系,在各个庙宇殿堂之下的神龛之前,行会便诞生于敬神祈福的袅袅香烟中,行会的成员也在"一个或几个守护神的庇护下联合起来,促进共同的经济利益和其他利益"②。在所能看到的碑刻资料中,朱仙镇山陕两省商人在修建朱仙镇山陕会馆的历次捐款中,从乾隆十六年(1751)河东街关帝庙《重修大殿山门乐楼碑记》和《重绘殿宇施财碑记》中已可看到有关各种以行业为分类捐款的记载,如"桐油众商"、"社塘众商"、"众杂货行"、"众杂货铺"等,③其他行业则因为碑刻资料的残缺而无法得知。在乾隆中晚期的碑刻资料中所见的行业要多得多,以行业分类的有烟号、杂货铺各号、白米行、炮房、丝茧行、毡帽作坊、过客店、羊毛各号、门神作坊、缨帽铺、众茶字号、黄白酒馆、众煤灰厂、铁货铺、铅丹行等;而有些行业甚至还形成以不同县为区域划分的地域性行会,如朝邑县各号、绛州各号、仪封县当典、通许县当典、兰阳县当典、尉氏县当典、朝邑县当典、柘城县当典、杞县当典、登封县当典等。④

　　行会这个在传统商业城市中最为重要的社会组织一经产生,便成为组织各种社会活动的中心,如敬神献戏、组织庙会、庆祝节庆、祈祷宴会、募资捐款、修建会馆庙宇等,几乎各种较大的社会活动都与其相关,而以供行会聚会之所的庙宇也同样在社会生活的中心占据重要地位。因而西比勒·范·德·斯普伦克尔在其《城市的社会管理》一文中认为,在传统城市中,庙宇与行会可能涉及城市居民生活中各种最重要的活动。⑤在今天朱仙镇一些老人的有关回忆中及一些古代建筑的遗迹中,往昔盛时庙宇的作用还依稀可见:……正月初七火神庙会、二月十八泰山庙会、四月十八老奶庙会、三月十五西泰山庙会、四月二十三郎神庙会、五月初五瘟神庙会及六月初六土地庙会、七月二十

---

① 关于这些庙宇的资料大部分来自《岳飞与朱仙镇》的记载,另有一些来自于朱仙镇镇政府张秘书的辛苦调查。

② [清]施坚雅:《中华帝国晚期的城市》,叶光庭等译,陈桥驿校,中华书局2000年版,第667页。

③ 朱仙镇河东街关帝庙:《重修大殿山门乐楼碑记》、《重绘殿宇施财碑记》,乾隆十六年四月。

④ 朱仙镇大关帝庙:《重修关帝庙碑记》,乾隆三十三年。

⑤ [清]施坚雅:《中华帝国晚期的城市》,叶光庭等译,陈桥驿校,中华书局2000年版,第737页。

三灶爷庙会、七月十五柴王庙会、八月初八鲁班庙会及九月九日关庙、葛仙庙会……以关岳庙在端阳、重九等节日为最盛;而民国时期在朱仙镇尚保存的戏楼中也无一不与庙宇有关,如岳庙戏楼、关庙戏楼、天后宫戏楼、鲁班庙戏楼、山西会馆戏楼、葛仙庙戏楼、救苦庙戏楼、郎神庙戏楼等。[①]在钟鼓喤喤的戏曲声中,在熙熙攘攘、人头攒动的庙会上,商人敞开他们的钱袋,看着大把铜钱的投入……但随着朱仙镇商业功能的下降,那些名目繁多的商业保护神也最终失去了他们华丽堂皇的殿宇,而消隐于历史中。

在朱仙镇众多的庙宇中,还有一座比较特殊的庙宇,即朱仙镇土地庙(在大关帝庙东边)。土地神是乡土社会中级别较低的一种神,其所居之处为乡野僻壤之地。朱仙镇尽管曾是居民稠密、商贾辐辏的大都会,因为没有"城"的地位(即连县级行政中心也不是)而不具有礼祀城隍的资格,在"神"的对应系统中只能由级别较低的土地神来履行管辖一方的职责。但作为规模较大的商业都会,一个小小的土地神似乎又难以让其居民得到心理上的满足,于是,庙中土地神"穿黄马褂戴王帽并乘马……塑像与别处异"[②],折射出一个地位较高的商业都会对自己较低政治地位的尴尬心理。

通过前文的分析可知,朱仙镇因为行政职能的滞弱,不仅在城市的空间形态和宗教职能方面都与行政职能型城市有较大差别,而且在朱仙镇失去商业功能后,也难以运用政治力量从一个较大的区域内积聚资源以支撑城市的建设和发展,更不能凭借较强的政治职能继续作为区域的中心而存在。在这一点上,开封恰恰与其形成了鲜明的对比。

---

① 关于这些戏楼的资料大部分来自《岳飞与朱仙镇》的记载及朱仙镇镇政府张秘书的辛苦调查。

② 李步青等编著:《岳飞与朱仙镇》,开封教育试验区教材部1934年版,第143页。

第二节　开封

一、多层级合一的区域政治中心

在西周至新中国成立初期的长历史时段中，大体上可以说洛阳在北宋以前是中原地区最为重要的区域政治中心城市，在北宋以后，地位最为重要的则为开封了，唐末五代是二者完成转折的历史时期。但造成开封在唐末五代时期政治地位上升的重要动因则起始于隋炀帝时期隋唐大运河的开凿。

在炀帝开凿大运河之前，作为淮河支流的汴河应该已有较强的通航能力，并且开封的商业经济在其影响下也有一定程度的发展。而在隋唐大运河开通之后，开封水运优势毫无疑问得到了更大的加强，开封作为一个经济都会的地位也很快提高起来，而在经济快速发展的带动下，政治地位也日渐重要，于北宋时期作为全国的都城而达到顶峰。①此后尽管随着北宋的灭亡而不再作为全国性的都城，但直到新中国成立初期，开封在后来近千年的历史中都是中原地区最为重要的区域政治中心城市，并且往往还是多层级合一的区域政治中心城市。

---

① 可参阅本书第一章及第二章中的分析。

　　北宋的开封也不仅为国都所在,同时还是较高层级的府级治所的所在地,直接管辖着开封周边的尉氏、陈留、雍丘、封丘、中牟、阳武、延津、长垣、东明、扶沟、鄢陵、考城、太康、咸平(通许)等14个近郊畿县以及作为京都的开封城市本身,另外开封还是其两个附郭县开封县和祥符县县治的所在地。①1126年北宋灭亡,开封城市地位也随之下降,但为时不久,到1161年金海陵王又迁都于开封,直到金朝灭亡,开封都是其重要都城之一,同时开封还是南京路的治所所在,管辖地域之范围包括今河南大部、安徽淮北地区及江苏泗洪、盱眙等地。在南京路之下,尚为开封府治所所在,管辖范围除了附郭的开封县和祥符县外,还有阳武、通许、太康、中牟、杞县、鄢陵、尉氏、扶沟、陈留、延津、洧川、长垣、封丘、睢州、襄邑、考城、柘城等17个县份。②

　　金亡后,元朝于1291年在开封设置河南江北等处行中书省,管辖范围要比金代的南京路大得多,包括今河南大部分地区、江苏、安徽、湖北的长江以北地区以及四川、陕西的少部分地区。在河南江北等处行中书省之下,开封还是元汴梁路的治所,管辖范围也要比宋和金时期的开封府大,其直接管辖的县有开封(附郭)、祥符(附郭)、中牟、原武、鄢陵、荥泽、封丘、扶沟、阳武、杞县、延津、兰阳、通许、尉氏、太康、洧川、陈留等。在直接管辖的县之外,尚有五个管县的州:郑州领四县,管城、荥阳、汜水、河阴;许州领五县:长社、长葛、郾城、襄城、临颍;陈州领五县:宛丘、西华、商水、南顿、项城;钧州领三县:阳翟、新郑、密县;睢州领四县:襄邑、考城、仪封、柘城。③

　　明朝建立后在开封设置河南布政使司,管辖范围"北至武安,与北直、山西界;南至信阳,与江南、湖广界;东至永城,与山东、江南界;西至陕州,与山西、陕西界",与其后的清、民国以及新中国成立后相差不大,基本上以今河南省为主,包括今河北省及安徽省的部分地区。布政使司之下的开封府在洪武元年曾被建为"北京",洪武十一年(1378)撤京改府,管辖范围则与元代汴梁路相差不大,直接管辖的县有开封(附郭)、祥符(附郭)、陈留、杞县、通许、太康、

　　① 《宋史》,志第三十八,《地理一》。

　　② 《金史》,志第六,《地理中》。

　　③ 《元史》,志第十一,《地理二》。

尉氏、洧川、鄢陵、扶沟、中牟、阳武、原武、封丘、延津、兰阳、仪封、新郑等；所辖州有四，陈州领县四：商水、西华、项城、沈丘；许州领县四：临颍、襄城、郾城、长葛；禹州领县一：密州；郑州领县四：荥阳、荥泽、河阴、氾水。①

清承明制，开封的行政建制并无太大变动，郑州除在雍正二年（1724）至雍正十二年（1734）、光绪二十四年（1898）至1923年间，曾被升为直隶州外，其他时间自清初至1927年，一直隶属开封管辖。②故在五代至民国的长历史时段内，开封一直是中原地区区域城市体系的中心都会，而郑州则从元朝以后一直为开封的属州，处在边缘地位。

此后直至1954年省会由开封迁往郑州前，除了抗战期间省会短时间迁往豫西南地区外，开封都是河南省省会，管辖区域基本同于清时期。在省会之下，1913年以后，开封尚为豫东道驻地，辖豫东、豫中及豫东南共38个县，几占全省的1/3，1927年豫东道撤销后，又析城区设开封市政筹备处，1929年9月设为市政府，但仅仅一年后又被撤销。到1935年冬，省政府因省会地位重要，又于1936年1月设市，但到同年5月即又被撤销，并入开封县，此后直到民国灭亡，开封城市只为河南省会和开封县县治所在地。③

从以上分析可知，开封城市在宋以后的近千年历史中，一直是中原地区最重要的区域政治中心，并且往往是多个层级合一的政治中心，其较强的政治职能对开封城市"城"的建造、城内的空间格局、城市的社会结构和职能性质以及最终的发展命运都产生了极大的影响。

二、政治力量的支撑作用

建造城墙是我国古代传统政治职能型城市的重要标志，城墙规模及城市空间的大小也与城市行政级别的高低直接相关。开封作为宋以后中原地区最

---

① 《明史》，《地理三》。

② 周秉彝修、刘瑞璘纂：《郑县志》，1916年刻本，卷二，《舆地·沿革》；傅林祥、郑宝恒：《中国行政区划通史·中华民国卷》，复旦大学出版社2007年版，第371~381页。

③ 傅林祥、郑宝恒：《中国行政区划通史·中华民国卷》，复旦大学出版社2007年版，第371~381页。

为重要的多层级合一的区域政治中心，虽具有"河、汴流通，挽输便易"的经济优势，但其地"古称四战之地"，"诸侯四通，条达辐辏，无有名山大川之限"，从军事防御的角度来看，缺乏可资防御的山川险阻而"形势涣散，防维为难"①，作为京师重地以及后来中原地区最为重要的政治中心，也就需要借重于深城大濠的防护功能，来加强居于城内统治者的安全感，故《祥符县志》中说"王公设险以守其国，莫如城池关门为最要"②。因而在政治力量的支撑下，开封"城"不仅规模宏大，而且也似乎有着不朽的生命力，在多次的毁灭中屡屡得以复兴和重建。而修筑高大坚厚的城墙、开浚深广难越的护城河、设计屈曲多重的城门，又对开封城市的空间结构产生了深远的影响。

宋开封城分内外三重城墙，最里边为皇城，其前身为唐末宣武军治所之衙署。皇城周回五里，位居全城的中心稍微偏北。皇城之外则为内城，内城是宣武军节度使李勉所修之汴州城，周回二十里一百五十五步。内城之外则为后周及北宋所筑的外城，外城在后周时周回四十八里多，后扩为五十里一百六十五步，城高四丈，厚五丈九尺。外城"每百步设马面、战棚，密置女头，且暮修整，望之耸然"③。此时的开封是全国规模最大的城市。其后在宋亡之际，曾遭到较大破坏，尽管金之末期，海陵王又曾迁都于此，但整体而言金时期开封城的规模要比北宋时小一些。到元时期，开封再也不能作为一国之都，加上战乱的破坏，城市空间有较大萎缩，最终"自金迄元汴梁外城毁内城存"④，又回到唐末李勉所修汴州城的规模，元时所存的内城在元末的战火之中也遭到较大破坏而损毁不堪。

明朝初建，朱元璋北上灭元之时，曾驻跸开封命将北伐，并升开封为"京，设卫十有六守焉"，其后在"京"的建置撤销之时，又随之"置河南省于此"，同时尚为周王藩封所在，"是故是城也缮之视他城坚"。重新修筑后的开封城"甃皆砖也，然又重砖，而城根砖若石，入之地，入有数尺"，"城周围二十里一百九

---

① [清]顾祖禹：《读史方舆纪要》，卷四十七，《河南二·开封府》。

② [清]沈传义、俞纪瑞修，黄舒昺纂：《祥符县志》，光绪二十四年刻本，卷九，《建置·城池》。

③ [宋]孟元老：《东京梦华录》，周峰点校，文化艺术出版社1998年版，第7页。

④ [清]沈传义、俞纪瑞修，黄舒昺纂：《祥符县志》，光绪二十四年刻本，卷九，《建置·城池》。

十步,高三丈五尺,广二丈一尺。池深一丈,阔五丈……各建月城三重、角楼四座、敌台八十四、警铺八十一,甚称严密"①,完全是一座新的政治性、军事性堡垒。

明末崇祯十五年(1642),开封城先遭"闯贼李自成攻围于前",后又被"黄河冲没于后",遂荡为泥沙,城为断堑、池为平原,"汴于是遂无城亦无池矣","当日出政育才建节之地,初以浴鱼龙继而窟狐兔者几数年矣"②。此次兵灾水患所造成的破坏非常严重,入清近20年后,开封城尽管是省会、开封府治以及祥符县治的所在之地,但却因为"城"及城内衙署的残破,致使掌管全省及开封府政务的各大衙署竟无法在城内设衙办公,而不得不移驻周边各邑,偶一至省尚需暂居民庐,惟有祥符县署和学署把明周王府所存建筑略加修葺后暂且寓居其内。这让那些高官大僚们不仅觉得有些扰民,而且与其政治尊严也大为有损,因为低矮的民庐和残破的城垣"实非以尊观瞻也"③,而政治性的建筑则总是"非壮丽无以重威"。

于是到康熙元年(1662),在驻节豫省的最高行政长官河南巡抚及布政使的主持下,在明代城垣基础上又重建开封城,新修之城"雉堞一新,气象丕焕,各门营建如旧制"④。尽管此时的开封城尚未从明末的灾难中恢复过来,与明代相比且有很大的衰落,但在政治力量的支撑下,其规模气象似乎并不比明时期损差多少。

晚清以后,开封城最末一次被水之后的重建,更彰显出作为政治中心的开封与作为商业都会的朱仙镇在面临较大灾难时最终所遭遇的不同命运。后者因为缺乏政治资源可资利用,在自然灾害的影响下失去了发展的动力而完全衰颓,前者却能在政治力量的支持下,获得重建而继续作为区域的中心城市而存在下去。

道光二十一年(1841)六月,黄河决口于祥符县张家湾,黄水溃堤而下后冲

---

① [清]沈传义、俞纪瑞修,黄舒昺纂:《祥符县志》,光绪二十四年刻本,卷九,《建置·城池》。

② [清]李同亨修、马士骘纂:《祥符县志》,顺治十八年刻本,卷二,《城池》。

③ [清]沈传义、俞纪瑞修,黄舒昺纂:《祥符县志》,光绪二十四年刻本,卷九,《建置·城池》。

④ [清]沈传义、俞纪瑞修,黄舒昺纂:《祥符县志》,光绪二十四年刻本,卷九,《建置·城池》。

毁开封的护城堤,"直击城之西门,旋绕而南而东而北,城居巨浸中,形如釜底",此后8个月直至决口合龙,黄水方才消退。康熙年间所筑之城已近200年,久未大修,风雨剥落,"虽大势巍壮,而损蚀残缺处处皆是。又经黄水撼注浸淫八月之久,以故颓败不可复治",城上81座炮台,被水之后,有根基无存者,有淤垫将尽者,有酥损不堪者,亦多破败不堪。城上城楼、城垛以及各种建筑设施皆被拆毁筑坝堵水,整个城池"断雉颓垣,几同废垒"。城内水深丈余、庐舍淹没,人皆露居城上,"居民虽幸免漂没,而被水者辗转迁徙,房屋多倒,家室荡然",贡院、校场、寺庙以及小巷中的民房等多被拆毁以取料堵水。城内城外"残目伤心,莫此为极"①。

开封作为河南省会和开封府治之所在,为全省最关紧要之地,故"修复城垣,浚池培堤,胥为及时要务"。但当时恰为清王朝"海疆事棘,经费支绌"之时,耗资巨大的灾后重建工程也就只好依靠开封自身所具有的政治资源了。在经过多次筹议之后,驻节开封的官员们认为"善后诸事,原以保卫省城,开属各邑,或附隶省会,或近联会垣,各绅商深知帑项艰难,目击工程紧要,自应首先从厚捐输为通省倡;而八府四直隶州,均恃省城为根本,省城有事,凡属隶省会者,均应竭力捐输,以襄要工,以笃梓谊……聚百八邑绅民之力,为千百年久远之计,地大物博,众擎共举,百数十万金当可力图也"②。

于是在巡抚的主持下,设善后总局,由开封府知府邹鸣鹤、前湖北襄阳府知府王懿德负责督管开封的灾后重建工程,"藩臬司道督饬之,选廉能丞佐令佐绅士赞襄之,选都人士之能事者,分赴各郡邑,择其殷实剀切劝谕"。最终在政治权力的压力之下,"通省官绅士庶率皆踊跃输将,不数月,集资二百余万贯",其中仅开封府及其所属各邑因关系紧密,即捐40余万。后广集匠工,经一年零两个月的修建工作,于道光二十三年(1843)九月竣工。新修之城城垣周围长4175丈,五门礅座长60丈,共长4235丈,高2丈6尺,外甃以砖。城上炮台、城

---

① [清]痛定思痛居士:《汴梁水灾纪略》,李景文、王守忠、李湍波校注,河南大学出版社2006年版,第156、161页。

② [清]痛定思痛居士:《汴梁水灾纪略》,李景文、王守忠、李湍波校注,河南大学出版社2006年版,第160~161页。

楼、角楼、城门等全部翻修一新,全部工程虽"名为修复,其实与改建相等"。修城所费资金只为全省所捐资金的一半稍多,所余部分,尚用于修复护城堤、贡院号舍、校场、行宫、各级衙署、武庙、大梁彝山两书院等,并将护城河以及可供开封泄水减洪的惠济沟等从新疏浚,以恢复其旧有之功能。①值此即可看出,开封作为政治职能型城市,其在政治力量的支撑下,处在衰落的困境中且面临较大灾患时,尚能勉强支持而不至于完全衰颓萎缩。

作为多层级合一的区域政治中心,开封不仅能够利用政治力量调动整个管辖区域内的资源来支撑自身的存在和发展,而且作为多个层级的政治治所之所在,政治职能较强,衙门多,官吏也多,高级官吏眷属以及其他下层公务人员更随之增多,治所所在城市的规模也由于要开办商业、手工业和城市服务业来满足这些行政职能组成部分的需要而会成倍增加。所以尽管从明到清开封的衰落程度非常严重,却并没有像朱仙镇那样完全蜕化为一个人口只有数千的寻常小镇,而依然能够吸引较多的人口,并作为一个较大规模的城市聚落而存在。

在清光绪二十四年(1898)《祥符县志》的记载中,清末时期开封城内掌管全省行政事务的衙署及位置为:巡抚署在鼓楼西、提学署在鼓楼东、布政使署在北土街西大街之中、按察使署在巡抚署西、司属各署俱临司署;比以上各衙署级别稍低并专门掌管钱粮漕运的有粮驿道署,在布政使署北,光绪时起改为粮道门;河南贡院在城东北隅上方寺南。

掌管开封一府行政事务的衙署及位置为:开封府知府署在河道后街,府属各署俱邻府署;理事同知署在河道街东、管粮通判署在府署东、开封府学即开封府试院在文庙西。

掌管祥符首县行政教育等事务的衙署及位置为:祥符县署在县前街,祥符县仓库、寅宾馆、监狱皆在其邻;县丞署在贡院之右、典史署在县属大门内、学署在明伦堂后厅事。

因为河南地处黄河下游,黄河造成的灾患比较严重,因而在开封城中除以

① [清]痛定思痛居士:《汴梁水灾纪略》,李景文、王守忠、李湍波校注,河南大学出版社2006年版,第157~164页。

上掌管地方行政、教育的各衙署外，还有专门负责治黄防洪的各级河务机关，其中级别最高的为河道总督，其行台在北三圣庙东街，自1855年黄河铜瓦厢决口后，即常驻开封；在河道总督之下，为管河兵备道，其衙署在河道街。其他治黄防洪的河务官员还有开封府下南河同知、开封府下北河同知、开封府祥河同知、祥符县管河县丞、祥符县南岸主簿、祥陈巡检等，其中驻扎在开封城内的为开封府下南河同知、祥符县管河县丞、祥符县南岸主簿等。

在开封城内设署办公的公所及位置为：河防局在三元街，营务处在抚院署内，厘税局在后第四巷街，支应局在相国寺后街，保甲局在东司西大街，发审局在开封府署内，忠节局在藩署内，水利局在保甲局内，军装局在县西角，火药局一在铁塔寺街、一在校场后，七厅公所在北三圣庙西街，候审公所在理事厅门街，人证公所在学院门街，自新公所在人证公所内，五门接官厅分设在五个城门。

具有各种社会功能的杂所及位置为：僧会司在鼓楼街关帝庙、道会司在金龙四大王庙、阴阳学在大坑沿街、育婴堂在黄大王庙街、保节堂在北门大街、庇寒所在南门大街、乐善局在行宫角南、永善局在忠亲王祠、修善局在东火神庙、西穆蔼堂在城隍庙西街、东穆蔼堂在主大王庙内、和春施药局在对堵庙街。①

开封不仅有着众多的行政衙署，且因为开封"当直隶、山东、江苏、安徽之冲，设立重兵始足以资控制而备调遣"②，故还有着数量较多的驻军和军事衙署。满洲城守尉并各营署在满洲城、抚标中军参将署在城隍庙门东街、左营守备署在城隍庙门西街、右营守备署在城隍庙门西街、武库在城隍庙门西街、城守营游击署在西门大街、城守营守备署在旧贡院西。所驻兵丁3000余名，岁支俸银近20万两。③

这些众多的具有各种职能的行政衙署及驻军集中在开封城内，必然会造

---

① ［清］沈传义、俞纪瑞修，黄舒昺纂：《祥符县志》，光绪二十四年刻本，卷六，《河渠志》，卷九，《建置志》。

② ［清］痛定思痛居士：《汴梁水灾纪略》，李景文、王守忠、李湍波校注，河南大学出版社2006年版，第80页。

③ ［清］沈传义、俞纪瑞修，黄舒昺纂：《祥符县志》，光绪二十四年刻本，卷九，《建置志》。

成较多的公务人员的集中,再加上数量更加庞大的眷属、书吏以及杂役人员,
如皂隶、门子、步快、捕役、禁卒、仓夫、库丁、轿夫、伞扇夫、吹鼓手、更夫、仵作
等,即会形成一个具有相当规模的聚落,为其服务的城市工商业和服务业也
会由此而得到发展,同时也就会增大城市的规模。况且作为全省的政治中心,
在此设衙办公的行政机关都事关全省的行政事务,故也会有很多的流动人员
至此。如仅仅在开封贡院集中进行乡试的士子每次都不下万人,加上其他方
面需要到开封办理公务的人员,也会对开封城市规模的增大产生相当大的影
响。基于以上原因,开封的城市人口从明末清初的"只存奄奄待毙者三万余
人"①,尚能到清末时期增长至15万余人,②而不至于像商业都会朱仙镇那样在
黄河河患的打击之下一蹶不振而最终衰颓为一无足轻重的小镇。

三、政治都会的安全与城市的空间结构

在我国传统政治职能型城市中,城市的空间结构特征首先决定于城墙的
格局与城门的布局。城墙一经修定,便对城市的城内空间有了很大的限定。开
封在北宋以后,因政治地位下降,城内空间呈萎缩状态,规模最大的外城早已
消失在黄沙尘土中,但其内城(其前身即唐末李勉所筑之汴州城)的基本形态
结构却一直延续下来,直至清末都没发生较大变化,对开封城市的空间起着
最基本的塑造作用。由于城门决定着城内外的交通,因此城门的数目与具体
布置在很大程度上决定着城内街道的分布格局,而影响开封直至明清时期城
内街道空间结构的最重要因素则是北宋时期开封外城城门的格局。

前文曾经说过,为了加强一国之都开封"城"的防护功能,宋统治者除了高
大其城、深浚其濠外,在城门的设计方面也曾费了极大的心思。

据《东京梦华录》记载,北宋开封外城除水门外,陆路城门一共有十二座。
其中南门有三:正南门为南薰门,南薰门往东为陈州门,往西为戴楼门;东门
有二:其中南为新宋门,北为新曹门;西门有三:中为万胜门,万胜门之南为新

① 《崇祯十六年江西道御史黄澍奏疏》。转引自[清]傅泽洪:《行水金鉴》,卷四十五。

② 李长傅:《开封历史地理》,商务印书馆1958年版。

郑门,之北为固子门;北门有四,自东往西依次陈桥门、封丘门、新酸枣门、卫州门。在这些门中,唯南薰门、新郑门、新宋门、封丘门皆直门两重,出入较方便,构成城内外交通出入的主要通道,其他城门则因为城防的原因皆为"瓮城三层,屈曲开门"①而难以通行,因而以位居城市最核心的宫城南门为出发点通往外城之外的道路便构成沟通城内外联系的最重要的御路系统。除此之外,沟通东边新曹门和西边万胜门之间的道路是开封城内唯一能贯通全城并成一条直线的街道(宫城宣德门门前大街),这条街道和各条御路一起构成开封城内的主要空间结构线(参阅图6.1中画黑线部分),联系于各条主要结构线之间的街巷也随之形成,其影响一直持续到清末时期。

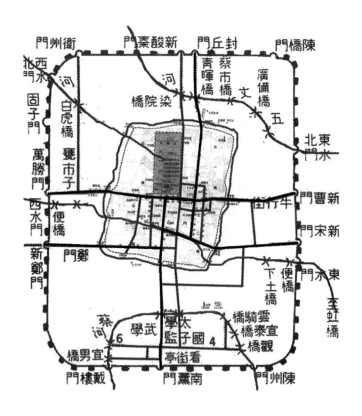

图6.1　北宋开封城市空间结构示意图

---

①　[宋]孟元老:《东京梦华录》,周峰点校,文化艺术出版社1998年版,第7页。

在以后的历史发展中,自金历元,宋开封城外城毁而内城存,城门也多为泥沙湮塞。元顺帝至元十七年(1375),汴梁守将泰不花,将"汴城四面城门止留五座,以通往来,余八门俱塞"①。等到明初在宋内城的基础上重建开封城之时,所有城门已只有五座(宋内城有十座城门),在这五座城门中,其中三座分别与宋城中出入较方便的南薰门、新宋门、封丘门相对应,皆为原来御路由外城经过内城时所经,剩下两个门则与新曹门和万胜门相对应,在两个门之间同样还存在着一条贯通城东西的大道,这样明清时期的开封城沟通城内外交通的大道比原来宋城少了一条通往原新郑门的大道,因为新郑门地处开封西南角,屡经黄河泥沙堆积,与新郑门相对应的内城城门也早已为黄河泥沙湮塞。所剩五门通往城市中心的大道则构成明清开封城内空间的主要结构线,成为影响城内居民居住空间分布的重要因素。

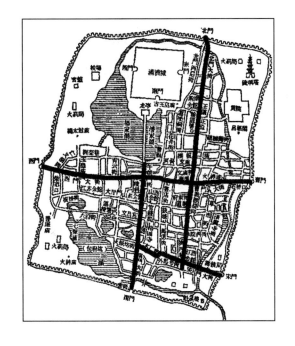

图6.2　清代开封城市空间结构示意图

---

①　开封市地方志编纂委员会:《开封市志》,燕山出版社1999年版,第二册,第477页。

这种格局直到民国时期都没发生太大变化。从图6.3中即可以看出,到民国时期,开封城内居民还依然分布在由城市中心通往城门的各条干道上,而在没有城门的西北角、西南角和东北角则形成大片的隙地。

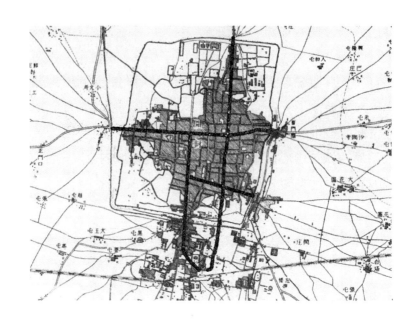

图6.3　1937年开封城市空间结构示意图(1937年日军测绘)

从前文中的分析可知,政治因素不仅对开封城的建设和空间结构都起了相当关键的影响作用,而且还是开封作为一个较大规模城市存在的重要支撑力之一。但长时段地理结构因素和中时段经济社会运动终如一股势难扭转的滔滔洪流,裹挟着开封飘转而下,使其最终在20世纪50年代中期失去了中原地区区域政治中心的地位。

第三节　政治中心之变动

ERSHI SHIJI ZHI ZHONGGUO

一、近代以前郑州的行政建制与城市建设

　　郑州城市地处中原,早在殷商时期,即曾为商都所在,是商朝时期最重要的政治中心之一,其城市规模较唐以后的郑州旧城还大1／3强,城垣周长达7公里,面积3.43平方公里。周灭商之后,封管叔鲜于此,为管国所在,为时不久即废。春秋战国以迄于秦为管邑,秦时隶属于京县(今荥阳市东南10公里处),西汉时期分别隶属于故市县(今荥阳市东北),东汉以及魏晋南北朝时期隶属中牟县。在春秋至隋之间漫长的历史时段内, 在今郑州城市的地理位置上因为不是任何行政治所所在,故亦少有城市建设的记载。

　　到隋开皇十六年(596),在管城(今郑州市区)设置管州,辖管城(于是年从中牟分出单独为县)、成皋、荥阳、新郑、花陵、广武(公元534年置)、中牟等12县, 管州的政治地位自此得到较大提升, 成为今郑州及其外围较大范围内的区域政治中心。隋大业二年(606),管州改称郑州,下辖管城、汜水、荥阳、荥泽、圃田、新郑、原武、浚仪、酸枣、开封等11县,[①]大致范围包括今郑州市的大

---

　　① 《隋书》,卷三十,志第二十五,《地理中》。

部分地区、开封市的西部和新乡市的南部等地。

唐武德四年(621)，李世民进兵据武牢平王世充，将郑州一分为二：密县、汜水、荥阳、荥泽、成皋(分汜水县置)五县属郑州，州治武牢。管城、圃田、须水、新郑、清池等县属管州，州治管城。贞观元年(627)，又废管州及须水县，属县复入郑州。但到贞观七年(633)郑州州治又自武牢移至管城，领县八，天宝后领县七，包括管城、荥阳、荥泽、新郑、中牟、原武、阳武等地。①管辖范围要比隋时稍小。此后以至于明初，郑州州治均设于管城县，有所变动者，只是管辖范围大小不同而已。

五代时，郑州所辖七县中的阳开县于后梁开平三年(909)二月割隶汴州，中牟县于后晋天福三年(938)十月划归开封府。②管辖范围又比唐时要小。北宋时期郑州因距离京师开封较近，于皇祐五年(1053)被设为京师四辅郡之一。之后熙宁五年(1072)，"废州，以管城、新郑隶开封府；省荥阳、荥泽县为镇入管城，原武县为镇入阳武，与滑州并隶京西路"，崇宁四年(1105)，又建为西辅。"大观四年，罢辅郡。政和四年(1114)，又复。宣和二年(1120)，又罢"，前后反复多次，但所辖县变动不大，为管城、荥泽、原武、新郑、荥阳五县。③金时，郑州隶属南京路，管辖管城、荥阳、密县、河阴、原武、汜水、荥泽七县。④元时郑州隶属开封府，元初领管城、荥阳、汜水、河阴、原武、新郑、密县、荥泽八县及司候司。至元二年(1265)割新郑、密县属钧州，荥泽、原武属开封府，并司候司入管城，只领四县，即管城、荥阳、汜水、河阴。⑤

明朝建立后，全国地方建置实行省、府(直隶州)、县三级制。各州附郭县一律省裁，州与县同级，隶属于府，于是管城县并入郑州，郑州则作为属州(县级)隶属于开封府，郑州之下仍领有荥阳、荥泽、河阴、汜水四县。⑥清承明制，郑州一直领辖荥阳、荥泽、河阴、汜水四县，管辖范围与明相同，所不同的是郑州在

① 《旧唐书》，卷三十八，志第十八，《地理一》。

② 《旧五代史》，卷一百五十，志第十二，《郡县志》。

③ 《宋史》，志第三十八，《地理一》。

④ 《金史》，卷二十五，志第六，《地理中》。

⑤ 《元史》，卷五十九，志第十一，《地理二》。

⑥ 《明史》，《地理三》。

清代曾两次升为直隶州。第一次是在雍正二年（1724）升为直隶州，直接隶属于河南省，到雍正十二年（1734）仍隶属于开封府。第二次是在光绪二十九年（1903）升为直隶州，到1913年改州为县为止。①

从上文郑州历代建制沿革史中可以看出，自隋代以后，郑州城市所在之地开始成为郑州及其周边地区的区域政治中心，所管辖的区域范围在隋朝时期最大，包括今郑州市的大部分地区、开封市的西部和新乡市的南部等地，唐、五代、北宋以及金时期则有较大收缩，到至元二年（1265）以后，又进一步缩小而形成基本上比较确定的管辖区域，大致包括今郑州市区及其外围几十公里以内的地区，东西略长、南北较短，直至清亡。

因为由隋至清，郑州一直只是中等层级的政治治所的所在地，其"城"的规模要比具有更高层级政治职能的开封"城"小得多，城周只有九里三十步。但除此之外，郑州"城"的形态与格局都完全体现着中国传统政治职能型城市的特色，"城"呈规则的长方形，东西延长、南北微狭，整个格局正朝四方。城内街道的结构也同样取决于城门的分布状态，东西城门相对，形成一条横贯城市中心的街道；南北城门相错，各从城门入口向城内延伸出一条与横贯东西城门大街成直角相交的街道，构成两个"丁"字形结构；城内其他街道要么与这三条街道成直角相交，要么则为平行，纵横相交，城内街道整体形成正朝四方的网格形分布结构。城门上有城楼四座，环城有城壕。城市最重要的功能也是"御暴安民、临莅政事"，作为行政中心，政治力量也是支撑其存在的重要因素。

由于自隋以后郑州城市（明以前被称为管城）既没有成为重要的经济都会，其政治地位与政治职能也没有发生较大升格，在城市发展方面不能获得较大的突破力，故其城市职能与城市规模亦没有发生较大变动。作为城市外壳的"城"自从唐朝武德四年（621）建成以后，其基本形态与格局就一直延续下来，直至晚清，城市的发展空间也都没有突破唐初武德四年所建城垣的限制，②而始终聚拢在高高的城垣雉堞之内。

但进入近代后，随着区域环境中长时段地理结构因素和中时段经济社会

---

① 《清史稿》，志第三十七，《地理九》。

② 周秉彝修、刘瑞麟纂：《郑县志》，1916年刻本，卷三，《建置志》。

运动的变动，郑州城市在发展经济上所具有的优势逐渐形成一种强大的拉力，再加上长时段地理结构因素和中时段经济社会运动对开封所产生的消极推力，遂使中原地区的区域政治中心由开封迁至郑州，造成二者的结构关系在19世纪50年代中期发生本质变动，并使中原地区整个区域城市体系的结构关系也发生重构。

二、近代开封、郑州行政建制的变动与省会的迁移

在影响开封最终失去中原地区区域政治中心地位的各种长时段地理结构因素中，最为重要的即是黄河。

明末清初的顾祖禹在其《读史方舆纪要》一书中曾说"河南境内之川，莫大于河；而境内之险，亦莫重于河；境内之患，亦莫甚于河"①。就河南各地而言，受黄河之患最重者又无过于开封城市及其周边地区，在第二章中，笔者曾对之进行过分析，认为在黄河河患的影响下，开封不仅失去了支撑其发展的黄金水道，城市自身以及周边地区农业生产的区域环境也遭到了较大程度的破坏，并且还因为黄河容易泛滥的影响而失去了被建设为现代铁路交通枢纽的机会，这几点构成了自金以后对开封发展非常不利的因素，从历史发展的长时段中，对开封区域政治中心地位的最终失去产生了严重的影响。而在黄河河患的直接影响下，甚至早在道光二十一年（1841）的大水灾中，即有一次"迁省之议"。

道光二十一年六月十六日，黄河决口于祥符县三十一堡后，冲破开封护城堤，水围开封几与城齐，至六月二十四日，黄河大溜全移之后，整个开封城更是"遂在巨浸中"。城内"居民虽幸免漂没，而被水者辗转迁徙，房屋多倒，家室荡然"，整个城池"断雉颓垣，几同废垒"。其后至七月初，水势稍退，河道总督文冲在筹划堵口防水之时，以为尽管开封"城垣幸保无虞，但城墙以外四面受淤，城内几成釜底，卑湿难居，即或挽归正河，亦须另择善地，早为迁避"，建议省会迁离开封，并恳请清廷"钦派大臣勘明定夺"。文冲意见上达清廷之后，清廷颇为赞同，亦认为"省城猝被水围，百姓困苦情形已堪悯恻，设使水势日长，

---

① [清]顾祖禹：《读史方舆纪要》，卷四十六，《河南方舆纪要序》、《河南一》。

急切不能消退,而城垣断不能久泡无妨……与其搬砖移石,剜肉补疮,徒事补苴,终难保护,莫若取所拨库银以为迁徙赈济之需",但又鉴于开封"省城建置,历有年所,择地迁移,关系重大",再加上河南巡抚牛鉴的反对,于是于七月中旬,委派东阁大学士王鼎及署理藩院事、通政司通政使惠成任钦差到开封督导治河,并与河南巡抚牛鉴、布政使鄂顺安等商议省城应否迁徙。钦差初到开封时,"睹水溜逼城,城内四周积水深丈许",故亦"阴有迁省之意"。而清廷所持意见也仍然为"现在秋汛方长,水势靡定,倘万分危急不能保守,著即遵照前旨,先尽城内居民择地迁避,文武大小官员以次第迁"。而身膺守土之责的河南巡抚牛鉴、布政使鄂顺安等地方官员则从稳定社会安全与秩序的角度考虑,认为"城虽屡濒于危,而人力足以捍御,人心略无动摇,守则转危为安,迁则变生于外","倘或轻举妄动,百姓至愚,以为城不可保,官已弛防,产业不可保,生计无可谋,四处窜逃,仓皇靡止。因之无赖棍徒乘机抢夺,赤手游民随声附和。即此时急公效力之义民,亦将变而为劫掠作乱之奸民。祸生不测,只在须臾,岌岌危城,何从防守?"故"省城可守而不可迁。即使情形威迫毫无把握,亦万万有不可迁之势",仍然强烈反对迁省。在他们的反对下,清廷的态度略有改变,也表示"筹谋迁避,原系万不惑已之举",若"水溜稍缓,人夫料物已充,民情安定,自以保护省城为是"。但对于"被淹日久"的省城开封"将来景象能否复旧,仍为省会之处"的前景,依旧持担忧和怀疑的态度,建议地方官员、河道总督以及钦差等人"著俟大工合龙后,会同详细察看情形"后再行决定。之后地方官员为了坚持他们"不迁省"的主张,借用民意,鼓动地方绅士上书新任河道总督朱襄,痛陈不可迁省的理由,认为开封地当要冲,具有联络南北、拱卫京师及控御山东、江苏、安徽等省的地缘战略作用,且省会规模较大,一般府城难以容纳,新建省城将耗资巨大,筹建不易,再者"民心也必不可迁",况又时值"海疆多事"之际,"人心宜静不易动,迁徙之说行,必致人内心摇动,其患有不可胜言者"。此议入奏清廷之后,清廷遂不再坚持其迁省之意,而决定依旧以开封为河南省会。①

① [清]痛定思痛居士:《汴梁水灾纪略》,李景文、王守忠、李瑞波校注,河南大学出版社2006年版,第30~82页。

尽管道光之时的"迁省之议"最终作罢,但却并不能因此而改变开封城市自身及其周边环境因黄河河患而日渐恶化的趋势,于是到民国时期,其恶劣的城市及区域环境又曾引发关于是否迁省的争议。对此,在《大中华河南省地理志》中曾略有记载:"河南全省人民以开封为省会,设省议会于此,以为代表民意之机关,有立法之权。而议者谓省垣低于河堤数十丈,一遇洪涝冲决堪虞……而黄沙环壅时助暴风,城内荒冢殃及井泉,无河流以涤污,无树木以调和空气,兼之公共卫生缺乏,每年疫疠死者百分之七,居民多患肺痨痢疾,自治事业难期发达,行政亦多为不便,为达大计,急宜迁省会郑县或洛阳或郾许,勿徒苟安一时为目前计也。"①因为时值政局动荡,此次迁省之议最终只能不了了之,开封在民国时也依然作为河南首府而存在。

郑州在由长时段地理结构因素和中时段社会经济运动所构成的优势因素累积循环的影响下,政治地位渐渐上升,最早者即为商埠之设。

郑州的开埠之议始于晚清京汉路开通之初。早在1905年时,河南巡抚鉴于郑州在发展商业方面所具有的潜在优势,曾上书清廷奏请开辟郑州为商埠,②但因为不久清王朝灭亡,也就不了了之。其后随着郑州商业影响的扩大,到1919年开埠之议又起,并于1920年冬季省议会表决通过,1922年,河南省督军赵倜、省长张凤台向北京政府内务、财政、司法、外交、交通、农商各部再次请示郑州开埠,认为"豫省居天下之中,而郑县尤扼豫省之喉。京汉、陇海铁路,纵横交错,百货骈臻,相形度势,实为汴洛之间一大都会……此次筹开商埠,实系上辅国家、下益民生",并"拟由省长暂充督办一席,督饬省实业厅逐渐进行"③。之后不久北京政府即行批准,并任命省长张凤台亲任商埠督办。④这是近代以后郑州在经济力量的作用下所发生的第一次行政建制上的变动。

在商埠之后,到1928年3月18日,河南省国民政府析郑县城区置郑州市,按当时郑州城市的人口并不合乎《市组织法》中的人口标准,但因为其商业发

① 林传甲:《大中华河南省地理志》,1920年,第71页。

② 《郑州开辟商埠》,《大公报》1906年10月2日。

③ 《赵倜、张凤台催辟郑埠电》,《申报》1922年2月26日。

④ 《大总统令》(1922年3月31日),《申报》1922年4月2日。

达，各种营业税、牌照税和土地税税收量较高而使其成为整个河南省仅有的两个省辖市之一（另一个为省会开封）。其后因为市县分设增加负担，1931年又撤销市的建制。1948年10月郑州解放后，市县分设，城区为郑州市，四郊为郑县。此后市的建制终于定了下来。

在商埠和市的建制外，民国时期，郑州的行政建制级别还有一次较大的提高，就是1932年行政专署的设置。行政专署最初主要是作为省级行政机关派往地方处理特殊事物（比如剿匪之类）的一种临时性机构，但到1932年时，国民政府因为"吏治腐败、民生凋敝之极需整饬"，而在全国各省各分区普遍设置，并规定"对于行政督查专员必须隆重其体制，予以简任之待遇，授以监督区内各县县长之大权"，同时各专员还必须兼任驻在县的县长，整体职能"仿佛前清直隶州之知州，除自理一县外，监管所属之他县"。除此之外，"并由专员兼任保安司令，全区军民两政统归主持。体制之重，有似前清之兵备道"①。至此郑州在民国初年由清代的直隶州被降为县之后，又重新回到原来的行政级别之上，并且管辖范围还远较其由唐至清作为州或直隶州时为大。1932年，辖郑县、开封、中牟、尉氏、通许、密县、新郑、禹县、洧川、长葛、广武、汜水、荥阳等13个县；1938年，调整后辖郑县、中牟、尉氏、密县、新郑、禹县、洧川、长葛、广武、汜水、荥阳等11个县；1943年专署移驻新郑；1948年4月，专署又移住郑县后，辖郑县、开封、广武、中牟、汜水、尉氏、密县、新郑、禹县、洧川、长葛、荥阳等12个县。②总体而言，从被设为专署后，管辖范围基本比较稳定，包括现在郑州、开封、许昌三市的诸多县份在内，其政治重要性超过自唐以来的任何一个时期。

新中国成立后，随着国家工作重心向工业建设的转移，郑州在发展工业（尤其是棉纺工业）方面所具有的潜在优势，最终形成一种强大的拉力，这种拉力和前文所言的其他优势因素一起最终造成中原地区区域政治中心由开封迁至郑州。再加上开封和豫东地区区域环境的恶化、它们在大规模发展现代工业经济方面的不利以及开封地理位置偏东并远离河南的工业建设中心（洛

---

① 《剿匪区内各省行政督查专员公署组织条例》。转引自傅林祥、郑宝恒：《中国行政区划通史·中华民国卷》，复旦大学出版社2007年版，第116~117页。

② 傅林祥、郑宝恒：《中国行政区划通史·中华民国卷》，复旦大学出版社2007年版，第381~383页。

阳、郑州、新乡等地)和工矿业建设基地(豫西北地区焦作、鹤壁、三门峡、平顶山)等因素,开封最终不能适应新时期党和政府工作重点的需要,在这种情况下,迁移至全省之中居于核心地位的区域政治中心也就势在必行。

对此,早在1952年8月,河南省人民政府在其向中南军政委员会提交的报告中即曾言之:"鉴于河南省会在开封市,位置偏于全省东部,指导全省工作多有不便;郑州市则为中原交通枢纽,为全省经济中心,将来发展前景犹大,如省会迁往该市,则对全省工作指导及上下联系均甚便利,对该市发展也大有裨益。"①而在省会迁郑之前,开封市人民政府对此又做了分析:"郑州为国家工业建设重点城市,党和政府加强对工业建设的领导是加速社会主义工业化和巩固工农联盟的重要保证,因此省的领导中心转移郑州,是同全省人民和开封市人民利益攸关的重大政治任务。"②到1954年9月份,时任开封市市长的姜鑫在全市干部大会上关于省直机关迁郑作动员报告时又大力强调"郑州为国家建设重点,在全省位置比较适中,又是交通枢纽,四通八达,为了适应国家大规模的经济建设,党和政府必须加强对工业建设的领导,以加速国家社会主义工业化和巩固工农联盟",因而"省会由汴迁郑是事关全省人民利益的大事"③。到1954年10月,开封市在欢送省直机关迁郑时还又做了解释:"郑州是国家工业建设重点城市,在全省位置比较适中,交通四通八达,因此,河南省领导机关由开封转移郑州不仅是加强全省领导工作和有关全省团结的重大措施,而且是加速社会主义工业化和巩固工农联盟的重要保证。"④

---

① 转引自《开封到郑州省会大搬迁》,《大河报》2007年1月10日。

② 《为颁发〈开封市关于省直机关迁郑工作方案〉希贯彻执行的命令》,1954年6月8日,开封市人民政府档案,全宗号23,卷126,《市欢送省直迁郑委员会关于欢送省直机关迁郑、欢迎郑专迁汴的方案、总结及省迁郑后对开封市各行业影响情况的调查总结、报告》。

③ 《姜市长在全市干部大会上关于省直机关迁郑的动员报告》,1954年9月23日,开封市人民政府档案,全宗号23,卷126,《市欢送省直迁郑委员会关于欢送省直机关迁郑、欢迎郑专迁汴的方案、总结及省迁郑后对开封市各行业影响情况的调查总结、报告》。

④ 《开封市欢送省直机关迁郑工作综合报告》,1954年10月8日,开封市人民政府档案,全宗号23,卷126,《市欢送省直迁郑委员会关于欢送省直机关迁郑、欢迎郑专迁汴的方案、总结及省迁郑后对开封市各行业影响情况的调查总结、报告》。

终于,在长时段地理结构因素和中时段经济社会运动强有力的作用下,开封失去了它保有千年的区域政治中心地位。1954年10月,随着最后一批省级机构的迁离,昔日熙来攘往的开封省府大院最终空疏落寞下来时,两个城市也在郑州城市上空的鞭炮声中开始了它们新的时代。

三、省会迁郑之后的影响

1.分配资源的权力优势

因为政治权力具有决策自主权和执行决策的能力以及掌控着社会资源分配的权力,因而政治地位较高的区域政治中心城市比区域内其他政治地位较低的城市能更多地、更有效地控制决策权以及支配更多的资源,[①]从而为自身的存在和发展提供更强的优势因素。

在前文中笔者曾分析过在道光二十一年(1841)的大水灾之后,开封城的修复工作即是在省级和开封府级政治力量的影响下,调动全省以及开封府内的资源才完成的。而到省会迁离之后,不仅开封专区之外的各县已不再归属开封管辖,而且,随着郑州重要性的日益增强,开封专区在1955年所辖各县中的荥阳、巩县、登封、密县、新郑等到1958年底即被郑州分割而去,尽管1961年后,这些县又复归开封,但到1981年,不仅以上各县又归辖于郑州市,并且紧邻开封之西的中牟也被划归郑州。到1983年河南省实行市管县体制时,开封所辖各县已只有开封、尉氏、通许、杞县、兰考等五个豫东沙荒比较严重的县,管辖范围即使与清代的开封府相比也有很大的缩小,作为一个区域中心城市,其影响力和影响范围也都下降到自宋以来的最低点,与新的区域中心城市郑州相比,只能居于边缘地位了。而在计划经济体制下,随着中心城市调控资源行政权力的大幅度下降和行政管辖范围的大幅度缩小,其所能掌握和集中的资源也就可想而知。

在全省的资源分配中,因为其既不是现代工业建设重点城市,也不是全省政治中心,经济和政治重要性都比较低,所能得到的资源份额也就相当少了,

---

① 杨友孝:《约翰·弗里德曼空间极化发展的一般理论评介》,《经济学动态》,1993年第7期。

而与其相比，成为新的区域政治中心的郑州在集中和分配全省范围内的资源时，就具有其他城市难以比拟的优越性，而会获得更多的资源投入。因而在整个"一五"期间，开封市的基本建设投资额只占全省的1.5%，为郑州的1/20、洛阳的近乎1/15，在当时河南所有的城市中，只比安阳稍高，而位居倒数第二。郑州因其本身又是工业建设重点城市，因而在"一五"期间，仅郑州一市的基本建设投资额即占全省的30.2%，近乎省内其他城市投资额的总和，而远超过新乡、商丘、开封、洛阳、许昌、信阳、南阳七大专区投资额的总和。①巨大的资源分配差距，自然会产生巨大的发展动力差距，这将在以后的发展中对二者的未来产生深远的影响。

2.城市规模变动方面所产生的影响

在省会各机构尚未迁郑之前，开封市政府在1954年6月份以前即对可能受省会迁郑影响的行业、人数等情况做了一次全面的调查统计，认为受省会迁郑影响，首先会造成开封城市基本人口的减少，至1954年年底可能要迁出1.2万工作人员，连同家属则会超过3万人，省会迁走后流动人口也将大规模减少。这些人口的减少会产生连锁反应，城市的购买力将会大幅度下降，进而影响到各种商业和服务行业。受影响最严重的有印刷、汽修等18个行业，次严重的有竹工、制鞋等16个行业。受影响较轻的有木作、家具等30个行业，因这些行业不景气而失业的人员有两万多人，生活间接受到影响的估计在四五万人以上。②到10月上旬，在一些省级机构陆续迁郑后，又据开封市人民政府调查，受迁省影响的人数共有24 994人，占全市人口的12.44%，所受影响的行业范围则要比6月份所作的调查稍窄一些。③

因为在新中国成立初期省会迁离开封之时，开封既不是大区域之间的经

① 河南省统计局:《河南省国民经济统计提要:1949—1957》,1958年5月,第44~45页。

② 《为颁发〈开封市关于省直机关迁郑工作方案〉希贯彻执行的命令》,1954年6月8日,开封市人民政府档案,全宗号23,卷126,《市欢送省直迁郑委员会关于欢送省直机关迁郑、欢迎郑专迁汴的方案、总结及省迁郑后对开封市各行业影响情况的调查总结、报告》。

③ 《开封市欢送省直机关迁郑工作综合报告》,1954年10月8日,开封市人民政府档案,全宗号23,卷126,《市欢送省直迁郑委员会关于欢送省直机关迁郑、欢迎郑专迁汴的方案、总结及省迁郑后对开封市各行业影响情况的调查总结、报告》。

济交换中心，也不是新型的现代工业生产中心，而是区域行政中心，其主要职能是行政职能，省级机关的公务人员是其城市基本人口中最重要的组成部分，而省会迁郑，开封的商业和服务业便随之失去了最主要的服务对象而呈离散状态，不得不迁出开封而转向省内那些重点建设城市，如洛阳、郑州等地，尤其是后者，因为是新的省会所在地，对开封从事商业和服务行业的人吸引犹大，在1954年6月份的调查中，迫切需要迁郑外调的服务工人即有6000余人，各种商户有500到800户，[①]迁郑的行业有服装业、制鞋业、白铁业、家具木器业、棕床业、竹藤业、皮货业等，所迁商户以大、中户为主，技术较好，且资金力量较强。在各行业商户之外，尚有一些手工业生产合作社也需迁往郑州。[②]因为开封的工商业多服务于城市政治职能，城市的政治职能降低之后，即使有众多的从业人员随之迁郑，也还无法解决城市较多的失业人口，因而开封市政府甚至动员部分人员回到农村以减轻城市的就业压力。总之，不论是迁郑也好，还是回乡也好，开封的城市人口规模都会因为省会的外迁而有较大程度缩小，甚至造成当时开封人对开封城市未来的发展产生一种悲观心态，在现代经济学研究中，这种悲观心态也构成一种对其经济发展不利的因素。

在开封城市规模因省会迁出而缩小的同时，郑州则会因为省会机关办公人员及其家属的迁入，直接造成其城市规模的扩大，[③]同时也带动了其城市服务业和商业的发展，使其城市的市政管理水平提高，促进公共设施建设，吸引

---

① 《关于省府迁郑重点调查情况及工作意见》，1954年6月21日，开封市人民政府档案，全宗号23，卷126，《市欢送省直迁郑委员会关于欢送省直机关迁郑、欢迎郑专迁汴的方案、总结及省迁郑后对开封市各行业影响情况的调查总结、报告》。

② 《为报送省府迁郑后对手工业工作的补充意见》，1954年，开封市人民政府档案，全宗号23，卷126，《市欢送省直迁郑委员会关于欢送省直机关迁郑、欢迎郑专迁汴的方案、总结及省迁郑后对开封市各行业影响情况的调查总结、报告》。

③ 据开封市政府调查估算，因为省会迁郑，仅从开封迁入郑州的公务人员及其家属即会超过三万人。若再加上各种服务人员，数量会更大。（《开封市关于省直机关迁郑工作方案》，1954年6月8日，开封市人民政府档案，全宗号23，卷126，《市欢送省直迁郑委员会关于欢送省直机关迁郑、欢迎郑专迁汴的方案、总结及省迁郑后对开封市各行业影响情况的调查总结、报告》）

更多的单位集中在郑州,如大学、医院等。①

　　省会迁郑不仅为郑州城市在获得各种资源方面提供了很强的优势和直接造成城市规模的扩大,而且随着省会的迁郑,也标志着中原地区新的多功能综合性区域中心城市的完全形成,同时也使中原地区的区域城市体系得到重构,形成新的核心与边缘结构关系。

小　结

　　作为大区域之间物资交换中心的朱仙镇在失去商业功能后,因其行政级别太低,使其不具有在经济途径之外寻求政治的方式来从较大的区域范围内集中资源以支撑自己的存在的可能,因而在城市的工商业衰落下去之后,整个城市也不可避免地衰落下去。清时期开封并不是经济中心,城市的存在并非依靠自身经济的发展来作支撑,但因为开封是全省的政治中心,是全省税收和财富的集中地,较多行政机构的集中,构成较多服务性人口集聚的前提,使其仍然可以作为一个规模较大的城市而存在,因而尽管其生产功能和商业功能都不突出,其与周边农村进行物资方面互补性交换的功能也不强,也仍然可以存在下去而不至于完全衰落,政治优势强弱的不同对二者的城市建设与变迁产生了完全不同的影响。但在长时段地理结构因素和中时段经济社会运动的影响下,开封所形成的劣势累积循环与郑州所形成的优势累积循环最终却使开封所具有的政治优势转移到郑州。而政治优势的变动,在加强二者不同循环趋势的同时,也使二者之间的结构关系发生了本质性改变,并造成中原地区区域城市体系结构关系发生重构。

---

　　① 《市人委欢迎省政府迁郑办公室关于省会迁郑各项筹备工作进展情况的报告、总结、意见等》,郑州市人民政府档案,全宗号2,卷131,第1页。

第七章 CHAPTER SEVEN

城市内部结构的变动
以及新动因的形成

　　经过前几章的分析可知，在长时段地理结构因素和中时段社会经济运动的作用下，进入近代社会以后，朱仙镇、开封与郑州三者分别形成了劣势累积循环和优势累积循环，在两种不同循环趋势的作用下，中原地区的区域中心城市发生了转换，朱仙镇、开封和郑州三者之间的结构关系也在20世纪50年代发生了本质改变。故20世纪50年代也成为三者在近代以来发展变动的分界点，旧阶段至此结束，新时期由此开始。旧阶段中的历史变动在使三者城市结构发生改变的同时，也为三者在新时期的发展植下了影响未来发展的新动因。

第一节　城市社会结构的变动

ERSHI SHIJI ZHI ZHONGGUO

　　社会的永恒变迁是人类社会最显著的特征,而所谓社会变迁,就是社会结构发生变化,即构成社会的各种要素(角色、制度、群体、社区、阶层、国民社会等)间相对恒常的结合关系所发生的变化。①职业作为个人在社会中所从事的为其提供生活来源的某种工作,从单个人的职业来看,也许很难把握其背后社会结构的整体变动,但职业作为社会结构划分层次的一个方面,②以职业为划分标准对构成社会结构的各个群体进行考察时, 即可对某一时期的社会结构作整体的把握, 从职业群体的变迁自然可以看出社会结构的变迁。而对城市中各种人群职业构成的变动进行分析, 不仅可以确定出城市社会结构的变动,而且对城市性质和功能的变化也会有准确的把握。因而在下文中,即以对三个城市职业群体的变动作为分析的视角, 来看在各种动因影响下, 这三个城市的社会结构以及性质和功能在近代所发生的不同变动。

---

　　①　[日]富永健一:《社会结构与社会变迁——现代化理论》,董兴华译,云南人民出版社1988年版,第19~21页。

　　②　王先明:《中国近代社会文化史续论》,南开大学出版社2005年版,第79页。

一、朱仙镇

关于朱仙镇在鼎盛时期的人口数量,在1934年出版的《岳飞与朱仙镇》一书中记载,有民商4万余户,人口20余万。这个数字是因为记录在民国时期的书中,所以有的学者怀疑它的可信性。但若参佐清中期中国四大名镇中其他三镇的人口数量来看,鼎盛时期朱仙镇拥有20万人口应该不是太过于夸大的说法。[①]而若把朱仙镇鼎盛时期的城市空间规模与开封府城作一比较的话,其人口数量超过清中期的开封府城应该没有疑问,另外再依据该书所记,经过60余年的衰落,到光绪三十二年(1906)尚有3000余户、1.5万余人来推断,朱仙镇在道光二十三年以前人口数即使没有20万,也会差之不远。

在清时期的天下四大名镇当中,与以铁器制造业繁荣起来的佛山镇和以瓷器制造业发展起来的景德镇不同,尽管朱仙镇也曾作为中国清时期四大木版年画的产地之一,但其并非依靠一种或数种手工业生产而鼎立在这些名镇当中。其兴起和繁荣的动力主要来自于商业贸易,商人是构成这个城市鼎盛时期社会结构的最重要的职业群体,木版年画的作坊主与从事年画生产的工匠以及其他类型的手工业生产者则占次要地位。另外,在城市商业贸易和手工业生产带动之下,服务业也有一定的发展。在朱仙镇所遗存的山陕会馆碑刻资料中,依据乾隆三十三年(1768)的《本庙全图》、《重修关帝庙碑记》和乾隆四十七年(1782)《典衣铺捐施姓名碑》[②]记载,从事商业贸易的行业有桐油行、烟行、当典行、杂货铺、白米行、丝茧行、缨帽铺、众茶字号、众煤灰厂、麻号、铁货铺、铅丹行等;属于手工业生产的有门神作坊、炮房、毡帽作坊、羊毛各号等;属于服务业的有过客店、黄白酒馆等。另外从参与修建会馆的各种支出费用来看,还有为数不少的服务于城市建设的建筑工人,如木作、泥作、铁作等,以及从事建筑装饰的银作、画作等工人。各贸易行业不仅参与捐资的行

---

① 可参阅本书导论中的分析。

② 该碑创制时间为"壬寅仲冬",许檀老师经研究认为应为乾隆四十七年。(许檀:《清代河南朱仙镇的商业——以山陕会馆碑刻资料为中心的考察》,《史学月刊》,2005年第6期)

数较多、户数较多，而且捐资数额也大，并且以批发贸易为主的行数也较多。而在手工业生产中，捐资户数最多、捐款数量最大的则为年画业，其次为羊毛各号。相比较而言，参与捐资的服务业户数则较少、捐资额也少，其重要性无疑要低。

如同清时期其他较大市镇一样，鼎盛时期朱仙镇的人口也主要为外来移民而并非其自身所有人口的自然增长。在外来人口当中，依据《本庙全图》、《重修关帝庙碑记》和《典衣铺捐施姓名碑》中所记，来自外省的有山西平阳府的曲沃县、太平县、翼城县等地，泽州府的高平县等地，潞安府的潞城县等地以及绛州、解州、蒲州和省会太原等地；陕西省同州府的朝邑县、大荔县等地；另外还有福建、安徽等省。在朱仙镇来自外省的人口当中，山西省占的分量较重，仅翼城一县依据《山西平阳府翼城县众商创建牌楼碑记》所记，在雍正十一年（1733）修建山陕会馆牌楼时，参与捐资的商户就多达340余户。来自省内的有祥符、仪封、通许、兰阳、尉氏、密县、睢州、柘城、杞县、登封、郑州、洧川、杞县、兰阳、鄢陵、临漳、武安、封丘、太康等地。整个地域范围包括豫东的开封府、归德府，豫北的彰德府、卫辉府，豫西的河南府，豫东南的陈州府等，除此之外，尚有为数更多的不能确定具体地域的捐资商户。作为规模较大的商业都会，朱仙镇对其周边各县人口的引力影响是很大的，在朱仙镇兴盛时期，周边各县县民纷赴朱仙镇经商，朱仙镇商业的衰落对周边各县的经济活动也造成了不利的影响。①

因为朱仙镇人口多为流动性较强的外来商民，因而在其商业功能下降之后，原本聚集于此的商人便很容易流散他处，自道光二十三年（1843）水灾之后至光绪三十二年（1906），尚有3000余户、人口1.5万余人，而到1931年左右已只有民商1700余户，其中男约5700余人、女约3400余人，合计8500余人而已，"以之与往昔繁盛时期较，相差约二十四倍"。镇中居民除去残废军人教养院1500余人，普通居民唯有7000余人，其中有以农业为生的农民2000余人、无业者1000余人，商人所占份额大为减少。因为镇中所有工商业依据行业划分，属于商业贸易的有杂货店20余家、时货庄10余家、酱菜店10余家、首饰店10余家、中药店10余家、

---

① 林传甲：《大中华河南省地理志》，1920年，第114页。

纸烟店及粮坊数家、经营鸦片者10余家,总计亦不过80余家。相比较而言,镇中从事年画业生产的人数所占份额则有所上升, 红纸业作坊和门神作坊共60余家,家数虽比前者略少,但年画生产作坊所需的劳动力却要比单纯经营商业为多,因而其整个行业从业人数也多。除年画生产之外,镇中较为重要的手工业生产尚有烟丝作坊数家、豆腐干生产作坊数家、竹竿清酒生产作坊数家。镇中的服务业有大小饭店20余家、酒馆数家、茶馆数家、客栈数家、理发店数家、照相馆一家、暗娼数家等,所占份额要比商业和手工业少。①此时的朱仙镇从其聚落规模和镇中的社会结构来看,已蜕变为周边数个乡村的中心集镇了。

二、开封

明末崇祯十五年(1642)李自成围攻开封,开封附近的黄河大堤被掘开,滔滔黄水吞没开封,城内居民因"初死于兵,继死于水"而人口大减,直至清初顺治年间,"成聚成市者不过冲涛北渡一二之苗裔也"②。康熙元年(1662)巡抚张自德、布政使徐化成修开封城并重建各级衙署后,"始移各衙门于省会,民居亦鳞集城乡"。驻节外邑的各级衙署陆续迁回后,一般居民也开始慢慢增长,至咸丰十年(1860),城内人口男女共计92 724人,③到光绪三十三年(1907)又增长到15万人。自崇祯十五年水淹之后,近270年间增长了5倍,年均增长仅400余人。在晚清开封城中, 最重要的职业群体毫无疑问是等级较高的行政官僚以及等级较低的各种公务人员,这些人主要负责对全省以及开封府和祥符县进行管理。按现在的说法,也就是其服务对象不仅限于开封城市自身,而且包括开封城市自身以外的广大区域,所以这些行政人员可以被看作是晚清开封城市中最重要的基本人口。因为这些基本人口以及家属的存在, 带动了数量更多的服务型人口(诸如从事商业、服务业以及手工业生产等方面的人口)在开封城市中的集聚。

---

① 李步青等编著:《岳飞与朱仙镇》,开封教育试验区教材部1934年版,第123~127页。

② [清]李同亨修、马士骘纂:《祥符县志》,顺治十八年刻本,卷二,《城池》。

③ [清]傅寿彤:《汴城筹防备览》,咸丰十年九月刊于大梁。

光绪二十四年（1898）《祥符县志》记载，晚清开封商业人口主要从事于零售型商业，贩卖饮食品（大米、海味、果食、肉食、油、茶、瓜果、酒水等）、服饰品（布帛、履袜、洋布洋货店、旧衣物、裘褐等）及一般用品（药品、聚头扇、铜锡器、箱柜、香、陶器、杂器、弓矢等），另外因为开封是区域政治和文化中心，还有为数不少的商人经营奢侈品（巾帕、冠带、珠翠、闺装等）和文化用品（毛笔、纸张、古书画、古樽彝等）。以上诸种商人因为有固定的店铺门面而被称为坐商，属于商人中层级相对较高者。除此外，在开封城市中还有数量很多的走街串巷的小贩，贩卖各种小商品、饮食品、瓜果蔬菜等物，是商人中层级较低者，资本不大，赚钱不多，不过做些小买卖以养家糊口而已。①

在晚清开封城市中，尽管手工业生产门类较多，但规模却都比较小，在前清影响最大的汴绸业到同治年间已负债累累，实力大不如前。其他行业的手工业生产规模更比汴绸业为小，所产产品也如同开封城市的商业一样，主要为开封城市自身的消费服务，而不能成为开封城市与其他地区交换的前提物，因而开封城市的手工业生产者和从商者一样，都只能构成对开封城市发展带动作用较小的城市非基本人口。因为开封从事城市基本经济活动的人口相对较少，因而以服务城市自身为主的非基本人口，在晚清整个开封城市人口中所占比例就相对要高。但因为缺乏具体的统计数字，很难对晚清时期开封城市的社会结构给出一个量的分析。

人民国后，开封城市人口增长的趋势加快，1907年为15万人，1925年为226 758人，年均增长4260余人，1930年为236 547人，五年之间增加近1万人，年均增长近2000人，其后速度加快，从1930年到1935年又增加到303 341人，五年增加6.6万余人，年均增加1.3万余人。②从以上数据可以看出，1907年以后到1935年近30年间，开封的人口增长率波动极大，因而可以确定此段时间内，其城市人口增长并非为自然增长，而是大量外来人口的涌入（尤其是1930年和1935年之间），在开封的现代工业没有得到较大发展的情况下，这些外来人员大多只能以从事小规模的商业买卖和简单的服务业为生，另外也还有很多无

---

① [清]沈传义、俞纪瑞修，黄舒昺纂：《祥符县志》，光绪二十四年刻本，卷九，《建置志》。

② 《开封省会未来人口之推测》，《河南统计月报》，第3卷第3期，1937年4月。

业人员。

在1934年9月,河南省政府曾对开封市的人口状况作了一次较为详细的统计调查,与职业群体相关的分别有户主职业分类统计和男女职业分类统计。在两种不同的统计中,各种职业所占比率如下两图①:

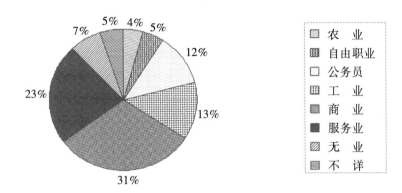

图7.1　户主职业分类统计图

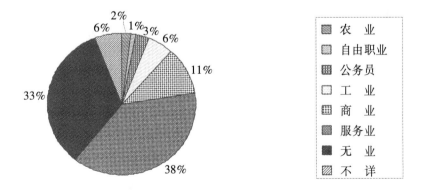

图7.2　个人职业分类统计图

---

①　《开封社会调查:人口》,《河南统计月报》,第1卷第6期,1935年4月。

从上图中可以看出,两种数据不很一致,但却并不矛盾。在第一种统计中,各种职业所占比例自高至低依次为商业、服务业、工业、公务员、无业、不详、自由职业、农业;在第二种统计中,各种职业所占比例自高至低依次为服务业、无业、商业、不详、工业、公务员、自由职业、农业。户主作为最重要的家庭成员,在收入相对要高的行业中所占比例为高,并且无业人数少,就业率也高,而收入较低的服务业人员和根本没有收入的无业人员更多的则为家庭中其他成员。就整体而言,构成开封城市社会职业结构主体的仍为服务业、商业以及无业人员。服务业服务的对象基本以本城市居民为主,而开封的商业也并非是大区域之间或周边数个区域之间的物资交流与贸易,同样也主要是满足本城市居民以及部分外来人口的消费,因而尽管开封"商务之盛,甲于全省","然多舶来奢侈品,消耗多而输出少"①,以集中和流转各地商品、服务大区域之间商业贸易的车站"仅有小贩及旅舍货栈,商市无可述者"。到1932年车站附近依然是"虽亦略有商铺,然不见热闹,其繁盛市区均在城内"②。这样,城市的非基本人口所占比重也就依然很大,相反能够为开封城市提供与其他区域进行商业交换前提物的工业生产能力却比较低,工业生产从业人员也少,在整个城市社会职业结构中所占份额甚少,并且在所有工业生产从业人员中,主要为手工业生产者,诸如修车工、铜锡铁器工、织席工、竹铺工、鞋工、泥工、木工等,而从事近代机器大工业生产者则少得多。这种情况到新中国成立初期第一个五年计划完成后方有一定程度的改变。

在新中国成立后至第一个五年计划结束,开封城内流动人口大量减少,致使开封城市人口与抗战前的10年相比有较大下降,而被划分为基本人口的现代工业人口,则因为新中国成立后开封现代工业获得一定的发展,而在整个城市从业人员中所占比率有较大幅度上升,说明城市的生产职能有较大提高。但同时由于省会于1954年迁往郑州,构成开封城市基本人口重要部分的非市属行政机关工作人员所占比率则有较大下降(参阅表7.1③),这自然是开封

① 吴世勋:《河南》,上海:中华书局1927年版,第54、71页。

② 陇海铁路车务处:《陇海全线调查》,1933年,第141页。

③ 开封市人民委员会统计科:《开封市统计资料(1949—1955)》,1956年12月;《1957年度开封市经济计划执行情况》,1958年12月。

作为区域政治中心政治职能的下降在城市社会结构方面的反映。

表7.1　开封市新中国成立初期人口构成比率表

	1952 年	1953 年	1954 年	1955 年	1957 年
现代工业人口所占比率	2.47%	2.71%	2.60%	2.835%	5.42%
非市属行政人员所占比率		3.61%			0.62%
基本人口所占比率	13.45%	14.62%	11.83%	12.42%	15.73%
非基本人口所占比率	21.31%	20.94%	20.91%	18.52%	13.96%

开封城市流动人口的减少和现代工业生产的发展，不仅提高了开封现代工业生产人口所占的比率，而且也改变了开封城市基本人口和非基本人口所占城市规划区人口总数的比率。从上表中可以看出，在1955年以前，城市非基本人口所占比率一直高于基本人口所占比率，到1957年第一个五年计划完成时，开封城市的基本人口与非基本人口的结构关系终于发生转折性变迁，城市基本人口开始超过非基本人口，差距虽然不大，但说明至此时期，在开封失去了它长期保有的政治优势后，终于找到了推动城市发展的新动力，因为随着城市中从事工业生产的基本人口的增加，城市能够为其自身以外其他区域居民提供的服务量（通过外售的产品等形式体现出来）也会随之增多，从而能够带动城市收入的增多，新增加收入中的一部分会用于扩大再生产，另一部分会导致基本人口对本地消费和服务需求的扩大，两者都会增大城市的规模而推动城市发展，并且同时也会慢慢改变开封城市长期以来所具有的以"消费性"和"服务性"为主要特征的城市社会结构。至此我们也可以明白，开封城市在近代的发展中，尽管城市地位有较大下降，但却并不能否定它在近代因为新的经济形式的出现而发生的城市文明性质的转型。

三、郑州

郑州城市在晚清时期，是郑州直隶州的州治所在地。作为较低层级的区域政治中心，尽管其管辖范围要比作为省会的开封小得多，行政级别也远较后者为低，但具有各种行政管理职能的官僚和公务人员同样亦构成其城市社会中最重要的职业群体。在这个职业群体的顶端为掌管一州事务的知州,知州衙门为城中最重要的行政机构。除此之外,处理全州行政事务的衙门还有察院署、同知衙、判官衙、吏目衙等;掌管教育教化之类事务的衙门有学正衙、训导衙以及附设的教育机关和考试机关,如文庙、天中书院、东里书院、贡院等;掌管驻军的衙门有驻防抚标右营把总衙。其他各种具有不同管理和服务职能的公共机构还有管城驿、递运所、税课局、阴阳学、医学、僧正司、道正司、寅宾馆、养济院、仁寿堂等。①在这些衙门以及各种管理机构中办公的人员所处理的事务多为全州性的,包括郑州及其所辖各县的城乡在内,其管理或服务对象并非仅为郑州城市中的居民,因而这些官僚及公务人员同样亦是构成清末郑州城市社会中最主要的基本人口,是城市中其他类型人口存在的前提。

上述各种官僚及公务人员和他们的家属主要居住在城内的南大街,而为其提供服务的工商业者则多居于西大街和北大街,是晚清郑州城市中非基本人口的主体。因为郑州城市的行政级别较低,构成城内基本人口的各种官僚及公务人员为数不多,因而以服务城内基本人口为主的工商业者也难以有较大的数目。在商业兴盛的西大街,经营布匹绸缎的有景文洲汴绸庄及协大、泉兴长布匹庄;鞋店有庆福宅;经营水烟杂货的有同茂祥、广德厚及广茂烟坊;瓜子、大米行有信义成、祥太长;估衣铺有广魁、广舜、纯兴等。除此以外,还有一家天芝堂中药铺和几家饭铺、客栈等,在北大街较为出名的商户只有一家售卖脂粉的店铺而已。在东大街居住的除了一些农户外,还有少数出售粮食和豆类的小摊贩。②整体而言,城市的人口规模相当有限,这除了与其行政建置较低相关外,明末李自成攻城后造成的破坏所产生的影响也是重要原因。在崇祯十五年(1642)五月四日,李自成率军围攻郑州,城破后,闯王之军"搜骡马、掳壮丁、掠财物,民房官舍尽成焦土",城中居民"覆宗绝嗣者不可胜纪"③,经此屠城之后,郑州城中居民"孑遗仅存,阅三百年未尽复元"④。因而直到晚

---

① 周秉彝修、刘瑞璘纂:《郑县志》,1916年刻本,卷三,《建置志》。

② 郑州市工商业联合会:《郑州工商业变迁史概况(1904—1948)》(未刊稿),1983年6月。

③ [清]张柽:《流寇记》,见周秉彝修、刘瑞璘纂《郑县志》,1916年刻本,卷十六,《艺文志记》。

④ 陇海铁路车务处:《陇海全线调查》,1933年,第156页。

清京汉铁路未通之前,城市人口规模还比较有限。

京汉铁路开通之后,随着郑州商业的迅猛发展,郑州城市的人口也因更多流动人口的涌入而开始快速增长。据日本商人林重治郎调查估计,1929年时郑州城墙以内和火车站附近的人口合计已有五万余人,这些早期的迁入者主要为来自各地的商人,最初天津商人较多,其后汉口商人以及怀庆商人逐渐超过前者而占优势,另外还有不少外国人,如日本等国商人也在郑州从事商业活动,郑州当地商人反而较少。[①]到1930年时郑州人口又增加到八万余人,因为主要都是外省所来商人,所以大多都集中在运输便利、人流量集中的车站附近。[②]1934年据郑县公安局调查,城市居民已达到12万余人。[③]其后三年直至抗战爆发前,城市人口更有较大增长,据新中国成立后郑州市委政研室调查,一度增长到20万人左右。[④]

清末至抗战爆发前的郑州人口中,因为本地人口较少,多为外来工商业者,而商人所占比重最大,依据国民革命军三十六军政治部的调查,1927年时,已占全埠人口十分之六七。[⑤]除商人之外,因为郑州棉纺工业的发展,现代工业工人也占有一定比重。[⑥]这种状况一直持续到郑州解放前夕,1947年郑州工商局调查,在所有工商业户中,工业仅占5.8%,商业则高达94.2%。在工业户当中,能够大规模集中劳动力的棉纺工业和棉花打包工业此时均早已倒闭停产,而卷烟、酿酒、糖果、衣物、肥皂、碾米、面粉、皮革等行业都是手工业或半手工业生产,只有少量的铁工厂和印刷厂是小型机器工业。[⑦]整体而言,这些

---

① [日]林重治郎:《河南省郑州事情》,日本青岛守备军民政部、铁路部《调查资料》,第29辑,1922年5月出版。转引自徐有礼编著:《郑州日本领事馆史事总录》,香港:天马出版有限公司2005年版,第64~66页。

② 张其昀:《本国地理》,南京:中山书局1932年版,上册,第28页。

③ 崔宗埙:《河南省经济调查报告》,财政部直接税署经济研究室,1945年,第11页。

④ 《郑州市委政研室关于郑州市几个基本情况调查》,中共郑州市委档案,全宗号1,卷17,《郑州市委政研室关于郑州市各种情况调查研究总结及今后意见》,1950年2月20日。

⑤ 《战地社会调查郑州》,汉口《民国日报》1927年8月16日。

⑥ 参阅本书第五章中的研究。

⑦ 《郑州市工商业初步调查及今后恢复发展的意见》,中共郑州市委档案,全宗号1,卷17,《郑州市委政研室关于郑州市各种情况调查研究总结及今后意见》,1950年2月20日。

工业生产户规模都比较小，能够集聚的劳动力比较有限，因而民国晚期的工业从业人数更比民国早期所占比例要小。

因为郑州城市本地人口较少，城市商业发达繁荣的基础并非建立在城市自身消费之上，而是服务于各大区域之间的商品交换，为本城市以外其他区域的居民提供生活消费品和工业原料。①因为服务对象的不同，郑州城市的商业人口并非像开封的商业人口一样为构成城市非基本人口的主要部分，而是构成城市基本人口的主要部分。城市中工业产品也同样多以外销为主，如吸纳劳动力较多的属于机器大工业生产的棉纺工业，运用小型机器生产各种轧花机、水车、农具的铁工业以及其他卷烟、皮革等手工业，都多主要为本市以外居民提供各种所需物品，其他如酿酒、糖果、衣物、肥皂、碾米、面粉等手工业则兼有内销和外销。故在郑州所有的工业人口中，多数亦为城市的基本人口。民国时期郑州的服务业在商业和工业的带动下也有较大发展，但与开封不同，主要是为外来的商人提供服务，如旅店、饭店、推拉车等行业，故服务业中也有较大部分从业人口属于城市基本人口。

民国时期郑州城市人口的构成除了上述几种以外，尚有数量较少的行政、军事、学生以及其他无业人员等，既有基本人口部分，也有非基本人口部分。总而言之，在郑州城市的所有从业人员中，对城市发展推动作用较强的基本人口所占比例较大，这与新兴的、规模处于扩大态势的工商业城市社会结构的一般特征是相符合的，并且这种城市社会结构特征在新中国成立后也得到了延续。

新中国成立后，郑州在国家的宏观规划中被定位为国家工业建设重点城市和河南省省会。大规模现代工业经济的建设和省会的迁入，对城市的发展和规模的扩大产生了极强的推动作用。城市人口从1953年第一个五年计划开始实施到1957年第一个五年计划完成时获得了飞速的增长，从1952年到1953年，在第一个五年计划的第一年即增长了四万余人，其中很大一部分是为城市开始大规模工业建设和省会迁入作准备的基建工人，到1954年年底又因为省会及其他人口的迁入而增长了近三万人，1955年、1956年则因为基本人口数

_____

① 参阅本书第四章中的研究。

量的增大而带动了家属以及服务人员的大量增多，致使这两年的人口增长数都在七万以上，其中1956年甚至接近十万人，1957增长最少，也接近两万人。短短五年时间，总人口量已是1952年的两倍还多（参阅表7.2①）。

表7.2　郑州市新中国成立初期人口构成统计表

	1952 年	1953 年	1954 年	1955 年	1956 年	1957 年
市区总人口	165996 人	205000 人	230869 人	307253 人	405136 人	424846 人
基本人口数		56219 人	79635 人	80761 人	119738 人	
基本人口所占比率		27.42%	30.67%	26.28%	29.56%	
非基本人口数		38815 人	37601 人	41385 人	47168 人	
非基本人口所占比率		18.93%	14.48%	13.47%	11.64%	
被扶养人口数		101581 人	134513 人	182058 人	235615 人	
被扶养人口所占比率		49.55%	51.81%	59.25%	58.16%	

　　因为在"一五"期间郑州城市人口增长的动力主要来自城市活动中基本部分的快速发展，②因此其基本人口的数量及增长比率始终超过非基本人口的数量和增长比率，从而带动城市被扶养人口以及非基本人口的较大增长，对城市规模的扩大产生强大的拉力，造成郑州城市的快速发展。而在城市的基本人口当中，现代工业职工这一强大的新生阶层也超越商人而占据主体地位，并肩负起推动郑州城市在以后快速发展的重任。

---

　　①　《对我市历年来人口增长情况的分析》，1957年5月29日，郑州市统计局档案，全宗号39，卷45，《市计委、人民委员会统计处对全市历年来人口增长、职工带眷与市区人口发展关系、公社化后商业市场变化、第一个五年计划时期征用土地情况分析资料》。

　　②　在经济地理学中，把一个城市的全部活动按其服务对象分为两部分，为本城市以外其他地区提供服务的活动被称为城市的基本活动部分。基本活动部分是从本城市以外为本城市创造收入的部分，是城市存在与发展的基础和主要动力，故从事基本活动部分的人口亦被称为基本人口。（许学强、周一星、宁越敏：《城市地理学》，高等教育出版社1997年版，第98~109页）就"一五"期间的郑州而言，毫无疑问主要是指能够为本市以外其他地区提供工业产品的现代工业生产的发展以及为全省提供管理服务的省会的迁入。

第二节 城市空间结构的变动

ERSHI SHIJI ZHI ZHONGGUO

　　城市空间结构是指城市中由建筑、街道等物质要素所构成的不同功能区域相互之间的空间位置关系，其形态特征往往反映着城市发展的阶段与过程。城市功能的转化与变迁也往往会造成城市空间结构产生较大的变动。

一、朱仙镇：城市空间的收缩与解体

　　人是城市灵魂和生命的本质，城市的空间构成是承载城市生命的躯壳，当构成城市生命本质的人从城市离散而不复聚之后，城市躯壳的瓦解也就在所难免。因而作为绝对衰落性城市，并且是衰落程度较大的城市，朱仙镇城市空间结构的变迁与一般发展型城市空间结构的变迁相比，就呈现一种反向的内收状态。不是随着城市的发展而获得城市空间规模的扩大和形成新的功能区，而是随着城市的衰落，城市的空间规模日趋缩小，城市空间结构日渐解体，构成城市空间结构的街道、建筑等物质因素也逐渐消逝退化为历史的痕迹。

　　当朱仙镇商业兴盛时期，各地客商云集于此，其城市规模北至今离镇2公里许之小店王、南至4公里许之腰铺、东至1.5公里许之宋寨、西至1公里许之豆腐店,但随着朱仙镇商业功能的下降和商人的离散,仅仅数十年间,咸丰时所修砖寨围绕的面积甚至已不足昔时兴盛时期的十分之一。镇内街道以穿镇而过的贾鲁河为中线分为东镇和西镇,嘉道以前"东镇之重要市街,曰顺河街、杂货街、曲米街、油篓街,街俱南北行;曰晓先街、炮房街,街俱东西行。杂货街多南北杂货,曲米街多米麦商铺,炮房街多爆竹作坊,油篓街多油业行店,顺河街、晓先街则为普通商号,其中尤以杂货街最为繁盛。西镇之主要街市,南北行者,曰顺河街、西大街、保元街;东西行者,曰估衣街、京货街、铜坊街。京货街多苏广时货,估衣街多估衣店及当铺,顺河街、西大街、保元街则为普通商店"。而到民国年间,镇内稍有商铺的街道不过西大街、估衣街、京货街、炮房街诸处而已,其他街道要么早已退化为耕田或荒地,要么只有少量普通住户,昔时车马喧嚣的交易盛况已再难寻觅了。

镇内房屋在昔时多墙坚基固,或平房比鳞,或楼房高耸。其建筑规模与形式,足见朱仙镇商人的经济实力。但人去楼空,镇中商业衰落、居民锐减之后,不仅了无新建之屋,即使镇内所留下来的往年旧屋,也因商号营业情形不佳、歇业者多而供过于求,普通住室三间,租金月常不及一元。居民困于生计,年需拆屋若干,将其砖瓦售于他乡。至民国年间,已拆去全镇五分之四,故镇内耕田面积,已占全镇二分之一,而民商所居者仅为镇之中部,尚不足镇内面积(指咸丰时所修的砖寨所围绕的面积)三分之一。镇内断壁残垣触目皆是,并且因为"镇中商业日就衰落,遂难保有旧日繁华"而"房屋拆旧,至今犹无时或已",镇公所为维持市面,曾有禁止拆卖临街房舍之议,"惟以生活逼迫,是议已不能完全有效耳"。

咸丰年间所修之寨,在光绪三十二年(1906)曾复有增补。其后"商业益衰,居民日少,近数十年来已无力及此。日曝夜露,雨打风吹,或逐段倾圮,阙者重载可越,或飞沙沉积,高者常与寨齐,完整无瑕者,殊不易观也"[①]。

总而观之,朱仙镇在日趋衰落的过程中,随着城市商业功能的消逝和城市人口的离散,城市空间结构甚至没有得到一次重构的机会,就已日渐瓦解在黄沙和尘土之中。

---

① 李步青等编著:《岳飞与朱仙镇》,开封教育试验区教材部1934年,第121~128页。

二、郑州:城市规模的扩大与不同功能区域的形成

与失去发展动力而呈绝对衰落状态的朱仙镇相比,郑州则与其截然相反,在近代历史变迁中各种优势因素的加入对其产生了强大的推力,促使郑州城市的空间规模获得较大的扩展,并次第形成各种新的功能区域。其城市空间结构的变迁过程,与其作为新的多功能区域中心城市的形成历程也保持着内在理路的统一。

在本书第六章中,笔者曾提到在隋朝以后以至清亡,郑州既没有成为重要的经济都会,其政治地位与政治职能也没有发生较大升格,故唐朝武德四年所建之"城"的规模与空间结构,也一直延续到晚清都没有获得突破性变化,后人所做亦不过是在旧城的基础上进行修补或添筑一些附属建筑而已,光绪十六年(1890),知州吴荣棨还曾"同合州绅民重修城垣"。到1912年,地方士绅也还在为增强"城"的安全功能而"发昭信股票存款银五百两,添筑四城炮台各一,并城东北隅房、西北隅房各三间,炮架数具,置手炮四十杆,火药四千斤,修理大小旧铁炮、四城各炮台"[1]。但之后随着郑州商业的发展,新增的军事设施甚至在没有经历战火硝烟之前,就连同那雉堞森然的城墙一起淹没于日渐喧闹的商业声中,郑州稳定了上千年的城市空间结构,在滚滚涌来的商流的冲击下而被突破。1928年2月20日,经冯玉祥核准后,矗立了千年的郑州城墙也被拆除,全城拆下之砖为700余万块,刘治州即利用此废砖建造平民住所及修筑全市马路。城址四角炮台土身仍保留,作为改造瞭望台及天文台之用。[2]

商业的一个普遍特征是"哪里有钱可赚,哪里就要改变为市场"[3],而当市场在某一地理位置上固化时,便于交易的街区即会由此而形成。在前文第三章的分析中,我们知道民国时期郑州因为城市人口较少,其商业"市面之荣衰系于外来之行庄,而不在当地之消耗",故其商业集中地不在人口最初聚居的

---

① 周秉彝修、刘瑞麟纂:《郑县志》,1916年刻本,卷三,《建置志》。

② 《晨报》1928年4月12日。

③ [美]刘易斯·芒福德:《城市发展史起源、演变和前景》,宋俊岭、倪文彦译,中国建筑工业出版社2005年版,第428页。

城内,而在便于转输商品、往来贸易的火车站①附近以及火车站与郑州老城之间的西关外,新的城市空间也就在这些地区首先形成。

在京汉铁路未通之前,郑州火车站附近及火车站与郑州老城之间的地区在"光绪三十年（1904）间尚属一青葱无际之田园",通车之后随着商业的发展,在老城西门和车站之间,最初聚集于此的商户"尽属席棚摊贩,杂列其间,臭水沟则纵横交错,无所谓道,更无所谓街",其后"由席棚进化为平房,纷如棋布……日益月增,俨然成街成里"②。聚居的商人增多后,穿插交错的多条街道也随之形成,并以两条不太平行的干道为中心横轴而形成一个大的商业聚居区的两个部分。一条干道为自火车站向东北延伸并与京汉铁路成直角相交的马路大街(1916年后改称为大通路,到1927年又被冯玉祥改为大同路),另一条为由老城内西大街经老城西门再向西延伸而形成的西关大街。其他街道要么与二者平行,要么与二者穿插相交。各条街道纵横交错,在1927年以前即已形成郑州城市新的以商业为主的功能区域和城市空间。③

图7.3　1916年郑州城市空间结构示意图

资料来源:周秉彝修、刘瑞麟纂:《郑县志》,1916年刻本。

---

① 郑州火车站位于郑州老城外西南约二里处,因为下文所写郑州新兴城市空间多以唐朝武德时所建的城为参照,为便于区别,故称清末以前的城为老城。

② 《郑州的社会》,《大公报》1931年7月2日。

③ 周秉彝修、刘瑞麟纂:《郑县志》,1916年刻本,卷三,《建置志》。

其后，随着郑州城市商业的快速发展，商业繁盛区域以车站为中心沿着京汉铁路的东侧向南北两方以及车站以东地区扩展，在1919年时市区最繁华之处是火车站前的东西大道（即马路大街），其次就是与之相交叉的福寿街、德化街、钱塘里等处。①到1927年前繁盛市街为大同路（即前文所说的马路大街）、钱塘里、敦睦里、天中里、三多里、福寿街等处。②而到1932年左右，时值抗战前郑州商业最为繁盛时期，车站附近大小商店1000余家，商业繁盛区域更有较大扩展，房屋建筑也皆系新式，颇为壮观。各街商业最繁盛者为大同路、德华街、福寿街，此三街中，绸缎店、匹头庄、百货商店无奇不有，每日自早至晚街上行人拥挤异常，可称全市商业荟萃之所；一马路、二马路客栈、旅馆、中西饭馆居多；钱塘里、南川街、三马路则除一般资本略小之营业外，设有普乐戏园、聚明舞台、真明电影院等娱乐场所；振兴街、兴隆街具有数十家花行及多数运输业；顺河街、西关大街，粮商及皮行多在此设行经营，每日马车、人力车、来往行人更为复杂；河北沿则为娼妓云集之所，甲乙丙书寓五百余家。以上诸街皆为民元以来新兴街市，而老城之内"街市房屋建筑皆旧式，铺户约二百余家，各种商业在营业上，不及车站多矣"③。

商业繁盛区域的扩展以及后来城市工业的发展自然会带动城市新生空间规模的扩大，甚至在1922年时，与"车站相距三里遥者，业已夏屋渠渠美轮美奂"，其速度之快足以引起地价的飞速上涨，1922年的地价已较1919、1920年时价昂数倍，与车站相近者，每平方米已值千元，甚至与车站相距三五里之麦地，每亩也上升到500元，并且也已难以购买。④其后到30年代早期郑州城市商业最为繁盛时，面积又有较大增长，整体规模已为老城之内聚居面积的两倍。至此，经过短短近40年的发展，原本作为城市空间主体的郑州老城在地理构成方面已退居次要位置，而且在新的历史时期，城市最重要的功能也由新兴空

---

① ［日］林重治郎：《河南省郑州事情》，日本青岛守备军民政部、铁路部《调查资料》，第29辑，1922年5月版。转引自徐有礼编著：《郑州日本领事馆史事总录》，香港：天马出版有限公司2005年版，第64页。

② 吴世勋：《河南》，上海：中华书局1927年版，第72页。

③ 《日趋繁荣之郑县》，《河南政治月刊》，第2卷第5期，1932年5月。

④ 《郑州商埠督办之逐鹿》，《晨报》1922年3月9日。

间来承载。因为老城之内所居多为本地居民,类多朴素,新兴地区则为城市繁华之地,五方杂处,外省之来此经商者年增月盛,各种新奇事物光怪陆离,一切生活景象亦渐趋都市化,[①]故"名城里为乡下,谓车站为城镇,亦无不可"[②]。郑州城市空间的构成已发生了本质性的变化。

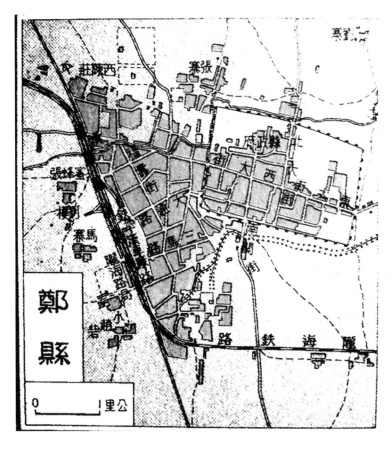

图7.4　1930年左右郑州城市空间结构示意图

资料来源:丁文江、翁文灏、曾世英编纂:《中国分省新图申报六十周年纪念》,中华书局1933年版。

①　陇海铁路车务处:《陇海全线调查》,1933年,第164页。

②　张其昀:《本国地理》,南京:中山书局1932年版,上册,第28页。

抗战爆发直至新中国成立,此段时间内,因长期战争的影响,郑州城市不仅没有得到较大发展,反而遭到一定程度的破坏,因而城市空间的规模及其结构都没有发生太大变化。到新中国成立后,随着三年经济恢复与建设以及第一个五年计划的实施,郑州城市获得了远较抗战以前更为强大的发展动力,那就是现代工业的建设以及省会的迁入。

　　在本书第五章中,笔者曾对郑州的工业发展作过分析,认为棉纺工业是郑州的"发动型工业",在郑州城市所有工业门类当中,规模最大,产值最高,其对郑州城市空间的影响也最大。因为工厂是现代工业城市有机体的核心,城市中的其他每一细部都附属于它,而工厂通常要求坐落在最适宜生产的位置,故工厂的选址往往影响到城市空间结构的构成形态。①

　　在新中国成立后所建的各大棉纺厂中,筹建最早的为1951年在豫丰纱厂原址上所建的国棉二厂,依然位于郑州旧城区,对郑州城市空间并未产生任何突破。而到第一个五年计划开始的初期,因为在京汉铁路以西的西郊地区,地下水位较深,工程地质条件好,并靠近水源,且陇海路上的工业站正设在中心位置,设置专用线方便,因此沿陇海路南侧的带形地区被规划为棉纺织工业区。②故后来所建的其他五个大中型棉纺织厂全部位于这个棉纺工业区棉纺路和陇海路之间的地区内,建筑面积70万平方米。1958年在纺织区的西侧建起了年产1.1亿米的大型印染企业——郑州印染厂,以解决棉纺织厂坯布深加工问题。同年在印染厂的西边又建起了河南省纺织机械厂和河南第一纺织器材厂。为了便于为纺织工业提供动力和水源,又在印染厂以西筹建热电厂,在柿园筹建自来水厂。③在筹建各种工厂的同时,在纺织路的南边,职工住宅区、河南省纺织工业学校、河南省纺织技工学校、河南省纺织干部学校、郑州纺织机电学校、河南省纺织管理局医院、河南省工人文化宫等主要为纺织工业配套服务的机构设施也相继建成。整体已形成一个方圆600万平方米的纺织工业

　　①　[美]刘易斯·芒福德:《城市发展史起源、演变和前景》,宋俊岭、倪文彦译,中国建筑工业出版社2005年版,第472页。

　　②　《郑州市总体规划说明书初稿》,1955年,郑州市人民政府档案,全宗号2,卷168。

　　③　《郑州市总体规划说明书初稿》,1955年,郑州市人民政府档案,全宗号2,卷168。

区,总面积比民国时期的郑州城还大,①极大地拓展了郑州城市的空间规模,构成郑州新的城市空间,并使郑州的城市空间由京汉路以东拓展到京汉路以西较远的地区。

在1954年的城市规划中,"由于主要的工业生产中心应该在市区的西部建立,而全市的中心从要求上来说,也应该是劳动人民活动集会最方便的场所,所以市中心适宜在西部来形成"②。故在纺织工业区布局的影响下,甚至整个城市的中心也被定位在纺织工业区的东部边缘地带,市级主要行政机关也布局于此,并在周围建设各种文化服务设施等。③

在"一五"期间郑州的工业规划中,除了上述棉纺工业区外,尚有其他几个工业区。城市的西南地区,处在市区的恒风下风方向,电源、水源都很近,设置铁路专用线也很方便,天然地势坡度也不需要进行巨大的工程准备措施,因而在规划中被定为重工业建设区,但只是在"一五"期间,工业建设的重心为轻工业,重工业并没有得到较大发展,因而到"一五"计划结束前,在郑州城市的西南郊也就没有形成新的城市空间。只是在西郊棉纺工业区和京汉铁路之间因为铁路主要管理指挥机构和所属基层单位生活设施的筹建,以及郑州大学、河南医学院、碧沙岗公园、煤田地质学校、水利学校的建立而形成了一个面积大小及规模与西部棉纺工业区差不多的综合区域,二者一起构成了"一五"结束时期郑州城市空间在京汉铁路以西的扩展。

在京汉铁路北段(客车站以北)的两侧,由于地势较高、土壤承载力强,交通运输方便,故被规划为中型工厂的工业建设区域,并在"一五"期间也得到一定程度的建设,因而城市的空间在西北方向也获得了较大拓展。由此往东,在郑州旧城的北部,则为省委、省政府、省政协、省军区、黄河水利委员会和附设的各种职能机构、专业公司、干部学校、招待所、门诊部、医院以及很多大中专院校及体育文化设施所在地,被划分为以行政和文化为主要功能的区域,

---

①　王福全、李秀明编:《郑州市纺织志(1911—1985)》,郑州市纺织公司,1986年,上册,第4页。

②　《郑州市总体规划说明书初稿》,1955年,郑州市人民政府档案,全宗号2,卷168。

③　王均智、萧枫:《五十年代前期郑州市的城市规划和省会迁郑》,《河南文史资料》,2000年第一辑。

加上西北部京汉铁路两侧的中型工业区域，其面积与西部新兴的空间区域相比有过之而无不及，共同成为"一五"期间郑州城市空间向外发展的三个主要方向。为了便利省委、省政府所在的省级机关行政区与西部工业区的联系，在省会迁郑之前的1954年7月就竣工的金水大道，①成为连接两个新兴功能区域的主要空间结构线。

在郑州旧城的东部和南部地区，则因为土壤承重较低，地下水位过高，不太适合规模较大的大中型工业建设，故只为小型工业及居住区域所在地，因而空间扩展的规模相对要小。但尽管如此，到"一五"计划结束时，在郑州旧城的东部和东南部也形成对旧城区的包围（参阅图7.5）。

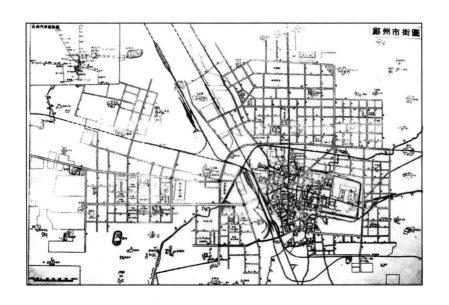

图7.5　1957年郑州城市空间结构示意图

资料来源：河南省统计局：《河南省各专市县经济文化情况志要》，1958年。

---

①　《关于欢迎省会迁郑几项筹备工作的意见》，郑州市人民政府档案，全宗号2，卷131，《市人委欢迎省政府迁郑办公室关于省会迁郑各项筹备工作进展情况报告、总结、意见等》。

总而观之,在新中国成立初期到"一五"计划完成时,形成了几个新的功能区域,即西部轻纺工业区,西北部中型工业区,北部行政、文化区,再加上旧有中部商业区,城市空间构成部分职能的多样化,标示着一个新的多功能区域中心城市的形成。

三、开封:较弱的发展动力与城市空间的有限突破

崇祯十五年的战争和水灾,不仅使开封城市由明入清之后城内居民数量大幅度下降,并且对开封城内的空间结构也产生了很大影响,造成开封城内居民聚居空间规模大规模缩小。

开封城自唐朝武德年间建成以来,在城中部稍偏北的位置建有宣武军节度使衙署,周长四里,构成后来北宋时期宫城的基础(北宋宫城周长为五里)。明朝建立之初,因为朱元璋曾有定都开封的想法,故在整修外城的同时,又扩大了宫城的规模,达到"周围萧墙九里十三步"。只是建都于此的想法作罢之后,所筑宫城只成为周王府所在。明末崇祯十五年(1642)九月十七日,黄河决口之水灌淹开封后,城内"巍然波中可见者,惟钟鼓两楼,及各王府屋脊、相国寺顶、周府紫禁城、上方寺铁塔而已"[1]。因为周王府所处地势低下,积水难退,到清初时王府内大部分仍淹于水下,宫殿仅见榱桷,树木唯存枝梢。[2]再加上后来居民在此挖掘古器砖瓦,因而低洼日甚,形成大片积水,自五代北宋以来即有的宫城自此从开封城内消失,这也是开封城市政治地位进一步下降的反映。

在宫城消失之后,于康熙五十九年(1720)因为驻防满蒙旗兵需要,在原宫城以北又有满洲城的建设,构成开封城内新的里城。其城高一丈,周长五里零192步,内官廨600间,营房2520间,[3]整体规模比宋宫城略小。到1927年,城内所

---

① [清]郑廉:《豫变纪略》,浙江古籍出版社1984年版,第138页。

② 黎士安等:《豫河志》,1923年刊本,卷二十六。

③ [清]宋继郊:《东京志略》,王晟、李景文、刘璞玉点校,河南大学出版社1999年版,第137页。

驻旗民被尽迁于外，满洲城遂垣颓屋圮，瓦砾载道，最终消失。[1]自此以后，开封保持了千余年的外城内城相套的"回"字形空间结构终于解体。

开封城内由明至清在城市空间结构方面发生的另一个较大变化则是众多水泊的形成。因为崇祯十五年（1642）黄河对开封城内的灌淹，开封城内地势低下的地区已积水甚多，其中面积最大的即是在原周王府遗址及其西北地区所形成的积水湖。到1734年，河南总督为修筑午朝门（开封城的南门）至龙亭（周王府遗址）的大道，两旁掘土，加深两旁洼地，遂形成今日的潘、杨二湖，致使开封城内的西北部分出现大面积的无人居住区，而在城的西南部则同时形成了面积稍小的包公湖。城内的其他地区，也因为黄河泛滥后城外淤沙较高，城内积水无法排出，到同治年间形成了许多面积较小的水泊。[2]众多水泊的形成无疑使清时期开封城内的聚居空间比明时期小了很多而呈收缩状态。不唯如此，而且明时期在开封五个城门外所形成的五个商业繁盛的关厢到清时期也已消失不见。在《如梦录》的记载中，明代开封的丽景门外，有过客店、竹竿行、羊毛行、皮店……关南一带，俱是烧砖瓦窑，做砖瓦、琉璃等货，东至阳正门止；南薰门外，有酒饭店、过客店及杂货、纸张等铺，排门挨户生意，不亚于城内；仁和门外有棉花市、鲜果行等；安远门外，西厢俱是旅店、碱店，又有寺庙及各乡宦花园、书院，玩赏之处，不能枚举。在明代开封的五个城门之中，"惟西门直通，余四门皆屈曲旋绕"，故为了加强西门的防御能力，在西门之外，又筑有附城一座，城内除众多的民居、庙宇之外，尚有大型的蔬菜批发市场、杂货市场、牛驴骡马市场以及大型客店等三五十座。[3]自经崇祯河决后，到清朝初年，西门附城已被黄沙淹埋，其他四门的各种行店也已不见记载，[4]明时期突破城墙限制在城墙之外所形成的聚居空间也就随之消失。

入晚清后，汴洛铁路在开封南关外车站的建立，[5]对开封城市空间的改变

---

① 吴世勋：《河南》，上海：中华书局1927年版，第53页。

② 《开封市郊区黄河志》编纂小组：《开封市郊区黄河志》，1994年，第94页。

③ 佚名：《如梦录》，孔宪易校注，中州古籍出版社1984年版，《形势记第二》、《关厢记第七》。

④ [清]李同亨修、马士骘纂：《祥符县志》，顺治十八年刻本，卷二，《建置关梁》。

⑤ 汴洛铁路于宣统元年11月全线竣工通车，以后到民国时期，向东逐渐延伸到海州（连云港），向西延伸到兰州，故被改称为陇海铁路。

产生了新的影响。

汴洛车站位于城南门偏东1公里处，为了便于车站与城内的交通往来，在车站建成之初，便将龙亭（周王府的残余部分）和南门之间的大道向城外延伸至车站，构成城内外交通的主要干道，入民国后被改为中山路。但中山路由于龙亭的阻挡，依然不能成为一条贯通全城南北的通道，并且其位置还偏于城的西部。因为开封城内所需物品大都南自陇海、北自黄河转运而来，故到1927年为了便于全城南北与陇海铁路车站以及黄河渡口之间的联系，沿着北城门通往城内的大道向南延伸至南城墙后，在南城墙上另开一座与北门相对的城门，规模比各旧门为小，故被称为小南门，贯通北门和小南门之间的大道出小南门后继续向南延伸直至车站，成为自明以来开封城市历史上第一条纵贯全城南北的干道，构成开封城内南北交通的要道和影响城市空间变动的主要空间结构线。①

在前文中笔者曾分析过，在商业力量的作用下，郑州城市的空间结构在民国时期即发生本质性变化，以车站为核心在京广铁路以东和郑州老城之间形成了面积超过老城的新市区。开封在民国时期同样亦是"商务之胜，甲于全省"②，在全省各县牙、屠、营业、烟酒牌照四税归并统一征收后，每年税收总额和郑州一样，均在12万元以上，收入之巨为各县之冠。③但和郑州不同，开封的商业"多舶来奢侈品，消耗多而输出少"，主要功能为满足本城消费需要，故其商业繁盛点也就散布在城内居民居住比较集中的区域，如马道街、鼓楼街、土街、书店街、东大街、西大街、河道街、徐府街、南门大街等处。就各专业市场而言，其具体分布如表7.3：

---

① 《三年来之河南建设》，《河南政治月刊》，第3卷第10期，1933年11月。

② 吴世勋：《河南》，上海：中华书局1927年版，第53页。

③ 《财政工作报告税务：开封郑州征收税收款由农工银行征收》，见《河南省政府年刊》，1935年。

表7.3　民国时期开封市主要商业行业及分布地点表

行业	分布地点	行业	分布地点	行业	分布地点
牲畜市	宋门及南门瓮城中	海味店	东西大街、河道街	箱柜店	河道街
绸缎布匹、洋广杂货	马道街、鼓楼街、土街	粮行	东门及南门内	旧衣店	徐府街
书籍、纸墨文具	书店街、土街	杂器店	老府门街	花生行	宋门外
古玩书画	土街、南书店街	裘褐店	东西大街	鲫鱼店	鱼市口

　　而在便于转输流通发展商业的车站及南关附近，则为"马路宽平而商务不盛……仅有小贩及旅舍货栈，商市无可述者"，出南门往南过迎薰桥后，路旁建筑多系旧式，"唯河南邮务局，巍然道旁，纯仿新式建筑，折而东南，道左皆操场营房，错综罗布。直至城东宋门外，柳林荫蔽其间，望之若村落堡寨焉。复折而南，直达车站"①。甚至到1932年时，车站附近还仍然是"虽亦略有商铺，然不见热闹，其繁盛市区均在城内"②，在车站与南关之间并没有形成像郑州那样面积广大的商业街区，只是因为车站的影响略有一些建筑及驻军而已，故其城市空间结构也就不能有较大的突破而发生本质性变迁，因而城市的空间主体在抗战爆发前只能依旧蜷缩聚拢在那高大坚厚的城墙之内（可参阅前文第六章中的《1937年开封城市空间结构示意图》）。

　　新中国成立后到"一五"计划完成前，尽管开封的工业建设处在边缘位置，但也得到一定程度的发展，到1957年时，依据开封市统计局统计，开封市的现代机器工业共有24家，散布在城内的有七家，分布在东郊的有一家，剩下的16家均分布在大南门和车站之间的南关地区（具体分布位置参阅表7.4③）。

---

　　① 吴世勋：《河南》，上海：中华书局1927年版，第71页。

　　② 陇海铁路车务处：《陇海全线调查》，1933年。

　　③ 《1957年中央国营、中央公私合营、地方国营、合作社营、公私合营全部工业企业目录表》，开封市统计局档案，全宗号28，卷123，《本局作1958年工业企业一览表、目录、文教、福利年报》。

表7.4　新中国成立初期开封市主要工厂分布位置表

厂　名	所在地点	大致位置	职工数	厂　名	所在地点	大致位置	职工数
铁路修配厂	铁路北沿街	车站东北	323	开封食品厂	民享街	车站西	231
天丰面粉厂	新门关街	小南门外	159	开封火柴厂	南郊赫屯	南门西南	1008
益丰面粉厂	官坊东街	车站西北	86	开封纱厂	南郊赫屯	南门西南	699
机磨粉厂	木厂街	南门外	31	开封烟厂	南关	南关	991
开封机械厂	民享街	车站西	1456	开封农具厂	新门关街	小南门外	207
开封电厂	民享街	车站西	314	合作锅厂	新门关街	小南门外	174
汽车修配厂	民享街	车站西	104	电锯制材厂	大南门外	大南门外	18
开封油厂	民享街	车站西	323	合作油厂	铁路北沿街	车站东北	133
开封制药厂	卧龙街	小南门内	678	日报印刷厂	财政厅东街	城内顺和区	145
开封印刷厂	地方法院街	杨家湖西南	213	铸丰搪瓷厂	吴胜角	鼓楼街东	278
开封针织厂	中山路中段	中山路中段	140	合作针织厂	刷绒街	潘家湖南	298
金属线材厂	新街口	中山路北段	98	生物药品厂	小花园	东郊	198

注：表内上面8行为分布在南关地区的各厂，下面4行为分布在城内及东郊的各厂。职工数单位：人。

　　众多现代工业的集中，对南关地区聚居空间的扩大起了较强的作用，使南关地区的聚居空间在1957年时向东已扩展到惠济河沿线，向西扩展到赫屯一带，南部地区已跨过陇海线并形成几条小型的街道。至此可以看出，尽管铁路对郑州和开封二城市空间结构的变迁都产生了影响，但影响的结果却大不相同，在郑州车站的周边形成的是以商业为主的功能区域，而在开封车站附近，形成的则是以工业为主的功能区域。只是因为开封所建工厂的规模都比较小，其中最大的如开封机械厂的职工数也只有1456人，而分布在南关的所有现代工业的工人总数也不过6000余人，其对城市空间规模的扩大所能起的作用自然也就无法与"一五"期间郑州所建的工业相比。而作为一种经济功能区域，又因为集中在南关地区的各个工厂相互之间关联性不大，难以发展前向关联或后向关联工业，对城市空间规模的进一步扩大所能产生的带动作用也就比较小。故在1957年以前，尽管开封的城市空间结构已有很大改变，但整个城市空间结构的本质性变化还依然没有发生（参阅图7.6）。

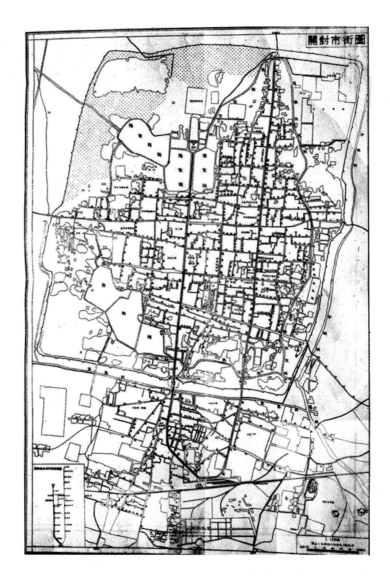

图7.6　　1957年开封城市空间结构示意图

资料来源:河南省统计局:《河南省各专市县经济文化情况志要》,1958年。

　　而分布在城内的七家现代工厂散布各处,规模更小,其中最大的为分布在卧龙街的开封制药厂,职工数也不过678人,其他各厂则均不超过300人,且周边空间对其发展的局限也比较大,不易扩大发展,对原有城市空间结构的改变也就更难以发生作用。

第三节　新动因的形成与差距的加大

ERSHI SHIJI ZHI ZHONGGUO

在前文几章中,笔者对影响朱仙镇、开封与郑州在近代发展的各种因素做了分析。在这些因素的影响下, 不仅三者之间结构关系和城市内部的社会与空间结构都发生了改变,而且城市规模的大小也发生了剧烈的变动,朱仙镇衰落成为一个人口只有数千的集镇, 而开封的城市规模虽然比晚清时期有所扩大,但扩张幅度却比较小,郑州在各种优势因素的影响下,城市规模却获得了飞速扩展,成为中原地区规模最大的城市和中心都会。

三者在规模上的巨大差别,若从经济理论方面来理解,会因为规模经济、外部经济以及市场效应的存在, 而使三者产生大小不同的集聚力。在集聚力的作用下,中心都市郑州最初的发展优势会被锁定,从而吸引更多的要素向郑州集聚,使郑州的经济增长加速,然后借助于"回波效应"和"扩散效应"①,再加上其他优势因素的影响,而日益拉大与处于边缘地位的开封的差距。

当然, 这种经济理论分析难以与在改革开放前计划经济体制下郑州和开封的发展相契合。因为在改革以前,我国区域发展实行的是均衡战略,由政府主导各个地方的经济发展, 经济自身的影响相对要小。但改革开放后随着市场经济的日益完善和经济中可以自由流动的部分逐渐增多, 经济规律的影响

---

① 关于"回波效应"和"扩散效应"以及其他相关理论可参阅前文导论中对缪尔达尔的述评。

力随之慢慢加大,因而郑州和开封之间的差距也逐渐开始大幅度拉大(参阅图7.7[①],具体数据可参阅本书附录部分附表(十一):1972—2004年郑州、开封工业总产值表)。

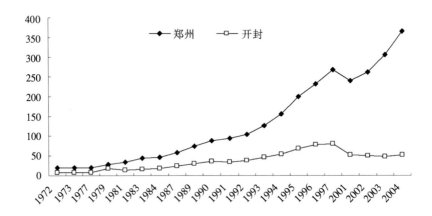

图7.7　1972—2004年郑州、开封工业总产值变化示意图(单位:亿元)

从图7.7中可以看出,在1991年以前,郑州和开封工业产值的比率多在2.7以下,故差距相对要小,从1991年以后稳步拉大,1997年后开始加速,至2004年,郑州的工业总产值甚至已是开封的七倍还多。而整个国民生产总值也基本保持相同的差距[参阅图7.8,具体数据可参阅本书附录部分附表(十二):1989—2004年郑州、开封国民生产总值统计表],从1989年开始,差距也是稳步地扩大,而从1995年开始加剧,到2004年时,郑州的国民生产总值也将近开封的七倍。[②]

　　① 数据来源:1972—1973年的数据来自河南省革命委员会计划委员会:《河南省国民经济统计提要》,1972年份、1973年份;1977年的数据来自河南省革命委员会统计局:《河南省国民经济统计提要》,1977年份;1979年、1981年的数据来自河南省统计局:《河南省国民经济统计提要》,1979年份、1981年份;1987—2004年的统计数据来自河南省城市社会经济调查队:《河南城市统计年鉴》,1989—2004年份。

　　② 河南省城市社会经济调查队:《河南城市统计年鉴》,1989—2004年份。

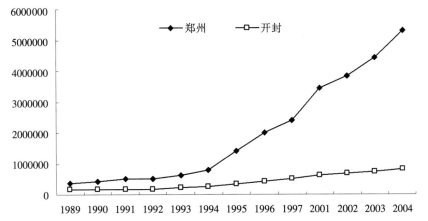

图7.8　1989—2004年郑州、开封国民生产总值变化示意图（单位：万元）

在经济规模差距扩大的同时，城市人口规模的差距也呈现扩大倾向。在1981年以前，郑州城市人口近乎为开封的两倍，1987年后突破两倍，而到2004年则已接近三倍。[参阅图7.9，具体数据可参阅本书附录部分附表（十三）：1957—2004年郑州、开封人口统计表[①]]

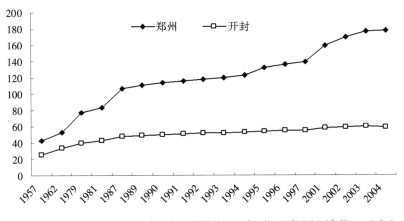

图7.9　1957—2004年郑州、开封人口变动示意图（单位：万人）

① 数据来源：1957年的数据可参阅前文导论；1962年的数据来自河南省统计局：《1949—1962年河南省人口劳动工资文教卫生统计资料》；1979年、1981年的数据来自河南省统计局：《河南省国民经济统计提要》，1979年份、1981年份；1987—2004年的统计数据来自：河南省城市社会经济调查队：《河南城市统计年鉴》，1989—2004年份。

处于劣势发展的开封甚至不仅与郑州拉开较大的差距,而且连郑州之西的洛阳也远居其上,2000年以来,经济增长累积名列中原城市群倒数第一,甚至与漯河、许昌相比也有较大差距。①

为了建设中原城市圈和改变开封衰落的趋势而实施的"郑汴一体化"工程,在行政力量的介入下,为开封引入可以促进发展的优势因素,并推使其产生新的优势累积循环,也许会改变开封所形成的劣势累积循环,从而扭转开封长期以来的衰落趋势并使其得到复兴,应该是一种具有较强现实可能性的解决途径。而在环境条件变得有利的情况下,现在确也产生了对开封未来发展抱有希望的"预期"。

而与开封相比,朱仙镇在新中国成立之后到1957年第一个五年计划结束时期,镇上人口已只有6224人,②较小的规模亦难以吸引更多的关注。昔时的辉煌慢慢褪去之后,只留下曾是中国四大名镇之一和四大木版年画产地之一的声名,作为其在近代以来变迁的余音。

小　结

自前文分析可知,郑州、开封、朱仙镇在近代的历史变迁中,呈两种相反的趋势。在郑州城市获得迅猛发展的同时,开封与朱仙镇却走向不同程度的衰落。因为变迁态势的不同,遂使三者在城市的社会结构与城市的空间结构方面也发生截然不同的变动,另外也为三者在新时期的发展植下了影响未来的新动因。

在城市的社会结构方面,朱仙镇因为由昔时大区域之间的商业中心完全颓化为周边数个乡村之间的中心集镇,所以其城市人口不仅大幅度缩减,而且昔时以商业人口为主的城市社会结构也发生重要改变;开封城市则因为相对衰落与城市生产功能的滞后,其城市性质并没有因近代社会的变迁而变

---

①　王旭升:《中部崛起背景下的郑汴一体化发展研究》,《地域研究与开发》,第26卷第6期,2007年12月。

②　河南省统计局、河南省公安厅:《河南省1957年人口统计资料》,1958年。

迁,故其城市社会结构,没有改变其长期以来所具有的"消费性"和"服务性"特征,只是到新中国成立初期因为一些现代工业的发展,略有变化而已;与二者相比,近代郑州则因为由明清时期低层级的区域政治中心演变成为中原地区新的区域商业中心与现代工业生产中心,故不仅其城市人口获得迅猛增长,而且与其城市性质的变动相一致,在城市社会结构中,城市基本人口也就占着主体地位,为城市的发展提供了强有力的推动力。

在城市的空间结构方面,急剧下降的朱仙镇在日趋衰落的过程中,随着城市商业功能的消逝和城市人口的离散,城市空间结构也呈一种急剧萎缩与瓦解的态势;开封则因为在近代的变迁中只获得了较弱的发展动力,故其城市空间规模与明清时期相比,只有有限的突破,而城市的空间结构则基本上没有任何变化;与之相反,郑州则因为在近代成为中原地区新的综合性的区域中心都会,其城市空间规模迅速扩大,城市空间结构在明清时期郑州老城布局与陇海、京汉两铁路的影响下,形成今天郑州城市中心区域的最初格局,而新中国成立初期在工业生产布局与城市功能综合规划建设的影响下,则形成了今天郑州城市空间整体结构的基本格局。

在新动因方面,因为三者在近代以后的不同发展,在城市规模上所产生的巨大差别,因为规模经济、外部经济以及市场效应的存在,而使三者产生大小不同的集聚力。在集聚力的作用下,中心都市郑州最初的发展优势被锁定,从而吸引更多的要素向郑州集聚,使郑州的经济增长加速,再加上其他优势因素的影响,而日益拉大与其他二者的差距,进而直接影响到三者在当代的发展。

结　语 PERORATION

　　《易大传》曰："天下一致而百虑，同归而殊途。"对以观照过去为主的历史学科来说，不管形式上与其他社会学科之间存在着多大的差异，但有一点却永远都是共同的，那就是对"人"以及对由"人"所构成的社会的关怀，因而，历史学科并不仅仅满足于对人类过去生活的记载、描述和考证，而是在层层沉积的史迹之中以见"人类步履之所由，兴衰规律之所在"。而建基于实证基础之上的对社会规律的认知、对历史真理的把握，亦就具有其他学科所不可替代的特殊价值。

　　那么，在前文中对近代中原地区区域中心城市的变迁过程作过分析之后，自然也就试图找出规律性的东西，以作研究之目的。

　　从前文第一章分析可知，中原地区独特的地理空间结构是影响中原地区区域中心城市变迁的第一种"力"，并且是一种长时段的、持久的"力"，它对历史时期中原地区区域中心城市的区位分布产生了较强的限制。因其影响，在历史时期，中原地区的区域中心城市主要分布在中原地区的地理空间结构横线和空间结构纵线上，并多分布在两条空间结构线的"十"字交点附近，西不过洛阳、东不过开封、北不过安阳(邺)、南不过许昌。因而，也可以说，中原地区独特的地理空间结构作为一种长时段地理结构因素，是影响中原地区区域中心城市区位分布变动的潜在之"力"，为中原地区区域中心城市的区位分布提供了一种规律性的东西,从历史的深层制约着中原地区区域中心城市的区位分布与变动。

　　黄河是导致中原地区地理环境因素发生较大改变的重要动因,也是影响近代中原地区区域中心城市发生变动的关键之"力"。12世纪后,黄河在开封和朱仙镇周边地区的频繁泛滥,在直接造成二者城市自身遭到破坏、城市地位受到威胁的同时,还改变了曾经支撑二者得以繁盛发展的长时段地理结构因素,使开封和朱仙镇各自发达的水运体系遭到破坏,周边腹地的土壤也大面积地沙化,并造成中原地区最重要的陆路交通节点由开封移至郑州。这些外部环境条件因素的改变,对开封和朱仙镇的发展产生了极其不利的影响,并由此使二者开始形成一种劣势因素的循环累积。而郑州则因为黄河的影响,获得了对城市发展推动作用极强的交通优势,形成一种呈相反趋势的优势因素的循环累积。故与地理空间结构相比,黄河对于近代中原地区区域中心城市的变动与更替而言,是一种更为直接的"力"。

　　因为发达水运优势的失去,朱仙镇的商业自道光二十三年(1843)以后开始逐渐衰落下去,并最终由大区域之间的商品集散中心颓变为周边数个乡村的中心集镇。开封的商业功能在晚清以后尽管有一定程度的转型,对周边地区的商品集散功能有所增强,但由于较弱的交通优势,其所能集散商品的商品量以及商品来源的腹地范围都远较郑州为小,且其商业服务的对象也仍然以本城居民为主,故商业为其城市发展所能提供的动力相对也比较弱。同时,二者周边地区土壤的沙化,造成二者周边腹地农业生产较为贫瘠,使二者在失去发达的水运优势后,亦不能从周边地区获得充分的能够支撑城市继续繁盛发展的资源,这无疑加剧了二者商业衰落的趋势。与之相反,郑州则在新的交通优势的带动下,获得了发展商业的优势,使城市的功能和性质发生了较大的转变,从清时期低层级的行政治所转化为中原地区新的大区域之间的商品集散中心。又因为郑州占据着豫陕晋三省棉花种植区位与各大棉花终点市场区位之间的中心位置,而成为中原地区最重要的棉花中转市场,对近代郑州城市的发展产生了极强的影响。三者不同的商业发展,不仅为各个城市的发展提供了不同的动力,而且还成为三者沿着各自的趋势进一步循环累积的诱因。

　　朱仙镇因为流动性较强的商业的衰落,流动性较弱的手工业生产也随之没落下去,而不能成为朱仙镇在其商业衰落之后的支撑力量。郑州所形成的棉花市场区位则为其大规模发展现代棉纺工业提供了原材料成本优势,再加上优越的交通与市场优势以及距离矿产区位较近的优势,而具有发展现代棉纺工业及其他工业的优势,并在上个世纪"一五"计划结束时成为全国六大棉纺工业基地之一;开封虽然也形成了花生的市场区位,但因为花生榨油工业的生产程序较为简单,而不能形成开封城市的主导工业,再加上较弱的交通与市场优势以及距离矿产区位较远等不利因素的影响,在新中国成立初期现代工业的规划与建设中,在中原地区新的区域城市体系中处于边缘地位。

三者在工业发展方面的巨大差别,在加强郑州发展优势的同时,也更进一步增加了开封和朱仙镇的劣势,并形成一种巨大的力量。这种力量与前文所分析的各种长时段地理结构因素和中时段经济社会运动所产生的力量一起,最终使中原地区的区域政治中心由开封移至郑州,而朱仙镇则在政治上更变得无足轻重。

最终,在各种循序生成的"力"的作用下,不仅中原地区的区域中心城市发生更替、城市体系的结构关系发生本质改变,并且三个城市空间结构和社会结构的变迁也呈现截然不同的面相。而到上个世纪50年代以后,三个城市在政治优势及城市规模上所产生的差别又形成一种新的力量,在这种力量的作用下,三者在当代的发展也拉开了更大的差距,且还具有加速的倾向,深深地影响着三者在当代的发展命运。

纵观三者近代的变迁历程,可以发现,在影响近代中原地区区域中心城市变迁与更替的各种因素当中,依照历史时序,依次为地理空间结构因素、黄河泛滥影响、水运河道变迁、土壤沙化、经济作物种植和集散、商业变迁与发展、工业建设、政治因素以及城市自身规模等。在这些因素当中,除了地理空间结构因素与其他各种因素的直接关联度相对要小外,从黄河发生作用起始,其后所有因素都紧密地关联着,前一个因素往往是诱生后一个因素的前提条件。开封和朱仙镇在黄河的影响下,因最初所形成的劣势因素的作用,而在以后的发展中引入更多的劣势因素;郑州却因为最初优势因素的获得,在以后的发展中也引入更多的优势因素,从而形成两种不同趋势的由多种经济因素和非经济因素构成的循环累积。在其作用下,开封和朱仙镇在近代以后便呈下降趋势,郑州则呈上升趋势,最终发生城市关系中核心与边缘的置换和区域中心城市的更替。

如果把这些影响因素作进一步的归纳与概括，即可发现，地理空间结构因素、黄河泛滥、水运河道变迁、土壤沙化等可归结为自然地理环境因素，经济作物的种植和集散、商业的变迁与发展、工业建设等则可归结为经济社会运动因素。那么，影响近代中原地区区域中心城市发生更替、城市结构关系发生变动的各种因素，最终便可归结为三种基本的结构性因素——地理环境因素变迁、经济社会运动和政治关系重构。并且，在影响近代中原地区区域中心城市变动的三种结构性因素中，在地理环境因素变迁、经济社会运动和政治关系重构之间存在着一种循环关系，并依照历史时序的推延，次第介入发生作用。优势引入更多的优势，劣势也引入更多的劣势，推使开封、朱仙镇与郑州城市的结构关系发生本质性变动，推使近代中原地区区域中心城市发生更替。

作为对单一个案研究所做的理论性总结，是否能够上升为普适性的对区域中心城市变动的规律性认知，自然会有学者对此提出疑问。因为，从另一个方面看，影响人类区域中心城市兴衰的原因繁杂而不同，而变动的规律也似乎难以以一种类型概而言之。但即使如此，若对多数曾经发生更替变动的区域中心城市或人类文明中心作一泛视，还是会发现，对于多数区域中心城市或人类文明中心而言，恐怕基本上还是在地理环境因素变迁、经济社会运动、政治关系重构三种结构性因素的次第影响下发生兴衰变迁，地理环境因素的变迁必然引起作为区域环境之子的区域中心城市或区域文明中心在经济社会运动方面发生相应的变化。当地理环境因素变迁有利时，形成一种上升的循环趋势，而当地理环境因素变迁不利时，则形成下降的循环趋势，进而必然影响区域中心城市或区域文明中心在政治地位高低与政治重要性强弱方面做出被动的或主动的改变，而最终引发区域中心城市变动、区域中心城市核心边缘关系发生结构性变迁。本书通过对近代中原地区区域中心城市变动所做的个案研究所得出的理论性认知，尽管还不能完全肯定为关于所有区域中心城市变动、区域中心城市核心边缘关系发生结构性变迁的普适性规律，但应该还是可以构建为关于区域中心城市变动、区域中心城市核心边缘关系发生结构性变动的基本理论模式之一。

附 录 APPENDIX

ERSHI SHIJI ZHI ZHONGGUO

附表（一）：抗战前河南省主要城市工业生产投资总量和产额总量表

地名	资本额(元)	地名	资本额(元)	地名	产额(元)	地名	产额(元)
全省总计	8987495			全省总计	28457889		
郑州	4670028	武陟	100000	郑州	10540800	郾城	737784
汲县	2018000	郾城	90000	汲县	5178920	确山	459062
新乡	659200	信阳	53000	安阳	4151255	陕县	311800
开封	633700	许昌	44809	新乡	3274437	许昌	218616
陕县	402200	确山	38000	开封	2422725	信阳	207260
安阳	277528	洛阳	1030	武陟	950230	洛阳	5000

附表（二）：新中国成立初期河南各县花生种植表　　　　单位：亩

县份	开封	中牟	宁陵	新郑	西华	杞县	扶沟	兰封	商丘	睢县
亩数	199335	116760	48704	47865	43363	38658	37289	32578	33426	29663
县份	洧川	通许	民权	虞城	尉氏	固始	息县	郑县	淮阳	商城
亩数	25421	22721	21222	20502	19987	19904	18381	17437	16043	10559

附表(三)：开封县农作物种植结构百分比表

作物	小麦	花生	高粱	绿豆	小米	黄豆	黍子	红薯
百分比	41.6%	24.0%	18.0%	13.1%	8.7%	8.7%	8.5%	5.1%
作物	稷子	大麦	蔬菜	黑豆	豇豆	青豆	棉花	其他
百分比	4.5%	2.1%	1.4%	1.3%	0.8%	0.5%	0.2%	0.3%

附表(四)：开封、朱仙镇腹地地区粮食作物收获量统计表　单位：市斤

县份	小麦	大麦	小米	高粱	玉米	豆类	县份	小麦	大麦	小米	高粱	玉米	豆类
开封	77	98	120	111	107	142	延津	56	70	98	98	98	56
尉氏	73	86	61	64		54	封丘	70	97	121	124	62	74
通许	62	70	128	100			阳武	28	35	27	56	56	28
中牟	50	99	77	88	71	102	原武	166	218	247	165	164	333
杞县	141	142	205	140		141	鄢陵	84	98	100	120		110
睢县	97	149	216	129		108	淮阳	96	117	107	200		146
陈留	48	33	44	40		44	鹿邑	28	35	35	28		28
兰封	125	81	128	125	84	91	太康	150	150	171	150		176
考城	63	63	126	91	70	60	扶沟	132	97	131	124		147
宁陵	56	112	70	116	35	41	平均	82	96	118	110	83	101
柘城	42	70	154	133		30							

附表(五)：新中国成立初期河南省农作物产量统计表　单位：市斤

	1949 年	1950 年	1951 年	1952 年	1953 年	1954 年	1955 年	1956 年	1957 年
小麦	84.5	80.5	102.5	86.5	80.7	109.4	115.0	117.4	110.3
谷子		112.0	129.3	130.0	158.7	136.5	144.7	117.0	129.3
玉米		105.1	129.7	131.5	148.3	148.2	151.6	133.1	148.9
高粱		124.1	10.9	128.5	158.9	91.2	156.7	85.1	145.2
薯类	146.2	196.1	240.1	235.3	263.7	265.8	250.7	300.8	275.2
大豆	85.2	89.3	118.7	95.2	104.3	76.6	100.6	95.4	92.0
棉花	18.6	21.4	24.0	24.7	22.9	25.2	27.8	22.7	27.0
花生	86.7	116.3	113.9	105.1	108.6	121.8	124.9	134.2	106.2

二十世纪之中国——乡村与城市社会的历史变迁

296

附表（六）：民国7年至36年（1918—1947）河南棉花种植总面积、总产额统计表
（种植面积单位：亩；棉花产量单位：担）

年份	种植面积	棉花产量	面积产量比率	年份	种植面积	棉花产量	面积产量比率
7		268161		18	908490	122880	7.393
8	1417654	427633	3.315	19	2680330	566529	4.731
9				20	2880410	644544	4.469
10	856000	219400	3.902	21	3424140	596755	5.738
11	3047144	555036	5.490	22	3707637	816650	4.540
12	2693068	667512	4.034	23	4091771	1022357	4.002
13	2677000	572141	4.679	24	1795360	416778	4.308
14	2985700	544634	5.482	25	6068046	1367226	4.438
15	2881200	557427	5.169	26	6462611	1357522	4.761
16	2816950	590220	4.773	35	2574000	670000	3.842
17	1566600	214282	7.311	36	3847095	916344	4.198

附表（七）：民国7年至36年（1918—1947）河南省各县产棉统计表
单位：担

县名	总产量	排序	历年平均	排序	人均	统计年份（民国）及次数 （括号内的数字为统计次数）
安阳	2254096	1	118637	1	0.1765	7、8、10、11、12、15、16、17、18、19、20、21、22、23、24、25、26、35、36（19）
太康	966658	2	64444	2	0.1181	11、12、15、16、17、19、20、21、22、23、24、25、26、35、36（15）
洛阳	823539	3	45752	3	0.0836	7、8、10、11、12、15、16、17、19、20、21、22、23、24、25、26、35、36（18）
灵宝	662072	4	36781	4	0.2132	7、8、10、11、12、15、16、17、19、20、21、22、23、24、25、26、35、36（18）
偃师	575336	5	31963	7	0.1219	7、8、10、11、12、15、16、17、19、20、21、22、23、24、25、26、35、36（18）
武安	553547	6	32562	6	0.0868	7、8、10、11、12、15、16、17、19、20、21、22、23、25、26、35、36（17）
闵乡	511433	7	28413	8	0.3868	7、8、10、11、12、15、16、17、19、20、21、22、23、24、25、26、35、36（18）
陕县	438988	8	24388	10	0.1301	7、8、10、11、12、15、16、17、19、20、21、22、23、24、25、26、35、36（18）
巩县	416190	9	23122	11	0.0637	7、8、10、11、12、15、16、17、19、20、21、22、23、24、25、26、35、36（18）

县名	总产量	排序	历年平均	排序	人均	统计年份(民国)及次数 (括号内的数字为统计次数)
新乡	336608	10	17716	12	0.0760	7、8、10、11、12、15、16、17、18、19、20、21、22、23、24、25、26、35、36(19)
邓县	310741	11	34527	5	0.0605	20、21、22、23、24、25、26、35、36(9)
汤阴	270749	12	15926	17	0.0670	10、11、12、15、16、17、18、19、20、21、22、23、24、25、26、35、36(17)
临漳	234691	13	13038	20	0.0665	7、8、10、11、12、15、16、17、18、20、21、22、23、24、25、26、35、36(18)
获嘉	215808	14	11358	22	0.0634	7、8、10、11、12、15、16、17、18、19、20、21、22、23、24、25、26、35、36(19)
孟县	185082	15	16826	14	0.0657	18、19、20、21、22、23、24、25、26、35、36(11)
新野	158498	16	11321	23	0.0465	7、8、15、16、17、20、21、22、23、24、25、26、35、36(14)
杞县	150961	17	15096	18	0.0373	19、20、21、22、23、24、25、26、35、36(10)
渑池	147162	18	8176	29	0.0589	7、8、10、11、12、15、16、17、19、20、21、22、23、24、25、26、35、36(18)
唐河	139544	19	17443	13	0.0321	21、22、23、24、25、26、35、36(8)
伊川	134460	20	16808	15	0.0582	21、22、23、24、25、26、35、36(8)
淮阳	128069	21	14230	19	0.0194	20、21、22、23、24、25、26、35、36(9)
济源	123612	22	8241	28	0.0247	7、8、15、16、17、18、19、20、21、22、23、25、26、35、36(15)
滑县	113474	23	8105	30	0.0111	15、16、17、18、19、20、21、22、23、24、25、26、35、36(14)
临汝	109393	24	8415	25	0.0245	15、16、17、18、20、21、22、23、24、25、26、35、36(13)
禹州	108046	25	8311	27	0.0155	15、16、17、19、20、21、22、23、24、25、26、35、36(13)
泌阳	101673	26	25418	9	0.0715	25、26、35、36(4)
郑县	91253	27	6084	38	0.0185	12、15、16、17、18、19、20、21、22、23、24、25、26、35、36(15)
汜水	67850	28	6168	37	0.0392	7、8、10、11、12、23、24、25、26、35、36(11)
永城	66060	29	16515	16	0.0301	25、26、35、36(4)
睢县	52885	30	6611	34	0.0199	7、8、23、24、25、26、35、36(8)

注：历年平均数采取四舍五入，以整数计入；人均数求取到小数点后第四位，以四舍五入计入。单位：担。

二十世纪之中国——乡村与城市社会的历史变迁

298

附表(八):民国8年至36年(1919—1947)陕西各县棉花总产量统计表　单位:担

渭南	1388644	长安	1194430	泾阳	932645	临潼	806670	高陵	621689	三原	521189
华县	482488	咸阳	436823	朝邑	394973	郃阳	358846	华阴	188738	户县	180424
韩城	178248	礼泉	172671	周至	170576	大荔	169155	兴平	142228	富平	122686
蓝田	118735	南郑	107335	宝鸡	103495								

附表(九):河南省"一五"建设基本投资额分配表　单位:万元

地区	投资额	比重	地区	投资额	比重	地区	投资额	比重	地区	投资额	比重
总计	207613	100%	信阳专区	9460	4.6%	鹤壁市	4334	2.2%	商丘专区	2492	1.2%
郑州市	62662	30.2%	许昌专区	9247	4.5%	新乡市	4248	2.0%	安阳市	1858	0.9%
洛阳市	45569	21.9%	三门峡市	9238	4.4%	开封专区	3558	1.7%	其他	13166	6.4%
洛阳专区	10195	4.9%	新乡专区	8581	4.1%	开封市	3196	1.5%			
焦作市	9827	4.7%	平顶山市	7301	3.5%	南阳专区	2681	1.3%			

附表(十):新中国成立初期开封市手工业产值与现代工业产值比率表

年份	1948年	1949年	1950年	1951年	1952年	1953年	1954年	1955年	1956年	1957年
现代工业	9116057	17607968	18039282	25965176	32990774	44852495	53491270	65971071	87925	76927
手工业	10600363	12540226	11812909	15130198	15301580	18702091	20659907	18812143	12051	16015
比值	1.163	0.712	0.655	0.583	0.464	0.417	0.386	0.285	0.137	0.208

　　注:1948—1955年单位为元,1956—1957年单位为千元,并依1952年不变价格计算。

附表(十一)：1972—2004年郑州、开封工业总产值表

年份	1972 年	1973 年	1977 年	1979 年	1981 年	1983 年	1984 年	1987 年
郑州	19.4	19.30	20.8	28.86	335391	443725	46.93	57.70
开封	7.1	7.48	9.0	18.11	138323	167442	18.61	23.95
比值	2.73	2.58	2.31	1.59	2.42	2.65	2.52	2.41
年份	1989 年	1990 年	1991 年	1992 年	1993 年	1994 年	1995 年	1996 年
郑州	733544	881877	935007	1046978	1261369	1562690	2008637	2327716
开封	307701	356093	340912	385427	459929	533584	683124	777946
比值	2.38	2.48	2.74	2.72	2.74	2.93	2.94	2.99
年份	1997 年	2001 年	2002 年	2003 年	2004 年			
郑州	2674852	2398640	2618010	3066295	3652391			
开封	805893	516647	507173	487300	514460			
比值	3.32	4.64	5.16	6.29	7.10			

注：1972—1979年、1984—1987年的单位为亿元，其他年份的单位为万元。2001年后的数据为国有及500万元以上非国有工业总产值。

附表(十二)：1989—2004年郑州、开封国民生产总值统计表　　　单位：万元

年份	1989 年	1990 年	1991 年	1992 年	1993 年	1994 年	1995 年
郑州	373375	430230	500848	515897	617144	787079	1416900
开封	162234	172001	160146	172779	225276	254649	344012
比值	2.30	2.50	3.13	2.99	2.74	3.09	4.12
年份	1996 年	1997 年	2001 年	2002 年	2003 年	2004 年	
郑州	2003311	2394583	3434710	3821357	4420871	5300753	
开封	431453	506771	611288	676966	727915	808222	
比值	4.64	4.73	5.62	5.65	6.07	6.56	

附表（十三）：1957—2004年郑州、开封人口统计表　　单位：万人

年份	1957 年	1962 年	1979 年	1981 年	1987 年	1989 年	1990 年	1991 年	1992 年
郑州	42.5	52.7	77	83.6	106.50	111.07	113.29	115.97	118.02
开封	24.9	33.0	40.0	42.3	47.28	48.39	49.89	50.78	51.36
比值	1.71	1.60	1.93	1.98	2.49	2.30	2.27	2.28	2.30
年份	1993 年	1994 年	1995 年	1996 年	1997 年	2001 年	2002 年	2003 年	2004 年
郑州	119.99	123.23	132.37	135.95	138.82	159.47	169.24	177.08	177.35
开封	51.93	52.58	53.53	54.48	55.17	58.14	58.76	59.49	59.30
比值	2.31	2.34	2.47	2.50	2.52	2.74	2.88	2.98	2.99

参考文献 REFERENCE DOCUMENTS

ERSHI SHIJI ZHI ZHONGGUO

古籍

1.《二十四史》,中华书局2000年版。

2.[唐]杜宝:《大业杂记》,上海:商务印书馆1930年版。

3.[宋]孟元老:《东京梦华录》,周峰点校,文化艺术出版社1998年版。

4.[宋]沈括:《梦溪笔谈》,广陵书社2003年版。

5.[明]黄汴:《天下水路路程》,杨正泰校注,山西人民出版社1992年版。

6.[明]张瀚:《松窗梦语》,盛冬铃点校,中华书局1985年版。

7.[清]陈世元:《金薯传习录》,农业出版社1982年影印本。

8.[清]傅泽洪:《行水金鉴》,文渊阁四库全书本,上海古籍出版社1987年版。

9.[清]傅寿彤:《汴城筹防备览》,咸丰十年九月刊于大梁。

10.[清]顾炎武:《天下郡国利病书》,第十三册《河南》。

11.[清]顾祖禹:《方舆类纂》,天津古籍出版社1990年影印版。

12.[清]顾祖禹:《读史方舆纪要》,贺次君、施和金点校,中华书局2005年版。

13.[清]宋继郊：《东京志略》，王晟、李景文、刘璞玉点校，河南大学出版社1999年版。

14.[清]黎世序、潘世恩纂：《续行水金鉴》，台湾：文海出版社1970年版。

15.[清] 痛定思痛居士：《汴梁水灾纪略》，李景文等校注，河南大学出版社2006年版。

16.[清]盛宣怀：《愚斋丛稿》。

17.[清]王锡祺：《小方壶斋舆地丛钞》，杭州古籍书店1985年版。

18.[清]佚名：《如梦录》，孔宪易校注，中州古籍出版社1984年版。

19.[清]张之洞：《张文襄公全集》。

20.[清]郑廉：《豫变纪略》，浙江古籍出版社1984年版。

21.[清]周亮工：《书影》，上海古籍出版社1981年版。

民国文献

一、著作

1.白眉初：《中华民国省区全志·鲁豫晋三省志》，北京:求知学社1925年版。

2.黎士安等：《豫河志》，1923年刊本。

3.丁文江、翁文灏、曾世英编纂：《中国分省新图申报六十周年纪念》，中华书局1933年版。

4.陈善同：《豫河续志》，1926年10月河南河务局印。

5.冯次行编：《中国棉业论》，上海：北新书局1929年版。

6.韩启桐、南钟万：《黄泛区的损害与善后救济》，行政院善后救济总署编纂委员会、中央研究院社会研究所1948年版。

7.河南省政府建设厅编印：《民国十九年度河南建设概况》。

8.李步青等编著：《岳飞与朱仙镇》，开封教育试验区教材部1934年版。

9.林传甲：《大中华河南地理志》，1920年。

10.穆藕初：《藕初五十自述》，民国丛书第一编，上海书店1989年版。

11.交通部交通史编纂委员会：《交通史路政编》，1935年版。

12.南京金陵大学农学院编：《豫鄂皖赣四省农村经济调查报告第二号豫鄂皖赣

四省土地分类之研究》，1936年。

13.实业部国际贸易局编：《花生》，商务印书馆1943年版。

14.实业部中央工厂检查处：《中国工厂检查年报》，1934年。

15.王金绂：《近编中华地理分志》，北京：求知书社1924年版。

16.王幼侨：《河南方舆人文志略》，北京：西北书局1932年版。

17.吴世勋：《河南》，中华书局1927年版。

18.吴永口述、刘治襄记：《庚子西狩丛谈》，长沙：岳麓书社1985年版。

19.严中平：《中国棉业之发展》，上海：商务印书馆1942年版。

20.杨隽时：《铁路学ABC》，上海：世界书局1929年版。

21.张其昀：《本国地理》，南京：中山书局1932年版。

22．中国水利水电科学研究院水利史研究室：《再续行水金鉴》（黄河卷），湖北人民出版社2004年版。

23.中国棉产改进会：《中国棉产改进统计会议专刊》，1933年版。

24.[日] 林重治郎：《河南省郑州事情》，日本青岛守备军民政部、铁道部编辑，1922年5月出版。

25．前日本东亚研究所：《黄河研究资料汇编第十三种黄河治水及运调查报告》，1944年。

二、期刊

1.《纺织周刊》

2.《国际贸易导报》

3.《工商半月刊》

4.《河南财政月刊》

5.《河南省政府年刊》

6.《河南统计月报》

7.《河南政治月刊》

8.《棉运合作》

9.《农报》

10.《农村经济月刊》

11.《农商公报》

12.《实业杂志》

13.《水利月刊》

14.《天津棉鉴》

15.《文化建设月刊》

16.《银行月刊》

17.《禹贡半月刊》

18.《中行月刊》

19.《中外经济周刊》

三、报纸

1.《晨报》

2.《申报》

3.《大公报》

4.《民国日报》(汉口)

5.《民国日报》(上海)

四、统计、报告

1.崔宗埙:《河南经济调查报告》,南京:京华印书馆1945年版。

2.方显廷:《天津棉花运销概况附天津棉花统计》,南开大学经济研究所,1934年8月版。

3.国民经济研究所:《河南地方概况报告》,1936年6月。

4.河南省农工银行经济调查室编:《河南之棉花》,1941年。

5.河南省棉产改进所:《河南棉业》,1936年12月。

6.河南省农工银行经济调查室编:《河南之牛羊皮》,1943年。

7.河南省实业厅:《河南全省棉业调查报告书》,1925年。

8.上海华商纱厂联合会编:《中国棉产调查报告》,1918—1930年份。

9.金城银行总经理处天津调查分部编:《天津棉花运销概况》,1937年版。

10.金城银行总经理处天津调查分部编:《山东棉业调查报告》,1935年调查。

11.交通部邮政总局辑:《中国通邮地方物产志》,商务印书馆1937年版。

12.刘大钧主编:《中国工业调查报告》,军事委员会、资源委员会参考资料第二十号,经济统计研究所,1937年。

13.陇海铁路车务处:《陇海全线调查》,1933年。

14.农林部棉产改进咨询委员会、中国棉纺织业联合会合编:《中国棉产统计》,1937、1946、1947年份。

15.全国经济委员会棉业统制委员会专刊第一种:《棉产改进事业工作总报告》,1934年版。

16.中国国民党陇海铁路特别党部:《陇海铁路调查报告》,1935年。

17.铁道部业务司商务科:《陇海铁路西兰线陕西段经济调查报告书》,1935年4月至12月调查。

18.铁道部联运处编印:《中华民国全国铁路沿线各站物产一览》,1933年1月。

19.中华棉业统计会:《中国棉产统计》,1931—1936年份。

当代文献

一、档案资料

1.中共郑州市委档案

2.郑州市政府档案

3.郑州市统计局档案

4.中共开封市委档案

5.开封市政府档案

6.开封市统计局档案

7.中共开封县委档案

二、统计资料

1.开封市人民委员会统计科:《开封市统计资料(1949—1955)》,1956年12月。

2.开封市人民委员会统计科:《1956年度开封市经济计划执行情况》,1957年12月。

3.开封市人民委员会统计科:《1957年度开封市经济计划执行情况》,1958年12月。

4.开封市人民政府工商局编印:《开封市私人工商业调查资料》,1950年。

5.开封市人民政府工商局编印:《开封市工商业调查统计汇编》,1951年。

6.河南省统计局:《河南省国民经济统计提要:1949—1957》,1958年5月。

7.河南省统计局、河南省公安厅:《河南省1957年人口统计资料》。

8.河南省统计局:《1949—1962年河南省人口劳动工资文教卫生统计资料》,1963年版。

9.河南省革命委员会计划委员会:《河南省国民经济统计提要》,1972年份、1973年份。

10.河南省革命委员会统计局:《河南省国民经济统计提要》,1977年份。

11.河南省统计局:《河南省国民经济统计提要》,1979年份、1981年份。

12.河南省城市社会经济调查队:《河南城市统计年鉴》,1989—2004年份。

13.郑州市档案馆:《郑州市工业基础数字汇编(1948—1974)》,1994年12月。

三、著作

1.白寿彝:《中国通史》,第一卷《导论》,上海人民出版社1989年版。

2.白寿彝:《中国交通史》,团结出版社2006年版。

3.程遂营:《唐宋开封生态环境研究》,中国社会科学出版社2002年版。

4.程子良、李清银:《开封城市史》,社会科学文献出版社1993年版。

5.丛翰香:《近代冀鲁豫乡村》,中国社会科学出版社1995年版。

6.费孝通:《论小城镇及其他》,天津人民出版社1986年版。

7.傅衣凌:《明清社会经济变迁论》,人民出版社1989年版。

8.樊树志:《江南市镇传统的变革》,复旦大学出版社2005年版。

9.冯骥才:《中国木版年画集成·朱仙镇卷》,中华书局2006年版。

10.傅崇兰:《中国运河城市发展史》,四川人民出版社1985年版。

11.傅林祥、郑宝恒:《中国行政区划通史·中华民国卷》,复旦大学出版社2007年版。

12.高凯:《地理环境与中国古代社会变迁三论》,天津古籍出版社2006年版。

13.顾朝林:《中国城市地理》,商务印书馆1999年版。

14.管楚度:《交通区位论及其应用》,人民交通出版社2000年版。

15.河南省交通厅交通史志编审委员会:《河南航运史》,人民交通出版社1989年版。

16.河南省统计局:《河南省各专市县经济文化情况志要》,1958年版。

17.河南省城乡建设环境保护厅城建志编辑室:《当代河南城市建设》,河南教育出版社1989年版。

18.河南省城乡建设志编辑办公室:《河南省城建志参考资料之七》,1985年版。

19.河南省煤炭工业厅煤炭志总编室:《河南煤矿史志资料民国时期专辑》,1985年版。

20.何一民:《近代中国衰落城市研究》,四川出版集团巴蜀书社2007年版。

21.何一民:《近代中国城市发展与社会变迁(1840—1949)》,科学出版社2004年版。

22.胡序威、周一星、顾朝林:《中国沿海地区城镇密集地区空间积聚与扩散研究》,科学出版社2000年版。

23.黄金铸:《七朝都会——开封》,中国地质大学出版社1997年版。

24.黄河水利委员会黄河志总编辑室:《河南省黄河志》,1986年版。

25.侯仁之:《历史地理学的理论与实践》,上海人民出版社1981年版。

26.姜明清:《铁路史料》,台湾"国史馆"1992年版。

27.李庚香:《中原文化精神》,河南文艺出版社2007年版。

28.李培祥:《城市与区域相互作用的理论与实践》,经济管理出版社2006年版。

29.李绍连:《永不失落的文明——中原古代文化研究》,学林出版社1999年版。

30.李长傅:《开封历史地理》,商务印书馆1958年版。

31.刘益安:《大梁守城记笺证》,中州书画社1982年版。

32.陆大道:《区位论及区域研究方法》,科学出版社1988年版。

33.罗一星:《明清佛山经济发展与社会变迁》,广东人民出版社1994年版。

34.貂琦:《中国人口·河南分册》,中国财政经济出版社1989年版。

35.《开封市郊区黄河志》编纂小组:《开封市郊区黄河志》,1994年。

36.《开封市交通志》编纂委员会:《开封市交通志》,人民交通出版社1994年版。

37.单远慕:《开封史话》,中华书局1983年版。

38.单远慕:《中原文化志》,上海人民出版社1998年版。

39.水利电力部、水利水电科学研究院:《清代淮河流域洪涝档案史料》,中华书局1988年版。

40.王兴亚：《明清河南集市庙会会馆志》，中州古籍出版社1998年版。

41.王先明：《中国近代社会文化史续论》，南开大学出版社2005年版。

42.王先明：《近代绅士———一个封建阶层的历史命运》，天津人民出版社1997年版。

43.王福全、李秀明：《郑州市纺织志（1911—1985）》，郑州市纺织公司，1986年。

44.徐康宁：《文明与繁荣：中外城市经济发展环境比较研究》，东南大学出版社2003年版。

45.徐有礼：《郑州领事馆史事总录》，香港：天马出版有限公司2005年版。

46.许学强、周一星、宁越敏：《城市地理学》，高等教育出版社1997年版。

47.阎崇年等：《中国历史名都》，浙江人民出版社1986年版。

48.杨正泰：《明代驿站考附：一统路程图记、士商类要》，上海古籍出版社1994年版。

49.赵济、陈传康：《中国地理》，高等教育出版社1999年版。

50.赵冈、陈钟毅：《中国棉纺织史》，中国农业出版社1997年版。

51.张利民：《近代环渤海地区经济与社会研究》，天津社会科学院出版社2003年版。

52.张静庐辑注：《中国近代出版史料二编》，上海群联出版社1954年版。

53.张静庐辑注：《中国近代出版史料初编》，上海群联出版社1954年版。

54.张静庐辑注：《中国现代出版史料丙编》，中华书局1956年版。

55.张来友：《郑州地理环境与经济发展》，农村读物出版社1994年版。

56.张巍：《郑州商城研究》，河南人民出版社2006年版。

57.张善余：《中国人口地理》，商务印书馆1997年版。

58.章有义编：《中国近代农业史资料》，第二辑，生活·读书·新知三联书店1957年版。

59.中国古都学会：《中国古都研究》，浙江人民出版社1985年版。

60.中国土产公司编印：《中国土产总览》，1950年。

61.《中国近代纺织史》编委会：《中国近代纺织史（1840—1949）》，中国纺织出版社1997年版。

62.中国科学院《中国自然地理》编辑委员会:《中国自然地理·历史自然地理》,科学出版社1982年版。

63.《中国煤炭志》编纂委员会:《中国煤炭志·河南卷》,北京:煤炭工业出版社1996年版。

64.中共河南省委党史研究室:《河南省"一五"计划和国家重点工程建设》,河南人民出版社1999年版。

65.中央文献研究室:《建国以来重要文献选编》,第6册。

66.钟秀明、武雪萍:《城市化之动力》,中国经济出版社2006年版。

67.郑金兰主编:《潍坊年画研究》,上海:学林出版社1991年版。

68.郑州市工商业联合会:《郑州工商业变迁史概况(1904—1948)》(未刊稿),1983年6月。

69.周宝珠:《宋代东京研究》,河南人民出版社1992年版。

70.周銮书:《景德镇史话》,上海人民出版社1989年版。

71.[法]阿·德芒戎:《人文地理学问题》,葛以德译,商务印书馆2004年版。

72.[德]阿尔弗雷德·韦伯:《工业区位论》,李刚剑等译,商务印书馆1997年版。

73.[德] 奥古斯特·勒施:《经济空间秩序——经济财货与地理空间的关系》,王守礼译,商务印书馆1995年版。

74.[法]保尔·芒图:《十八世纪产业革命》,杨人楩等译,商务印书馆1997年版。

75.[美]保罗·克鲁格曼:《地理和贸易》,张兆杰译,北京大学出版社、中国人民大学出版社2000年版。

76.[美]道格拉斯·C.诺斯:《经济史上的结构与变革》,厉以平译,商务印书馆2007年版。

77.[法]费尔南·布罗代尔:《菲利普二世时代的地中海和地中海世界》,唐家龙、曾培耿等译,商务印书馆1998年版。

78.[日]富永健一:《社会结构与社会变迁——现代化理论》,董兴华译,云南人民出版社1988年版。

79.[英]哈·麦金德:《历史的地理枢纽》,林尔蔚、陈江译,商务印书馆2007年版。

80.[美]赫希曼:《经济发展战略》,经济科学出版社1991年版。

81.[比利时]亨利·皮雷纳:《中世纪的城市》,陈国梁译,商务印书馆2006年版。

82.[美]林达·约翰逊:《帝国晚期的江南城市》,成一农译,上海人民出版社2005年版。

83.[美]刘易斯·芒福德:《城市发展史起源、演变和前景》,宋俊岭、倪文彦译,中国建筑工业出版社2005年版。

84.[美]罗威廉:《汉口:一个中国城市的商业和社会(1796—1895)》,江溶、鲁西奇译,彭雨新、鲁西奇校,人民大学出版社2005年版。

85.[美]马歇尔:《经济学原理》,商务印书馆2005年版。

86.[美]乔尔·科特金:《全球城市史》,王旭等译,社会科学文献出版社2006年版。

87.[美]施坚雅:《中华帝国晚期的城市》,叶光庭、徐自立、王嗣均、徐松年、马裕祥、王文源合译,陈桥驿校,中华书局2000年版。

88.[美]瓦尔特·艾萨德:《区域科学导论》,陈宗兴、尹怀庭、陈为民译,陆卓明校,高等教育出版社1990年版。

89.[德]韦伯:《工业区位论》,商务印书馆1997年版。

90.[英]亚当·斯密:《国民财富的性质和原因的研究》,郭大力、王亚南译,商务印书馆1972年版。

四、论文

1.安涛:《明清时期经济中心转移与江南市镇的衰落——以金山朱泾镇为个案的考察》,《江西社会科学》,2007年第7期。

2.白义霞:《区域经济非均衡发展理论的演变与创新研究》,《经济问题探索》,2008年第4期。

3.蔡孝箴:《天津经济中心的形成》,《天津社会科学》,1982年第2期。

4.蔡云辉:《近十年来关于"近代中国衰落城市"研究综述》,《史学理论研究》,2003年第2期。

5.陈昌远:《北宋时期开封城市经济的繁荣》,《史学月刊》,1959年第6期。

6.陈宁生：《郑州会议和徐州会议——"宁汉合流"的酝酿》，《近代史研究》，1984年第2期。

7.陈涛：《探访朱仙镇年画》，《美术》，2006年第7期。

8.崔红莲：《冯玉祥督豫期间的开封图书馆事业》，《河南图书馆学刊》，1997年第3期。

9.邓亦兵：《清代的朱仙镇和周家口》，《中州学刊》，1988年第2期。

10.丁日初：《再论上海成为近代中国经济中心的条件》，《近代史研究》，1994年第1期。

11.董淑明：《开封近代报业简史》，《河南图书馆学刊》，2000年第3期。

12.冯骥才：《中国木版年画的价值及普查的意义》，《民间文化论坛》，2005年第1期。

13.郭书学：《试述解放前开封经济的消费特征》，《河南大学学报》（社会科学版），1989年第6期。

14.顾纪瑞：《无锡在二十年代形成经济中心的原因及其职能》，《历史档案》，1985年第4期。

15.黄以注：《河南城镇历史地理初探》，《史学月刊》，1981年第1期。

16.李长傅：《朱仙镇历史地理》，《史学月刊》，1964年第12期。

17.李润田：《开封城市的形成与发展》，《河南大学学报》，1985年9月第3期。

18.李玉：《开埠与长沙区域经济中心的确立》，《城市史研究》，第19~20合辑。

19.李郑：《20世纪郑州历史上的重大事件》，《中州今古》，2000年第6期。

20.凌士义：《民间艺术的瑰宝——朱仙镇木版年画》，《装饰》，2006年第2期。

21.刘晖：《铁路与近代郑州棉业的发展》，《史学月刊》，2008年第7期。

22.刘岘：《鲁迅谈朱仙镇木版年画》，《豫苑》，1985年第1期。

23.刘吕红：《清代云南区域次中心城镇演变与区域经济发展》，《中华文化论坛》，2007年第2期。

24.刘英贤：《1925年郑州豫丰纱厂工人大罢工》，《中州学刊》，1983年第6期。

25.马华：《民国时期河南的城市化发展——以开封和郑州为例》，《平顶山工学院学报》，2006年第6期。

26.潘君祥：《近代上海形成全国经济中心的内在原因》，《学术季刊》，1991年第2

期。

27.单远慕：《金代的开封》，《史学月刊》，1981年第6期。

28.单远慕：《明代的开封》，《史学月刊》，1982年第6期。

29.沈松桥：《经济作物与近代河南农村经济（1906—1937）——以棉花与烟草为中心》，《近代中国农村经济史论文集》，台北"中央研究院"近代史研究所编，1989年版。

30.王迪：《近代长江上游城市系统与市场结构》，《近代史研究》，1991年第6期。

31.王先明：《"区域化"取向与近代史研究》，《学术月刊》，2006年第3期。

32.王旭升、董桂萍、毛卉：《郑州城市发展历程与特点分析》，《地域研究与开发》，2005年第6期。

33.王旭升：《中部崛起背景下的郑汴一体化发展研究》，《地域研究与开发》，第26卷第6期，2007年12月。

34.吴小平：《汉晋南北朝时期福建政治、经济中心区域的变迁》，《中国社会经济史研究》，2000年第2期。

35.许檀：《清代河南朱仙镇的商业——以山陕会馆碑刻资料为中心的考察》，《史学月刊》，2005年第6期。

36.许檀：《明清时期开封的商业》，《中国史研究》，2006年第1期。

37.杨友孝：《约翰·弗里德曼空间极化发展的一般理论评介》，《经济学动态》，1993年第7期。

38.袁汝波：《朱仙镇木版年画的兴衰以及抢救价值》，《美术》，2003年第2期。

39.袁汝波：《朱仙镇木版年画的兴衰》，《史学月刊》，2003年第6期。

40.赵宝俊：《论开封之兴衰》，中国古都学会：《中国古都研究》，浙江人民出版社1985年版。

41.赵宝俊：《开封与黄汴》，中国古都学会：《中国古都研究》第二辑，浙江人民出版社1986年版。

42.张利民：《近年来中国近代城市史研究回顾》，《城市史研究》，第19~20辑合刊。

43.张利民：《从军事卫所到经济中心——天津城市主要功能的演变》，《城市史研究》，第22辑。

44.张平:《豫丰纱厂始末》,《中州今古》,2002年第5期。

45.周树德:《1927年的"郑州会议"》,《史学月刊》,1984年第4期。

46.周勇:《近代重庆经济中心的形成》,《社会科学研究》,1989年第5期。

47.朱和平:《朱仙镇衰落原因与复兴途径试探》,《许昌师专学报》,2000年第1期。

48.邹逸麟:《试论邺都兴起的历史地理背景及其在古都史上的地位》,《中国历史地理论丛》,1995年第1期。

49.邹逸麟:《元代河患与贾鲁治河》,《黄河史论丛》,谭其骧主编,复旦大学出版社1986年版。

50.[韩]朴基水:《清代佛山镇的城市发展和手工业、商业行会》,《中国社会历史评论》,2006年第2期。

五、文史资料

1.《古今朱仙镇》,《开封文史资料》,第一辑。

2.《冯玉祥创办的朱仙镇九一七工厂》,《开封县文史资料》,第一辑。

3.《匪患不除,民无宁日》,《尉氏文史资料》,第六辑(尉氏匪患专辑)。

4.《红枪会抗匪记》,《中牟文史资料》,第五辑。

5.《河南彰德的农民概况》,《安阳文史资料》,第二辑。

6.《解放前夕的平乐花行》,《孟津文史资料》,第四辑。

7.《郑州棉花业的兴衰》,《郑州文史资料》,第五辑。

8.《民国时期郑州的银行机构》,《郑州文史资料》,第十三辑。

9.《抗战前郑州银行业及其同业公会》,《管城文史资料》,第二辑。

10.《郑州药材骡马大会的兴起》,《郑州文史资料》,第一辑。

11.《〈申报〉刊登的小资料》,《郑州文史资料》,第九辑。

12.《五十年代前期郑州市的城市规划和省会迁郑》,《河南文史资料》,2000年第一辑。

地方志

1.[清]田文镜等修、孙灏等纂:《河南通志》,雍正十三年刻本。

2.[清]阿斯哈、嵩贵修纂:《续河南通志》,乾隆三十六年刻本。

3.[清]李同亨修、马士骘纂:《祥符县志》,顺治十八年刻本。

4.[清]管竭忠修、张沐纂:《开封府志》,康熙三十四年刻本。

5.[清]张淑载修、鲁曾煜纂:《祥符县志》,乾隆四年刻本。

6.[清]沈传义、俞纪瑞修,黄舒昺纂:《祥符县志》,光绪二十四年刻本。

7.[清]董庆恩、吴凊庚修,陈熙春纂:《内黄县治》,光绪十八年刻本。

8.[清]张钺、何源洙修,毛如诜纂:《郑州志》,乾隆十三年刻本。

9.[清]纪黄中修纂:《仪封县志》,乾隆二十九年刻本。

10.[清]刘德昌修、叶沄纂:《商丘县志》,1932年石印本。

11.[清]曾国荃修、王轩纂:《山西通志》,清光绪十八年刊本。

12.[清]余缙修、李嵩阳纂:《封丘县志》,顺治十六年刻本。

13.[清]王赐魁修,李会生、宋作宾纂:《封丘县续志》,康熙十九年刻本。

14.[清]余心孺修纂:《延津县志》,康熙四十一年刻本。

15.[清]周玑修纂:《杞县志》,乾隆五十三年刊本。

16.[清]潘龙光等修、张嘉谋等纂:《西华县续志》,1938年铅印本。

17.[清]李述武修、张九越纂:《巩县志》,乾隆五十四年刻本。

18.周秉彝修、刘瑞麟纂:《郑县志》,1916年刻本。

19.窦经魁等修、耿愔等纂:《阳武县志》,1936年铅印本。

20.陶仲翰:《开封县志草略》,开封马集文斋1941年铅印本。

21.萧德馨修、熊绍龙纂:《中牟县志》,1936年石印本。

22.欧阳珍等修、韩嘉会等纂:《陕县志》,1936年铅印本。

23.方策等修纂:《续安阳县志》,1933年铅印本。

24.韩邦孚监修、田芸生总编:《新乡县续志》,1923年刊本。

25.靳蓉镜、晋克昌修,苏宝谦纂:《鄢陵县志》,1936年铅印本。

26.张之清修、田春同纂:《考城县志》,1924年铅印本。

27.张士杰修、侯昆禾纂:《通许县新志》,1934年铅印本。

28.王蒲园等修纂:《重修滑县志》,1932年铅印本。

29.耿愔:《续仪封县志稿》,河南省兰考县县志编纂委员会据1947年耿文郁手抄本整理,《兰考旧志汇编》1986年铅印本。

朱仙镇碑刻资料

1.李鹤年:《朱仙镇新河碑记》,光绪壬午八月。

2.朱仙镇山陕会馆碑刻资料:《移修舞楼碑记》,乾隆四十年。

3.朱仙镇河东街关帝庙:《重修大殿山门乐楼碑记》、《重绘殿宇施财碑记》,乾隆十六年四月。

4.朱仙镇大关帝庙:《重修关帝庙碑记》,乾隆三十三年。

后 记 POSTSCRIPT

ERSHI SHIJI ZHI ZHONGGUO

　　呈现在读者面前的这本书，是在我的博士学位论文的基础上修改而成的。时光荏苒，岁月如梭，自2009年12月博士毕业告别南开校园迄今，不知不觉中，四年多的光阴已经悄然过去。而往昔求学之情景并未随着岁月的迁延而逐渐淡去，岁月的无情反使自己更加怀念过去，怀想昔时求学时的艰辛与收获，也时时感念在完成博士论文之时，那些曾经帮助过自己的老师、同学以及诸多图书馆、档案馆负责资料管理的老师等。

　　导师王先明渊博严谨、严以育人，从论文最初的选题到最后的完成，每一步都离不开王老师耐心的指导与悉心的帮助。2012年，王老师又欣然将其收入自己主编的《二十世纪之中国：乡村与城市社会的历史变迁》丛书，并提供了很多便利。师母陈老师娴雅慈和，拳拳爱心溢于言表，她的关爱与宽慰，对于读博时期时时具有困惑迷茫、焦躁愁闷心情的学生而言，犹如温润甘爽的清泉，总能让人心情平静，在平和宽稳的心境中，顺利完成自己的学业。因此他们的关心、指导与帮助是此书能够顺利面世的重要条件。

　　李金铮、许檀、江沛、张利民、孙立群、马士力诸位老师，学识精深、博雅厚重，也都为本书提供了非常有益的指导意见与启发，诸位老师的言传风貌，深铭在心。

　　同学诸友熊亚平、魏本权、曾耀荣、罗朝晖、张启耀、牛秋实、安宝、柳敏、杜维朋、邵露露、刘芳、全鳌杰、李尹蒂、高维、武民强、李琦、彭延强、张伟兵、蒲明、王少卿、李剑利、刘晖、胡现岭、李俊丽、王海艳、程方等，南开数年，在学习和生活方面，给予我的帮助与关心也非常多，衷心地感谢他们。

　　在收集资料的过程中，南开大学图书馆、河南大学图书馆、河南省图书馆、郑州市档案馆、开封市档案馆、开封县档案馆的诸多老师以及朱仙镇镇政府的张秘书，都提供了无私的帮助，他们的帮助为本书的写作提供了基本的资料前提。

　　山西人民出版社的蒙莉莉老师、蔡咏卉老师，以她们耐心、细致与严谨的工作，帮助本书免去了很多不足之处，提高了本书的质量。她们为本书的顺利出版付出了大量艰苦的劳动，在此一并致以真诚的感谢！

　　当然，限于个人学识，本书虽数易其稿，仍然存在不少讹误疏漏以及其他不足之处，还请读者诸君批评指正，多提宝贵意见！

朱军献

2013年8月于南阳